KATHRIN HANKE /
CLAUDIA KRÖGER

Mörderische Lüneburger Heide

MÖRDERISCH GUT Warum ging die Heidekönigin in Flammen auf? Wer tötete den reichen Spargelbauern aus Bardowick? Wie landete die tote Rentnerin im Wasserrad der Holmer Mühle? Ungewöhnliche Verbrechen geschehen an den schönsten Orten der Lüneburger Heide. Immer mittendrin steckt die fahrende Putzfrau Gesine Schmitzmayer, ob sie will oder nicht. Doch eigentlich hat sie gar nichts dagegen, denn ihre »Ahnungen« verführen sie stets aufs Neue zum Ermitteln, zumal ihr größtes Idol Miss Marple ist. Dabei kommt sie nicht nur den Verbrechern in die Quere und gerät selbst teilweise gefährlich in die Schusslinie. Auch so manchem echten Kommissar tritt sie auf ihre naiv tollpatschige Art auf die Füße, obwohl sie viel lieber in seinen Armen liegen würde …

Eine Ermittlerin der ganz besonderen Art entführt den Leser nicht nur in 11 mordsspannende Geschichten quer durch die wunderbare Heideregion, sondern beleuchtet ganz nebenbei noch die aufregendsten und schönsten Freizeittipps für die Lüneburger Heide.

© Kirsten Köhler

Kathrin Hanke wurde in Hamburg geboren. Nach dem Studium der Kulturwissenschaften in Lüneburg machte sie das Schreiben zu ihrem Beruf. Sie jobbte beim Radio, schrieb für Zeitungen, entschied sich schließlich für die Werbetexterei und arbeitete zudem als Ghostwriterin. Ihre Leidenschaft ist dabei immer das Geschichtenerzählen, wobei sie gern Fiktion mit wahren Begebenheiten verbindet. Daher arbeitet sie seit 2014 als freie Autorin in ihrer Heimatstadt. Kathrin Hanke ist Mitglied im Syndikat, der Autorengruppe deutschsprachiger Kriminalliteratur, sowie bei den Mörderischen Schwestern.

© studioline

Claudia Kröger war viele Jahre als Redaktionsleiterin tätig, bevor sie sich als freie Autorin und Texterin ganz dem Spiel mit den Worten verschrieb.

KATHRIN HANKE /
CLAUDIA KRÖGER

Mörderische Lüneburger Heide

11 KRIMIS UND 125 FREIZEITTIPPS

GMEINER

Personen und Handlung sind frei erfunden.
Ähnlichkeiten mit lebenden oder toten Personen
sind rein zufällig und nicht beabsichtigt.

Immer informiert

Spannung pur – mit unserem Newsletter informieren wir Sie
regelmäßig über Wissenswertes aus unserer Bücherwelt.

Gefällt mir!

Facebook: @Gmeiner.Verlag
Instagram: @gmeinerverlag
Twitter: @GmeinerVerlag

Besuchen Sie uns im Internet:
www.gmeiner-verlag.de

© 2015 – Gmeiner-Verlag GmbH
Im Ehnried 5, 88605 Meßkirch
Telefon 0 75 75 / 20 95 - 0
info@gmeiner-verlag.de
Alle Rechte vorbehalten
5. Auflage 2023
(Originalausgabe: Wer mordet schon in der Lüneburger Heide?)

Lektorat: Claudia Senghaas, Kirchardt
Herstellung: Mirjam Hecht
Umschlaggestaltung: U.O.R.G. Lutz Eberle, Stuttgart
unter Verwendung der Fotos von:
© emer / Fotolia.com und© drwweber / Fotolia.com
Druck: Custom Printing Warschau
Printed in Poland
ISBN 978-3-8392-2133-4

Für jeden einzelnen Heidjer – von klein bis groß.

INHALTSVERZEICHNIS

WASSERSPIELE
EIN KURZKRIMI RUND UM BUCHHOLZ IN DER NORDHEIDE

Ein lautes Klopfen weckte Gesine Schmitzmayer unsanft. Oh je, hatte sie etwa verschlafen? Gesine wühlte ihren Arm aus dem Bett hervor und hob ihre schweren Lider so weit an, dass sie durch einen kleinen Sehschlitz auf ihre Armbanduhr schauen konnte. Fast sofort schloss sie ihre Augen wieder. Es war gerade mal 8:15 Uhr! Sie hatte also auf keinen Fall verschlafen, denn sie musste erst am Nachmittag bei den Pregats sein. Für zwei Wochen würde sie dort das Haus und vor allem den Hund hüten, während das Ehepaar seinen Sohn in England besuchte. Normalerweise war Gesine eine friedliebende Seele. Wenn es allerdings um ihren Schlaf ging, verstand sie keinen Spaß. Sie gab ein muffeliges Brummen von sich und wünschte den Störenfried an ihrer Tür inständig zum Teufel. Dann versuchte sie noch einmal einzuschlafen.

Seit geraumer Zeit befand Gesine sich in einer Selbstfindungsphase, um für sich festzustellen, was sie in und aus ihrem Leben eigentlich wirklich machen wollte. Hauptsächlich schwankte sie zwischen einem Studium der Rechtswissenschaften, dem Eröffnen einer Tierhandlung oder dem Bewirtschaften eines kleinen, aber feinen Milchhofes. Doch für all das hätte sie sesshaft werden müssen und sie war sich nicht sicher, ob sie das aushalten würde. So verdiente sie sich das nötige »Klimpergeld«, wie sie ihren Lebensunterhalt nannte, vorübergehend als fahrende Putzfrau und obwohl allerlei Leute darüber die Nase rümpften, fühlte Gesine sich dabei pudelwohl. Als Putzfrau – oder wie man heute neudeutsch sagte, als Reinigungsfachkraft – hatte sie auch die Pregats kennen gelernt. Gesine hatte damals als Urlaubsvertretung im Kunstverein Buchholz **1** geputzt. Hildegard Pregat gehörte zu den Vereinsmitgliedern und hatte sie angesprochen, ob sie nicht auch »ihre Perle sein wollte«. Ganz genau, »Perle« hatte Hildegard Pregat gesagt, und nur deshalb hatte Gesine sofort mit einem freudigen »Ja« zugestimmt. In der Regel unterzog sie die Haushalte erst einer sorgfältigen Prüfung, ob sie überhaupt dort arbeiten wollte, aber als »Perle« hatte sie zuvor noch niemand betitelt und Gesine hatte den Ausdruck für ihre Berufsbezeichnung einfach so hübsch gefunden. Inzwischen war Hildegard Pregat ihrem Mann Klaus in den Ruhestand gefolgt und kümmerte sich wieder selbst um ihren Haushalt, doch nach wie vor passte Gesine auf Haus und Hund auf, wenn das Ehepaar in den Urlaub fuhr.

Wieder klopfte es heftig an die Tür, und nach wie vor dachte Gesine gar nicht daran, aufzustehen und sie zu öffnen. Soweit sie sich erinnerte, erwartete sie niemanden. Außerdem war sie tatsächlich hundemüde. Sie hatte den gestrigen Abend und die halbe Nacht in Hamburg auf dem Kiez verbracht. Das machte sie manchmal freitags, denn dann fand im Foyer vom Schmidt Theater am Spielbudenplatz, gleich am Anfang der Reeperbahn, Karaokesingen statt. Gesine liebte es, Karaoke zu singen, und sie fand sich darin richtig gut. Nicht wegen ihrer Stimme, sondern weil sie absolut textsicher war. Zumindest, wenn es sich um Schlager handelte. Da kannte sie einfach alle und brauchte eigentlich nie abzulesen. Und wenn sie ausnahmsweise doch beim Singen ins Strauscheln geriet, sang sie direktemang »la, la, la …« und schunkelte ein wenig hin und her – das passte bei Schlagersongs immer.

Gestern hatte Gesine – gerade weil sie so gern schlief – nicht in Hamburg übernachtet. Das hatte sie nur einmal gemacht und danach nie wieder. Damals hatte sie für eine Reeperbahntour ihr Wohnmobil auf dem großen Parkplatz unten an der Hafenstraße abgestellt, nicht ahnend, dass die anderen Wohnmobile um sie herum von Damen des horizontalen Gewerbes genutzt wurden. Ständig hatte es nachts an Gesines Tür gebummert und sie hatte kaum ein Auge zutun können. Andauernd hatte jemand um Einlass gebeten, um sich mit ihr zu vergnügen. Bei den ersten Männern hatte sie noch die Tür geöffnet, um freundlich zu erklären, dass sie hier auf diesem Parkplatz einfach nur schlafen wolle, und zwar allein. Irgendwann hatte sie dann die Tür nicht mehr aufgemacht. Aber erst, als sie die rote Weihnachtsbaumlampe, die das ganze Jahr über im Fenster angeschaltet stand, weil sie das Licht so schön fand, ausgeknipst hatte, war es etwas ruhiger geworden.

Da! Da war das Klopfen schon wieder! Gesine überlegte, ob sie in der Nacht aus Versehen ein weiteres Mal zwischen »Gewerbetreibenden« geparkt hatte – die gab es schließlich nicht nur in Hamburg. Dann fiel ihr jedoch ein, dass das eigentlich nicht sein konnte, weil sie doch extra bereits in der Nacht noch die knapp 50 Kilometer nach Buchholz in der Nordheide gefahren war. Dort hatte sie ihr Mobilé, wie sie ihr Wohnmobil liebevoll nannte, an der Zufahrt zum Gut Holm gleich neben der Holmer Wassermühle **2** geparkt. Und zwar genau mit dem Gedanken, heute mal so richtig auszuschlafen, denn hier war definitiv ein ruhiges Pflaster, wo sich manchmal sicherlich auch Fuchs und Hase »Gute Nacht« sagten!

Inzwischen klopfte es ohne Pause an der Tür. Gesine vergrub ihren Kopf unter dem Daunenkissen und drückte ihre Augen fester zu. Wenn sie sich nicht rühren würde, würde der Klopfer bestimmt gleich aufgeben und sie nicht weiter nerven. Schon nach wenigen Sekunden merkte Gesine, dass dies nicht mehr als ein frommer Wunsch war. Jetzt klopfte der Klopfer nicht nur, sondern zog auch an der Glocke, deren Klang trotz der dicken Daunen in ihrem Kissen unangenehm scheppernd an ihr Ohr drang. Sie hatte die Glocke vor einiger Zeit von einem Kneipenwirt aus Bendestorf geschenkt bekommen und mehr als Zierde denn als Türklingel an ihrem Mobilé angebracht, wofür sie sich selbst in diesem Augenblick verfluchte. Pat und Patachon hatte die vermaledeite Glocke ebenfalls geweckt, doch im Gegensatz zu Gesine antworteten sie dem Geläute mit einem Singsang aus ihren Kanarienvogelschnäbeln, das sich zugegebenermaßen besser anhörte als Gesines Karaokesingerei. Der Antwort-Singsang wiederum weckte Ernie und Bert, die beiden Frettchen, die wie immer nach dem Aufwachen gleich anfingen, sich darum zu streiten, wer von ihnen als Erster an den Trinkwasserspender durfte. Im Nu herrschte ein Getöse im Mobilé, bei dem Gesine auf keinen Fall mehr unter ihrem Kissen würde einschlafen können. So sah sie sich genötigt, sich aus ihrer Bettdecke zu pellen, erst den einen und dann den anderen Fuß auf den kalten Wohnmobilboden zu setzen, nach ihrem rosafarbenen Bademantel auf dem Stuhl zu greifen und zur Tür zu schlurfen, um wenigstens einer nervigen Geräuschquelle Einhalt zu gebieten.

»Mensch Meier, ist ja gut, ich bin ja jetzt aufgestanden«, rief Gesine zornig in die Geräuschkulisse hinein und noch nicht einmal sie selbst wusste, ob sie ihre Haustiere oder den Störer an der Tür meinte. Dennoch schienen ihre Worte wie ein Zauberspruch zu wirken, denn schlagartig war alles still um sie herum. Irritiert sah Gesine zuerst auf den Vogel- und dann auf den Frettchenkäfig – Pat und Patachon starrten sie respektvoll an, genauso wie Ernie und Bert. Hm, vielleicht sollte ich öfter mal sauer werden, dachte sie bei sich und öffnete die Tür.

»Hallo, Gesine«, strahlte sie das Gesicht von Torben Rütters an und Gesines Laune rutschte endgültig dem Nullpunkt entgegen. Was wollte der denn hier? Sie hatte ihm doch deutlich zu verstehen gegeben, dass aus ihnen beiden nichts werden würde! Nur weil sie einmal auf der alljährlichen Party des Oldtimer und Youngtimer Treffens in Tostedt schwach geworden war und ein Wochenende danach mit ihm gemeinsam noch einen Einführungskurs für Bildhauerei in der Kunststätte Bossard **3** besucht hatte, hieß das nicht gleich, dass man heiraten und gemeinsam Kinder bekommen musste. Gesine wusste inzwischen, dass Torben das anders sah und es hatte viele lange Gespräche gedauert, bis sie ihn davon überzeugt hatte, dass nicht jeder und vor allem sie nicht so dachte. Sie hatte angenommen, dass er es geschluckt hatte. Zumindest hatte er seit mehr als drei Wochen nicht mehr versucht, mit ihr Kontakt aufzunehmen. Und jetzt das! So sehr konnte man sich irren. Vielleicht hätte sie ihm doch die Wahrheit sagen sollen. Aber wie verpackte man – ohne dem anderen noch mehr wehzutun – die Tatsache, dass er nur als kleines Trostpflästerchen für eine andere, unerfüllte Liebe gedient hatte?

»Hallo, Torben«, sagte Gesine lahm und zog den Bademantelgürtel enger.

»Schön, dich zu sehen. Du siehst wie immer toll aus. Gesine, ich muss mit dir reden«, sagte Torben und lächelte schüchtern.

In Gesine schlugen alle Glocken Alarm, so wie eben die Glocke an ihrem Mobilé. Freundlich und gleichzeitig bestimmt erwiderte sie: »Torben, wir haben das doch schon besprochen. Wir beide passen einfach nicht zusammen und …«

»Nein, deswegen bin ich nicht hier«, unterbrach Torben sie. »Es ist nicht privat, sondern dienstlich.«

»Dienstlich?«, meinte Gesine sich verhört zu haben.

Der Typ schien aber auch jedes noch so abwegige Register zu ziehen, um mit ihr Kontakt aufzunehmen. Er war Polizist, doch bisher hatte er das ihr gegenüber nie ausgenutzt. Wie auch?, fragte sich Gesine, während Torben jetzt zu einer Erklärung ansetzte: »Ja, ähm, weil du hier scheinbar über Nacht geparkt hast.«

»Ja, und?«, meinte Gesine unwirsch. »Willst du mir einen Strafzettel verpassen? Ich steh ja nicht in der Einfahrt zum Gut und blockiere den Weg.«

»Nein, nein, darum geht es nicht«, beschwichtigte sie

der ein Jahr jüngere Polizist. Sie selbst war 38 Jahre, ging aber oft noch als 32-Jährige durch, worauf sie stolz war.

»Und worum dann?«

»Ist dir in der Nacht irgendwas aufgefallen? Hast du etwas gehört oder sogar gesehen, was dir komisch vorgekommen ist? Und seit wann stehst du eigentlich hier?«, fragte Torben Rütters und zog wichtigtuerisch einen Notizblock aus seiner Jackentasche, an dem ein Kugelschreiber festgeklippt war.

Gesine war mit einem Mal hellwach. Noch mehr als Schlager und Karaokesingen liebte sie alte Krimi-Serien. Besonders die Miss Marple-Verfilmungen hatten es ihr angetan und insgeheim meinte sie von sich, eine jüngere Ausgabe der britischen Hobby-Detektivin zu sein. Obwohl sie mit ihrem olivfarbenem Teint und ihren schwarzen langen glatten Haaren, die sie zusammen mit ihrem ausgefallenen, oft schrillen Kleidungsstil wie eine Zigeunerin erscheinen ließen, so gänzlich anders aussah als die resolute, von Agatha Christie ins Leben geschriebene Dame. Aber was machte das schon, letztlich kam es doch auf den ausgeprägten Spürsinn an!

Gesine zog Luft durch ihre zusammengebissenen Zähne, trat einen Schritt beiseite und forderte den Polizisten so liebreizend, wie es ihr möglich war, auf: »Komm doch erst einmal rein. Und dann erzähl' ich dir alles, was du wissen möchtest. Und du mir auch, ja? Vielleicht bei einer Tasse Wachholdertee? Den magst du doch so gern.«

In Torbens Augen trat ein Leuchten, was jedoch schnell in Bedauern umschlug. Er atmete einmal tief durch, straffte die Schultern und sagte in gestelztem Ton:

»Ein anderes Mal gern, jetzt bin ich aber wie gesagt dienstlich hier. Also: Seit wann stehst du hier? Und hast du irgendetwas Ungewöhnliches gesehen oder gehört?«

Gesine verzog vor Enttäuschung leicht ihren Mund: »Ich bin seit heute Nacht ungefähr 2:00 Uhr hier. Und nein, ich habe nichts gesehen oder gehört. Ich habe geschlafen, bis du mich eben geweckt hast.«

»Hm«, machte Torben und dachte nach, was eine Weile dauerte und Gesine in Erinnerung rief, dass sie ihn noch nie für den Schlauesten gehalten hatte.

»Gut, dann ähm, danke«, trat Torben von einem Fuß auf den anderen.

»Ist noch was?«, fragte Gesine – sie hatte es plötzlich sehr eilig.

»Nein, nur, vielleicht können wir den Tee bei dir ja bald mal nachholen oder wir gehen in den Schmetterlingspark 4, so was findest du doch gut«, platzte Torben heraus.

»Ja, vielleicht«, erwiderte Gesine bereits mit ihren Gedanken einige Schritte weiter, nickte ihm grüßend zu und schloss schnell die Tür vor seiner Nase. Kurz lauschte sie. Als sie ihn weggehen hörte, streifte sie sich in Windeseile ihren Bademantel ab, warf ihn auf ihr Bett und zog sich die Kleidung an, die noch von der letzten Nacht auf dem Fußboden verstreut herumlag.

»Frühstück gibt es nachher«, rief sie wenige Minuten später ihren Tieren zu und machte sich auf den Weg.

Schon von Weitem sah sie die Menschentraube, die sich oben auf der Schierholzer Straße vor dem Mühlrad der Holmer Mühle gebildet hatte. Da quetsch' ich mich nicht noch dazwischen, dachte sie und machte sich daran, die kleine Wiese hinunterzugehen, die zu einem Heideflüsschen, der Seeve, führte und von wo man ebenfalls einen guten Blick auf das Mühlrad hatte. Nachdem sie sich durch das Gestrüpp ihren Weg ans Wasser gebahnt hatte, musste Gesine feststellen, dass sie nicht die einzige war, die von hier unten ihre Neugierde befriedigen wollte. Eine Gruppe von drei Jungs stand bereits da und starrte gebannt auf das Mühlrad. Keiner von ihnen sagte etwas.

»Wisst ihr, was da passiert ist?«, sprach Gesine sie von hinten an. Alle drei zuckten bei ihren Worten zusammen und wirbelten herum.

»Mann, haben Sie mich erschreckt«, platzte es aus dem Kleinsten heraus. Gesine schätzte den Rothaarigen auf 15 oder 16 Jahre, aber bei der Jugend von heute wusste man ja nie so recht.

»Oh, 'tschuldigung«, nuschelte Gesine hinter zusammengepressten Lippen hervor, weil ihr gerade eingefallen war, dass sie sich in der Eile nicht die Zähne geputzt hatte. »Und, wisst ihr's?«

»Ja«, sagte der zweite Junge

»Nein«, sagte der Dritte

Gesine war verwirrt. »Was denn nun?«, fragte sie und blickte dem Jungen in die Augen, der »Nein« gesagt hatte. Er schien der Älteste zu sein und sah ziemlich grobschlächtig aus. Der Junge hielt ihrem Blick stand. Dann zuckte er mit den Schultern und meinte abfällig: »Gucken Sie doch selbst hin, dann werden Sie's schon sehen«. Er wandte sich seinen Freunden zu: »Kommt, wir hauen ab.«

Gesine schaute den dreien hinterher, die sie keines Blickes mehr würdigten. Wie eine Entenfamilie zogen sie von dannen. Gut erzogen waren die ja nicht gerade. Sie einfach so stehen zu lassen. Unwillkürlich fiel Gesine dazu ein Song von Ina Deter ein und sie begann laut zu singen: »Einfach abhauen, einfach gehen, einfach weg, mal was andres sehen …«

Der Grobschlächtige drehte sich daraufhin um und machte eine obszöne Handbewegung, woraufhin Gesine ihre linke Augenbraue hochzog – ihre übliche Art, Unwillen auszudrücken. Sie sah noch, wie die drei auf ihre am Weg abgestellten Fahrräder stiegen. Das des Rothaarigen hatte einen Anhänger angebracht, in dem normalerweise kleine Kinder saßen, in der sie jedoch stattdessen eine Kiste Bier ausmachte. Kurz schoss ihr der Gedanke durch den Kopf, dass es einfach nur Leergut sein könnte, was der Rothaarige für seine Eltern wegbringen wollte, glaubte es aber selbst nicht. Gesine wandte sich ab und dem Mühlrad zu, aus dem die Polizei gerade einen schlaffen Körper barg. Jetzt wusste sie, warum Torben sie gefragt hatte, ob sie in der Nacht irgendwas gehört hatte.

Kaum hatte sie die Klingel gedrückt, hörte Gesine schon Brunos tiefes Bellen. Kurz darauf öffnete sich die schwere, jägergrün gestrichene Holztür.

»Hach Gesine, schön, dass Sie da sind. Ich weiß gar nicht, wo mir der Kopf steht, dabei müssen wir doch gleich los! Haben Sie es auch schon gehört? Die Waldtraut ist tot. Ertrunken. Sie haben sie heute Morgen aus dem Wasserrad der Holmer Mühle geholt! Stellen Sie sich mal vor: Die war da eingeklemmt!«, sprudelte es aus Hildegard Pregat hervor.

»Das war die Waldtraut? Waldtraut Rösler, Ihre Freundin? Die, deren Mann im Rollstuhl saß und letztens gestorben ist?«, fragte Gesine ehrlich betroffen und tätschelte dabei Brunos Kopf, dessen Bellen bei ihrem Anblick in aufgeregt freudiges Winseln übergegangen war.

Gesine hatte Waldtraut Rösler gleich zu Beginn ihrer Tätigkeit bei den Pregats kennengelernt. Wie auch Hildegard Pregat war Waldtraut Rösler seit Kurzem in Rente. Die ehemalige Biologielehrerin war leidenschaftliche Modellbootsammlerin und nahezu zu jeder Tages- und manchmal sogar Nachtzeit am Buchholzer Stadtteich anzutreffen, wo sie ihre Modellboote fahren ließ. Nein, fahren lassen hatte, korrigierte Gesine sich in Gedanken.

»Ja, Waldtraut Rösler. Den Rollstuhl hat jetzt mein Mann. Er hat ihn der Waldtraut beim Kartenspiel abgenommen. Ein Glück, ein Neuer ist viel zu teuer. Die Versicherung hätte uns nämlich nichts dazu bezahlt, weil Klaus eigentlich gar keinen braucht, nur einfach zu faul ist, selbst zu laufen. Stellen Sie sich das mal vor. Ein Hörgerät will er nicht, weil er sich damit vor den Leuten geniert, aber mit diesem motorisierten Rollstuhl fährt er in der Gegend herum, als wäre es ein Mofa. Neulich waren wir im Kleckerwald beim Hünengrab **5** und da ist er immer um die Steine gedüst. Ein Glück hat das niemand gesehen. Was wär mir das wieder peinlich gewesen! Die Waldtraut wollte den Rollstuhl zuerst gar nicht rausrücken, aber der Klaus hat ihr klargemacht, dass das nicht geht. Also, seine Spielschulden nicht zu

bezahlen«, plapperte Hildegard Pregat wie ein Wasser-
fall und tupfte mit einem blümchenverzierten Stoffta-
schentuch eine Träne am linken Auge ab, wo sogleich
eine weitere hinterherkam.

Gesine wusste nicht genau, ob die Tränen Waldtraut
Rösler oder der Rollstuhlfahrerei ihres Mannes galten,
sicherheitshalber nahm sie jedoch Hildegard Pregat in
den Arm: »Das tut mir so leid. Wissen Sie denn, was
genau passiert ist? Ich mein, mit der Waldtraut?«

»Die Polizei meint, es war Selbstmord, aber das kann
ich überhaupt nicht glauben. Nicht von der Waldtraut,
die liebte doch das Leben, und seit sie endlich Pensio-
närin war, noch viel mehr. Bestimmt war es ein schlimmer Unfall. Allerdings frag ich mich, was sie mitten in
der Nacht an der Mühle zu suchen hatte. Ach, die Arme.
Gerade gestern haben wir uns noch getroffen und Karten
gespielt, weil wir doch heute für zwei Wochen wegfah-
ren. Da hat sie doch glatt dem Klaus den Rollstuhl wieder abgenommen. Heute Morgen wollte sie ihn abholen,
aber jetzt wird Klaus ihn wohl behalten können. Oh je,
wir müssen ja bald los und ich hab' vor Aufregung nicht
mal die Koffer zu Ende gepackt. Ich wollt ja die Reise
jetzt absagen, wegen der Beerdigung und so, aber Klaus
besteht darauf, dass wir fahren. Na, Sie kennen ja meinen Mann … Helfen Sie mir schnell?«, fragte Hildegard
Pregat, gab die Tür frei und ging eilig in ihr Schlafzimmer voran, um für ihre bevorstehende Reise die letzten
Dinge einzupacken.

Gesine wollte die drei Stationen von Buchholz bis zum
Büsenbachtal **6** mit dem Zug fahren. Ihr Fußweg zum

Bahnhof führte sie am Kinderkönig vorbei – die Bronzefigur posierte vor dem Buchholzer Krankenhaus und stets, wenn Gesine in der kleinen Stadt in der Nordheide unterwegs war, versuchte sie, dem jungen König einen kurzen Besuch abzustatten – sie fand ihn einfach allerliebst.

Am Bahnhof angekommen, stand der Heidesprinter bereits da, als hätte er nur auf Gesine gewartet. Sie hielt die Bahnlinie, die im Heidekreuz die Städte mit dem Umland verband, für eine tolle Sache und absolut unterstützenswert. Eine Station vor dem Büsenbachtal stieg sie aus, um sich über die anstehenden Veranstaltungen im Kulturbahnhof Holm-Seppensen **7** zu informieren. Wenn sie schon zwei Wochen in der Gegend verbringen sollte, dann wollte sie auch was erleben. Im alten Bahnhofsgebäude fand eigentlich immer etwas statt, was sie interessierte – eine Ausstellung, ein Konzert oder eine schöne Lesung. Nachdem sie sich eine Krimi-Lesung für die nächste Woche in ihrem Kalender notiert hatte, nahm sie den nächsten einlaufenden Zug, und wenige Minuten später stand sie mit Bruno an der Leine am Beginn des Büsenbachtals. Jedes Mal, wenn sie hier war, kam sie ins Staunen: Da war sie eben noch in einem städtischen Umfeld und keine zehn Kilometer weiter erstreckte sich eine weitläufige Heidelandschaft. Wahrscheinlich gerade wegen seiner Stadtnähe und auch guten Verkehrsanbindung wurde das flache Tal vor allem von Familien mit Kindern gern besucht. Gesine ließ ihren Blick über die knorrigen Wacholder und die vereinzelt stehenden silberweißen Birken streifen, die einen herrlichen Kontrast zur blühenden Heidefläche bildeten. Der Wind trug ihr das Plätschern des Büsenbachs zu und für einen Moment schloss sie die Augen. Dann zerrte Bruno jedoch ungeduldig an der Leine und auch in ihrer Tasche machte sich Unruhe breit.

»Ja, ja, geht ja gleich los«, murrte Gesine und holte nacheinander Ernie und Bert heraus, woraufhin Bruno ganz aus dem Häuschen geriet. Er liebte Ernie und Bert heiß und innig. Das war nicht immer so gewesen. Zu Beginn ihrer Bekanntschaft hatten die Tiere sich misstrauisch beäugt und sich gegenseitig ihre Zähne gezeigt. Letztlich waren sie natürliche Feinde. Nachdem Bruno aber von Gesine immer eine kleine Leckerei abbekommen hatte, wenn sie ihre Lieblinge gefüttert hatte, hatte der Hovawart die beiden schnell in sein Herz geschlossen.

Ihr Laufgeschirr hatte Gesine Ernie und Bert bereits zu Hause angezogen und so musste sie jetzt nur noch die Leinen anklippen, die beiden Frettchen auf den Boden setzen und losmarschieren. Sie lenkte ihr Grüppchen in Richtung Pferdekopf, dem kleinen Hügel mit einer schönen Aussicht auf das Tal. In der Ferne sah sie ein paar Radfahrer. Gesine fragte sich, ob die bei diesem angenehmen Wetter die Seeve-Radweg **8** -Tour machten, dann musste sie jedoch plötzlich und völlig aus dem Zusammenhang an Waldtraut Rösler denken. Sie hatte die Frau mit der scharfen Zunge gemocht, doch das war nicht allen Menschen so gegangen. Ein paarmal war sie dabei gewesen, wenn andere Freundinnen von Hildegard Pregat über Waldtraut Rösler auf das Heftigste gelästert hatten. Worte wie »typisch verknöcherte Lehrerin« waren da die harmlosesten gewesen. Einige von ihnen wussten zu berichten, dass Waldtraut Rösler bei ihren Schülern geradezu verhasst war, vor allem, weil sie nie auch nur ein winziges bisschen ein Auge zudrückte. Und einmal hatte Gesine mitbekommen, wie Klaus Pregat mit Waldtraut aneinandergeraten war. Sie erinnerte sich nicht mehr an den Grund des Streits, dafür aber daran, wie die Fetzen geflogen waren. Gesine lächelte in sich hinein: Waldtraut Rösler war niemand gewesen, der sich die Butter vom Brot nehmen ließ. Ja, die Frau hatte durchaus Haare auf den Zähnen gehabt, wenn man ihr zu Nahe getreten war.

Und wenn es wirklich kein Selbstmord gewesen ist, wie Hildegard Pregat vermutete? Und auch kein Unfall, schoss es Gesine durch den Kopf, sodass sie stehen bleiben musste, um sich erst einmal zu sammeln. Vielleicht war es ja so, dass sich jemand an Waldtraut Rösler hatte rächen wollen? Oder jemand hatte sie im Streit in die Seeve bei der Holmer Mühle gestoßen und die Leiche hatte sich dann dummerweise im Mühlrad verklemmt? Natürlich war es auch möglich, dass Waldtraut an anderer Stelle in diesen Nebenfluss der Elbe geworfen worden war und die Strömung sie nur nach Holm getrieben hatte. So genau kannte sich Gesine mit der Seeve und ihrem Lauf nicht aus, aber sie würde es herausbekommen. Sie wusste auch schon, wen sie fragen musste, doch vorher würde sie sich noch ein ordentliches Stück frisch gebackenen Kuchen gönnen.

Gesine ging zielstrebig voran, sie hatte plötzlich einen enormen Appetit bekommen. Von weitem sah sie ein paar Wanderer auf dem Heidschnuckenweg **9** vorüberziehen und dann war sie auch schon da. Noch immer herrschten trotz der späteren Nachmittagsstunde angenehme Temperaturen und so setzte sich Gesine in das Café-Restaurant am Rande des Büsenbachtals, an einen der hübsch gedeckten Tische nach draußen. Bruno legte sich ihr zu Füßen und Ernie und Bert kletterten von allein wieder in ihre Tasche, um ihr Nachmittagsschläfchen zu halten. Gesine bekam ihren Kuchen, der hier im Haus noch selbstgebacken wurde. Sie hatte sich für ein Stück Himmelstorte mit Erdbeeren und Birnen entschieden, das genau so himmlisch schmeckte, wie der Name es versprach. Kaum hatte sie es aufgegessen, wurde ihr der Teller unter der Nase weggezogen.

»Moment mal, da ist noch was drauf«, protestierte sie sofort. Tatsächlich waren noch ein paar große Krümel auf dem Teller, die sie sich extra bis zum Schluss aufgehoben hatte, um sie mit der Kuchengabel zu zerdrücken und dann hingebungsvoll zu verzehren. Das war ihre Art, kulinarischen Genuss bis zum letzten kleinen Happen zu verlängern.

»Oh, entschuldigen Sie. Bitte nicht so laut. Ich habe schon zwei Abmahnungen und bei der nächsten fliege ich raus. Hier haben Sie den Teller zurück«, stammelte eine Stimme, die sie irgendwoher kannte. Der Teller wurde ihr wieder hingestellt und Gesine blickte auf. Sie sah sich dem rothaarigen Jungen gegenüber, dem sie am Morgen bereits an der Holmer Mühle begegnet war.

»Ach, wir kennen uns doch!«, stellte sie überrascht fest.

»Ihr kennt euch?«, fragte jetzt eine näherkommende Stimme, die Gesine ebenfalls bekannt war.

»Torben!«, rief Gesine noch überraschter aus, so dass

Ernie neugierig seinen Kopf aus der Tasche steckte. Verfolgte der Kerl sie etwa? Na, dem würde sie was erzählen! Dann fiel ihr ein, dass sie ihn ja was wegen der Seeve fragen wollte und bat ihn, sich zu setzen, was der Polizist sich nicht zweimal sagen ließ.

»Claas, bringst du mir bitte ein Stück Walnuss-Baiser-Torte und einen Pfefferminztee«, wandte Torben sich an den Jungen.

»Ähm, das geht nicht, Onkel Torben, ich bin hier nur der Tischabräumer, aber ich sag der Marie Bescheid, okay?«, erwiderte der Junge und wollte sich grad davon machen, als ihm offensichtlich noch etwas einfiel: »Du, sag mal, die Leiche die ihr da heute aus dem Wasserrad geholt habt, wisst ihr da schon was drüber?«

»Ach, das würde mich auch interessieren«, beugte sich Gesine über das kleine Tischchen nach vorn. Sofort huschte Torbens Blick zu ihrem Ausschnitt, der ihm in diesem Moment tiefe Einblicke gewährte, die er mit einem zufriedenen Lächeln quittierte. Innerlich regte sich Gesine auf – typisch Mann! – und am liebsten hätte sie sich wieder aufrecht hingesetzt, aber sie tat es nicht. Manchmal waren weibliche Reize nicht das Verkehrteste, um an Informationen heranzukommen und in diesem Fall war definitiv manchmal.

»Leg' los«, meinte Gesine auffordernd und beugte sich noch ein klitzeklein bisschen weiter vor. Ohne seine Augen von ihrem Ausschnitt zu lassen, beugte sich nun auch Torben über den Tisch. Verschwörerisch raunte er: »Aber ihr dürft es nicht weitererzählen, sonst gefährdet ihr die Ermittlungen und ich komm' in Teufels Küche«.

»Ermittlungen?«, entfuhr es Gesine aufgeregt, woraufhin Torben sofort »Pscht« machte und ihr seinen Zeigefinger auf die Lippen drückte. Gesine runzelte kurz die Stirn, nahm Torbens Finger, schob ihn beiseite und sagte feierlich: »Ich schwör.« Claas nickte stumm dazu.

»Claas, hast du nichts zu tun?«, rief eine Frauenstimme freundlich, aber bestimmt und der Junge verzog das blasse Gesicht.

»So ein Sch…, äh Mist, ich muss arbeiten. Du erzählst es mir dann später, ja, Onkel Torben?«, bat er mit einer Mischung aus Neugier und gespannter Aufregung.

»Ja, mal sehen«, erwiderte Torben, der nur Augen für Gesine hatte. Zögernd ging der Junge davon und nahm seine Arbeit wieder auf, linste dabei aber immer wieder zu dem Tisch hinüber, an dem sein Onkel saß.

»So, jetzt aber«, meinte Gesine, nachdem Torben die Unterbrechung genutzt hatte, um seine Bestellung aufzugeben.

»Es war Mord!«, flüsterte Torben ihr zu und machte eine wichtige Miene.

»Nein!«, entfuhr es Gesine, deren Unterarme vor Aufregung anfingen zu kribbeln. »Und woher wisst ihr das?«

»Das haben wir mir zu verdanken«, sagte Torben stolz wie Bolle. »Weißt du, die Tote war früher meine Klassenlehrerin und von unseren Ausflügen wusste ich, dass sie eine verdammt gute Schwimmerin war. Da hab' ich meinen Vorgesetzten überredet, dass eine Obduktion durchgeführt wird. Jetzt haben erste Untersuchungen ergeben, dass die Tote nicht in der Seeve ertrunken ist, sondern im Stadtteich. Deswegen wird nun von Mord ausgegangen.«

Kurz ärgerte Gesine sich darüber, dass Torben sie für

dumm verkaufen wollte. Schließlich wusste jeder Tatort-Gucker, dass bei ungeklärten Todesfällen automatisch eine Obduktion gemacht wurde. Sie unterließ eine dahingehende Bemerkung jedoch, denn für das, was sie wissen wollte, war es im Grunde unwichtig.

»Habt ihr denn schon eine Spur, wer der Täter sein könnte?«, fragte sie stattdessen und das Kribbeln breitete sich in ihrem Bauch aus.

»Nein, die Kripo tappt da völlig im Dunkeln. Aber die kommen schließlich auch nicht aus Buchholz, deswegen unterstütze ich die Ermittlungen. Heute Nachmittag habe ich noch frei und ab morgen geht es für mich los«, sagte Torben. Er warf Gesine einen Blick zu, der nach Bewunderung heischte, allerdings in Verwunderung umschlug, als Gesine jetzt von ihrem Stuhl hochsprang, einen Zehn-Euro-Schein aus ihrer Jackentasche holte, ihn mit den Worten »zahlst du bitte für mich mit« auf den Tisch legte und sich eilig davonmachte. Sie merkte erst nach ein paar Metern, dass sie Bruno und auch die Tasche mit Ernie und Bert vergessen hatte, kehrte um, sammelte die Tiere ein, schenkte dem verdatterten Torben ein freundliches Lächeln und verschwand aufs Neue.

Wieder zurück in Buchholz, stieg Gesine in den Bus. Sie wollte schleunigst zum Stadtteich am Seppenser Mühlenweg, zu dem sie zu Fuß sicher eine halbe Stunde gebraucht hätte. Sie hoffte, noch vor der Polizei dort anzukommen und auf eigene Faust die Stelle zu finden, wo Waldtraut Rösler von ihrem Mörder ertränkt worden war.

Sie hatte Pech. Schon von der Bushaltestelle aus sah

sie die Handvoll Menschen, die am Ufer des Sees, in der Nähe der Treppe, die zu ihm hinunterführte, hin- und herwuselte. Missmutig verzog Gesine ihre vollen Lippen. Das war eindeutig die Polizei, die dort ihrer Arbeit nachging, was sie auch gewusst hätte, hätten die Leute keine weißen Overalls an, die sie als Spurensicherer kennzeichneten. Einer von ihnen hatte keinen Overall an, sondern eine normale Jeans, ein weißes T-Shirt und darüber eine Lederjacke. Im Nacken hatte er sein grau meliertes längeres Haar zu einem Pferdeschwanz gebunden. Natürlich konnte Gesine von ihrem Aussichtspunkt nicht genau sehen, dass das Haar grau meliert war, aber sie wusste es, denn die Statur und Haltung des Mannes war unverkennbar. Ihr Herz machte einen kleinen Hüpfer. Kommissar Henning Ludolf aus der Landeshauptstadt Hannover! Sie hatte angenommen, dass er noch immer in seinem Sabbatical war und durch Indonesien tourte, doch so konnte man sich täuschen! Er war also wieder da …

Henning war Gesines große Liebe. Außer Gesine wusste das niemand und sie hatte auch nicht vor, das zu ändern. Zu gern schwelgte sie, wenn sie grad nichts anderes zu tun hatte, in ihrer romantischen Schwärmerei für diesen, wie sie fand, Bild von einem Mann. Darum machte sie jetzt keine Anstalten, zu den Leuten am Teichufer hinunterzugehen. Normalerweise wäre es ihre Art gewesen, neugierige Frage zu stellen, bis man sie – meist nicht gerade freundlich – wegschickte. Aber vor Henning wollte sie sich keinerlei Blöße geben. Und rot im Gesicht anzulaufen und lauter unzusammenhängendes Zeug zu stammeln, wäre definitiv eine Blöße. Sie wurde ja hier oben schon rot! Schnell wandte sie ihren Blick von ihrer heimlichen

Liebe ab und lenkte ihre Gedanken zu Waldtraut Rösler. Hm, wenn die da suchen, dann müssen sie irgendeinen Anhaltspunkt haben, überlegte Gesine und streichelte geistesabwesend Brunos dicken Kopf, der ein glückliches »Wuff« dazu von sich gab. Gesine schaute überrascht zu ihm nach unten: »Hey, Bruno, danke! Genau das ist es! Wir gehen hier mal eine Runde Gassi! Kluger Hund!«

Noch hatten sich keine weiteren Schaulustigen eingefunden, was Gesine ganz recht war. Sie setzte sich in Bewegung und spazierte gemächlich an der Brüstung entlang, die den weiter unten liegenden See von der Straße trennte. Auf diese Weise konnte sie den Polizisten auf den Kopf schauen, und begriff, dass diese sich langsam, aber sicher am Ufer entlangarbeiteten. Die wissen also doch noch nicht, an welcher Stelle genau Waldtraut Rösler ertränkt worden ist, kombinierte die selbst ernannte Ermittlerin umgehend und grinste in sich hinein. Na, dann helf ich mal suchen, dachte sie und schlenderte zur anderen Seite des Sees. Wohlweislich betrat sie dort nicht die Uferböschung, die ohnehin bereits abgesperrt war. Sie wollte nicht auffallen und vom Freund und Helfer weggescheucht werden. Im Gehen hielt sie ihren Blick auf den Boden gesenkt und bewegte ihren Kopf hin und her wie einen Wischmop beim Feudeln, um auf diese Weise mit ihren Augen den breiten Weg gründlich zu scannen. Gesine hatte keine Ahnung, wonach sie Ausschau hielt, aber das machte nichts. Sie würde es schon in dem Augenblick wissen, in dem sie es sah. Ein bisschen kam sie sich vor wie bei einem Spaziergang auf dem Planetenlehrpfad in Handeloh 10. Da stierte man zwar nicht die ganze Zeit auf den Boden, aber man ließ seinen Blick auch beständdig nach rechts und links wandern, um ja nichts unentdeckt zu lassen – zumindest wenn man ihn das erste Mal beschritt. Bei diesem Gedanken hob Gesine automatisch ihren Kopf hoch und sah es: Eine Mini-Flagge, die sich in den Büschen verfangen hatte.

Gesine trat näher an den Busch heran und Bruno begann sofort, darunter aufgeregt zu schnüffeln und die Erde abzuschlecken. »Och, Bruno, hast du so dollen Hunger, dass du schon Erde essen musst?«, fragte Gesine voll schlechten Gewissens, da sie vor lauter Ermittlungslust die Zeit für sein Fressen verpasst hatte. Sie beugte sich zu ihm herunter und tätschelte ihm den Kopf. Und dann sah sie noch etwas: schmale Reifenspuren, die aussahen, als stammten sie von einem Rollstuhl. Hm, was hatte das zu bedeuten? Die Flagge und der Rollstuhl konnten im Grunde nur einen Schluss zulassen: Waldtraut Rösler war hier gewesen. Natürlich hätte die Mini-Flagge auch zu einem Puppenhaus gehören können, aber in Kombination mit Rollstuhlspuren ging Gesine davon aus, dass sie zu einem Modellboot gehörte. Aber Moment mal! Scheinbar hatte Hildegrad Pregat sich geirrt! Waldtraut Rösler hatte ihren Kartengewinn, den Rollstuhl, bereits mitgenommen. Ob sie damit ihre Modellboote zum See transportiert hatte? Doch wo waren die Boote und der Rollstuhl dann jetzt? Der Mörder musste sie mitgenommen haben. Gesine kam ins Grübeln. Wie sie es auch drehte und wendete, hier würde sie keine Antwort mehr finden. Auf der anderen Seite hatte sie erst einmal genug entdeckt. Sie rührte nichts an, weil sie keine Lust auf Ärger mit der Polizei hatte. Ebenso wenig würde sie die Polizei über ihre Entdeckung informieren. Viel lieber machte sie sich ihre eigenen Gedanken und schloss mit sich selbst eine Wette ab – einfach nur so: Wer würde den Mörder zuerst finden? Die Staatsdiener oder sie? Gesine setzte auf sich.

Zurück im Hause der Pregats gab Gesine Bruno sein überfälliges Fressen und schaute für sich im Kühlschrank nach, was der so hergab. Außerdem hatte sie Durst. Zu ihrer freudigen Überraschung lag im untersten Fach ein Sixpack Bier. Es war mit einem Post-it beklebt auf dem *Gesine* stand. Mann, die Pregats waren wirklich nett. Sie wusste schon, warum sie hier so gern einhütete! Die Pregats tranken nämlich kein Bier, höchstens mal einen Wein oder einen Eierlikör, aber Bier hielt vor allem Klaus Pregat für proletarisch, wie er einmal laut verkündet hatte, als Gesine sich grad eines aus ihrem eigenen Vorrat im Garten aufmachte. Hildegrad Pregat hatte sich später für ihren Gatten entschuldigt und Gesine zugeraunt, dass der Klaus nur kein Bier trank, weil er keinen Bierbauch wie seine ganzen Freunde haben wollte. Gesine hielt dieses kleine Problem für überbewertet. Auch jetzt dachte sie nicht an die Kalorien im Bier, sondern nur an den Geschmack, während sie sich eines herausnahm und es gekonnt mit einem Feuerzeug öffnete, das sie stets bei sich trug, obwohl sie nicht rauchte.

Hmmm, das hatte sie sich verdient. Fand sie. Und Bruno fand das scheinbar auch. Er hob seine Nase aus dem Futternapf, lief zu Gesine hinüber, die sich an den Küchentisch gesetzt hatte, und stupste sie in dem Moment an, als sie den Gerstensaft voll Vorfreude zum Mund führte. Dies mit dem Ergebnis, dass er ihr überschwappte und eine kleine Pfütze auf dem Küchenboden landete. Bevor Gesine reagieren konnte, hatte Bruno sie aufgeschleckt.

»Bruno, bist du etwa Biertrinker? Das ist aber nichts für so Stammbaumhunde wie dich! Wenn das dein Herrchen wüsste. Außerdem ist da Alkohol drin!« kommentierte sie überrascht sein Tun. Bruno ließ das kalt. Ungerührt trottete er zurück zu seinem Fressnapf und vertilgte sein restliches Futter.

Gesine wusste mit dem angebrochenen Abend und sich selbst nichts anzufangen. Trotz aller Grübelei war sie noch nicht dahintergekommen, was es mit ihrer Entdeckung am Stadtteich auf sich hatte. Sie überlegte, ob sie sich eine Miss Marple-DVD aus ihrem Mobilé holen und es sich damit auf dem Pregat'schen Sofa gemütlich machen sollte, um sich im Fall »Waldtraut« inspirieren zu lassen, ließ es jedoch bleiben. Das würde zu lange dauern – schließlich hatte sie eine Wette laufen. Stattdessen holte sie sich einen Stift und einen Block, um ihr Gedankenchaos zu dieser Sache zu ordnen. Miss Marple würde ihr dabei sicher dennoch als guter Geist zur Seite stehen.

Als Gesine sich wenig später ihre Aufzeichnungen durchlas, musste sie sich eingestehen, dass es nicht eben viel war und sie im Grunde kaum etwas hatte. Mit dem Stift und dem Block hatte sie vorhin auch Pat und Patachon in ihrem Käfig und Ernie und Bert, die jetzt neben ihr auf dem Sofa rumlungerten, hereingeholt.

»Okay, ihr Süßen, dann helft mir mal beim Überlegen. Ich les' mal vor, was wir bisher haben«, verkündete sie den Tieren und wiederholte laut, was auf dem Zettel stand: »Waldtraut Rösler, Freundin von Hildegard Pregat, spielt gern Karten, lässt noch lieber Modellboote auf dem Stadtteich fahren … Moment mal, Karten und Modellboot, da klingelt irgendwas. Bei euch auch? Mist, ich krieg es noch nicht zusammen. Also weiter: Ertränkt im Stadtteich, wahrscheinlich dort, wo die Fahne und die Rollstuhlspuren sind, geborgen bei der Holmer Mühle …« Gesine stockte, sprang auf und schlug sich gegen die Stirn. »Das gibt es doch nicht! Jetzt hab ich's! Danke fürs Zuhören, meine Süßen! Bruno, und wir gehen jetzt mal in Herrchens Hobbykeller.«

Bruno hatte offensichtlich keine Lust dazu, denn er blieb liegen und tat so, als würde er schlafen. Darum zog Gesine schulterzuckend allein los.

Gesines Mund klappte dreimal auf und wieder zu, als sie im Hobbykeller stand und er ihr sein offenes Geheimnis offenbarte. Auf der Werkbank befanden sich in fröhlicher Eintracht drei Modellboote. Sie wusste, dass Klaus Pregat ebenfalls Modellbootfahrer war, wenn auch nicht so ein leidenschaftlicher wie Waldtraut Rösler. Deswegen wunderte Gesine sich nicht über die Boote, aber sie wunderte sich über ein Detail: Zwei von den Booten hatten Fähnchen an ihrem Mast. Eines nicht! Außerdem stand neben der Werkbank ein schwarzer Rollstuhl. Als Gesine näher an ihn herantrat, konnte sie die getrocknete Erde in seinen Reifenprofilen deutlich erkennen.

Gesine umrundete zum wiederholten Mal ihr Mobilé und sog die frische Luft in ihre Lungen ein. Sie überlegte fieberhaft, was sie nun tun sollte. Sollte sie mit ihrer Vermutung, die fast schon Gewissheit war, zu Kommissar

Henning Ludolf gehen oder zu Torben Rütters? Oder sollte sie sie einfach für sich behalten? Für sich behalten würde eventuell bedeuten, einen Mord wissentlich zu vertuschen oder mindestens die offiziellen Ermittlungen zu behindern. Obwohl Gesine gern für die Pregats arbeitete, ging das nicht. Das konnte sie absolut nicht mit sich vereinbaren, sosehr sie die Leute und insbesondere Hildegard Pregat auch mochte. Blieb also noch, Henning oder Torben zu informieren. Für Henning sprach, dass er der Ermittlungsleiter war und dass sie ihn dann sehen würde. Letzteres sprach allerdings auch gegen ihn. Für Torben sprach, dass sie ihm gegenüber noch immer ein schlechtes Gewissen hatte, weil er bei ihrer kleinen Liebelei damals als Trostpflaster für die unerfüllte Liebe zu Henning hatte herhalten müssen, ohne dass er es gewusst hatte. Außerdem würde sie Torben einen Deal vorschlagen: Gesine würde ihm die Information liefern, die zweifellos seine Karriere ankurbeln würde. Dafür sollte er sie aber ein für allemal in Ruhe lassen. Hm, oder sollte sie doch ihre Chance nutzen und Henning mal wieder Auge in Auge gegenüberstehen, Stammelei hin oder her? Gern hätte Gesine sich in diesem Moment die Haare gerauft, doch falls ihre Entscheidung zugunsten von Henning ausfallen würde, wollte sie sich die Frisur nicht ruinieren. Da kam ihr eine Idee. Sie knipste eine Margaritenblüte aus einem der Blumenkästen an ihrem Mobilé ab und riss ihr einzeln die Blütenblätter ab. Gut, es war kein Gänseblümchen, aber es ging ja auch nicht um »er liebt mich – er liebt mich nicht«, sondern um »zu Henning gehen – zu Torben gehen«. Als das Ergebnis feststand, fügte sich Gesine in ihr Schicksal, holte Bruno aus dem

34

Haus und machte sich zu Fuß auf den Weg. Damit schlug sie zwei Fliegen mit einer Klappe, weil Brunos Abendrunde sowieso demnächst fällig war.

Gesine drückte die Klingel des kleinen Hauses, das direkt an der Ausfallstraße lag, die zur Autobahn führte. Ein rotnasiger Mann öffnete ihr und strahlte sofort über das ganze Gesicht:»Gesinchen, das ist ja schön! Torben hat schon erzählt, dass du mal wieder in Buchholz bist. Komm rein. Wir haben gerade fertig gegessen. Heidekarpfen **11**. Lecker. Heute ist nämlich unser Familienstammtisch!«

»Äh, nein, danke, Herr Rütters, ich habe leider so gar keine Zeit, ich müsste nur mal kurz ihren Sohn sprechen. Können Sie ihn herholen?«, erklärte Gesine und lief puterrot an, weil sie während des Sprechens keine Luft holte, um dem alkoholgeschwängerten Atem des Mannes zu entgehen – er hatte mit Sicherheit bereits einige Selbstgebrannte als Verteiler intus.

»Immer auf Achse, was?« grinste Torbens Vater sie an, wandte sich ab und rief im Weggehen laut durch die Diele:»Torben, komm mal an die Tür, das Gesinchen ist für dich da.«

Kaum war er weg, sog Gesine erleichtert Luft in ihre Lungen und wartete angespannt. Wann Torben wohl endlich bei seinen Eltern auszog? Wahrscheinlich erst, wenn er eine Frau gefunden hatte, die nahtlos die Arbeit übernahm, die jetzt seine Mutter tat, wie für ihn kochen, waschen und bügeln. Tz, tz. Damals, als sie ihre Liebelei mit Torben gehabt hatte, war sie einmal hier gewesen. Eigentlich hatte Torben nur was holen wollen, doch die

Eltern hatten sofort eine Ehekandidatin in ihr gesehen und sie mit Kaffee und Kuchen zum Bleiben bestochen. Danach hatte Gesine sich geschworen, nie wieder einen Fuß über die Schwelle des Hauses zu setzen.

Nach einer Weile des Wartens begann Gesine von einem Bein auf das andere zu zappeln, weil sie plötzlich ziemlich dringend mal musste, aber auf keinen Fall bei den Rütters auf Toilette gehen wollte. Sie befürchtete, sonst doch noch in die Fänge des Familienstammtisches zu geraten und wieder als potenzielle Frau für Torben behandelt zu werden. Bruno schaute sie mitleidig an und als wollte er ihr zeigen, wie es geht, erhob er sein Bein am Buchsbaum, der den Eingang zierte. »Hund müsste man sein«, murmelte Gesine, war dann jedoch gezwungen, schnell beiseitezuspringen, da der rothaarige Claas an ihr durch die geöffnete Tür vorbeipreschte und zur Garage lief. Im nächsten Augenblick kam Torben durch den Flur gemächlich auf sie zu.

»Na, der hat es aber eilig«, meinte Gesine zu Torben, der seine Arme ausgebreitet hatte, um sie an sich zu ziehen, was Gesine wohlweislich übersah. Stattdessen zog sie ihn am Ärmel zu sich heraus. Da sie nicht stillstehen konnte, machte sie hinter ihm die Haustür zu, hakte sich bei ihm ein und ging, während sie drauflos plapperte, die Straße mit ihm hinunter. Sie erzählte vom Kartenspiel, bei dem Klaus Pregat den Rollstuhl gewonnen hatte, und den Waldtraut Rösler ihm gerade gestern wieder abgenommen hatte, von der Mini-Flagge und den Rollstuhlspuren am Teich, von Klaus Pregats Hobbykeller, in dem bei einem Modellboot eine Flagge fehlte und wo der Rollstuhl mit verdreckten Reifen stand, und dass es doch nicht gerade nett war, auf Reisen zu gehen, wenn eine gute Freundin sicherlich demnächst beerdigt werden würde.

»Ich mein, die Pregats sind Pensionäre und hätten die Reise verschieben können. Ums Geld kann es ihnen auch nicht gehen, davon haben sie genug. Außerdem haben die sicher eine Reiserücktrittversicherung abgeschlossen, wie ich die kenne. Also, was meinst du?«, schloss Gesine ihren knappen Bericht.

»Ähm, äh, wenn ich dich richtig verstanden habe, weisen alle Indizien darauf hin, dass Klaus Pregat Waldtraut Rösler ertränkt hat«, sagte Torben gestelzt. Inzwischen waren sie an einer Tankstelle angekommen und da Gesine meinte, gleich zu platzen, kam sie ihr vor wie ein Geschenk des Himmels.

»Ja, genau. Obwohl mir echt nicht wohl dabei ist, und so ganz glauben kann ich es auch nicht. Sag', kannst du Bruno kurz halten? Wir reden gleich weiter, ich muss mal eben verschwinden«, beeilte sich Gesine zu erwidern, drückte Torben Brunos Leine in die Hand, wetzte in die Tankstelle hinein, holte sich den WC-Schlüssel, wetzte wieder hinaus und bog um die Ecke, an der ein großes Hinweisschild ihr sagte, wo entlang es zu den Toiletten ging.

Nachdem sie sich erleichtert hatte, war sie viel entspannter. Sie wusch sich in Ruhe die Hände und dabei fiel ihr ein, dass sie vergessen hatte, mit Torben ihren geplanten Deal zu verabschieden, dass er keine Hoffnung mehr in sie, Gesine, verschwendete, wenn sie ihm den vermutlichen Täter lieferte. Mist aber auch! Na, jetzt war es zu spät. Sie trat aus der Toilette hinaus, gerade in dem Augenblick, als Bruno an ihr vorbeihechtete.

»Bruno, hier!«, rief sie dem Hund überrascht zu, doch der hörte nicht. Noch einmal rief sie: »Bruno, hier! Herrjeh, hier fahren Autos, spinnst du denn?« Als auch das nichts nützte, hob sie ihren langen Wickelrock an und sprintete dem Hovawart hinterher. Er stob um die nächste Ecke, sie tat es ihm gleich und musste abrupt abbremsen, sonst wäre sie in Bruno hineingelaufen, der ordentlich Sitz machte, als könne er kein Wässerchen trüben. Dabei hechelte er aufgeregt und zeigte seine liebsten Hundeaugen – allerdings nicht Gesine, die beachtete er nicht weiter, sondern den drei Jugendlichen, die sein Pflegefrauchen bereits von der Holmer Mühle her kannte. Sie standen um das Fahrrad mit dem Kinderanhänger herum, in dem genau wie bei der Mühle, eine Kiste Bier lagerte.

»Ach, Sie schon wieder«, kam es auch gleich von dem Grobschlächtigen, der sie abschätzend anblickte und eine Bierflasche in der Hand hin- und herschwenkte. »Ist das Ihre Töle? Spionieren Sie uns etwa hinterher?«

Bevor Gesine antworten konnte, sprang Bruno den Jungen an, sodass er ins Wanken geriet und fast sein ganzes Bier auskippte. Der Rassehund stürzte sich gleich auf die entstandene Pfütze und schleckte sie gierig auf. Dabei wirkte er äußerst zufrieden.

»Ey, du Mistvieh!«, pöbelte der Junge los. »Du bist ja gemeingefährlich! Und das Bier, das können Sie mir bezahlen! Ich kann aber auch gern die Polizei rufen. Immerhin hat das Vieh mich ohne Grund angefallen«, wandte er sich jetzt an Gesine, in deren Kopf es bei Brunos Anblick ratterte.

»Die Polizei?«, fragte Gesine ruhig und ein diabolisches Lächeln umspielte ihre Lippen, das sie sich aus dem

Film *Die Hexen von Eastwick* abgeguckt hatte und für diese Situation ziemlich passend fand. »Also, die Polizei ist schon im Anmarsch.«

»Hey, Leute, was gibt's?« fragte Torben, der jetzt tatsächlich um die Ecke kam. »'Tschuldigung, Gesine, wegen Bruno. Er hat sich einfach losgerissen und dann war er weg. Aber es ist ja nichts passiert, wie ich sehe. Moin, Jungs.«

»Moin«, kam es verhalten von allen drei Jungs zurück. Claas war bei dem Anblick seines Onkels blasser als sowieso schon geworden und nach einem Blickaustausch mit seinem grobschlächtigen Freund, der Gesine nicht entgangen war, verkündete er unsicher: »Äh, wir, wir müssen auch mal los.«

»Och, das ist aber schade«, meinte Gesine süffisant. »Die Runde ist doch grad so gemütlich. Außerdem: Wolltet ihr nicht unserem Freund und Helfer was sagen?«

»Nee, nee, ist schon gut«, meinte der Rädelsführer und machte Anstalten zu verschwinden, als Gesine sagte: »Nicht so schnell. Dann hab' ich was zu sagen.«

»Ist schon gut«, zischte er sie nachdrücklich an. Ihm und seinen Kumpanen war anzumerken, dass ihnen die Situation nicht geheuer war, Gesine ließ sich jedoch nicht beirren. Leise raunte sie Torben zu: »Vergiss, was ich eben gesagt habe« und setze dann in normalem Tonfall an die Jugendlichen gewandt alles auf eine Karte, ohne zu wissen, ob sie recht hatte: »Ich hab euch gesehen. Gestern am Stadtteich. Mit Waldtraut Rösler. Sie war früher mal eure Lehrerin, nicht wahr?«

»Aber …«, wollte Torben einwenden, der wusste, dass Gesine zu diesem Zeitpunkt nicht in Buchholz gewesen war, doch Gesine brachte ihn mit einem Blick und einer hochgezogenen Augenbraue zum Schweigen. Sicherheitshalber schenkte sie dem Polizisten noch ein dankbares Lächeln dafür und machte weiter: »Ich weiß, sie war absolut keine nette Frau, sie hat gnadenlos jeden Schüler durchrasseln lassen, wenn er nicht ihren Ansprüchen genügte. Selbst wenn er dann noch nicht einmal einen Realschulabschluss in der Tasche hatte«, schmückte Gesine ihren Bluff aus.

»Halten Sie die Klappe, kommt Jungs, wir hau'n hier ab. Das müssen wir uns nicht anhören«, fuhr der Grobschlächtige Gesine an. Gesine sah ihm seine unterdrückte Aggressivität an und sie war froh, dass Torben neben ihr stand.

»Wenn man dann so jemanden zufällig abends allein erwischt, bekommt er seine verdiente Abreibung. Blöd ist nur, wenn das Ganze im wahrsten Sinne des Wortes ausufert, stimmt's? Aber warum habt ihr die Rösler zur Holmer Mühle gebracht? Ich nehme übrigens an, in diesem Fahrradanhänger da. Weil alle möglichen Leute wissen, dass ihr euch gern am Stadtteich rumtreibt und ihr euch dort schon häufiger mit der Rösler gezofft habt?«, machte Gesine mit erhobener Stimme weiter.

»Gesine, was sagst du da? Du denkst, Claas und seine Freunde haben Waldtraut Rösler …?«, fragte Torben fassungslos und wandte sich an seinen Neffen: »Claas, stimmt das? Habt ihr …?«

Claas wurde unter dem Blick seines Onkels noch blasser und Schweißperlen liefen ihm die Stirn hinunter. Es entstand eine kleine Pause, die der Grobschlächtige dazu nutzte, sich auf sein Fahrrad zu schwingen und auf und davon zu radeln. Sein anderer Kumpel tat es ihm nach. Nur Claas blieb wie angewurzelt stehen. Torben wollte den beiden hinterherjagen, doch Gesine hielt ihn auf: »Lass mal, jetzt hören wir uns von Claas erst mal die ganze Geschichte an und dann kannst du immer noch deines Amtes walten. Die werden sich schon nicht in Luft auflösen.« Zu Claas gewandt sagte sie: »Vorher gibst du uns aber allen eine Runde Bier aus. Und jeder gibt Bruno einen Schluck ab, das hat er sich verdient!«

»Du kannst doch einem Hund kein Bier zu trinken geben! Und überhaupt, wieso hat er sich das verdient?«, fragte Torben, der wieder mal nur Bahnhof verstand.

»Na, weil er mich auf die richtige Spur gebracht hat«, erklärte Gesine stolz. »Hätte er nicht so einen Jieper auf Bier, wär' ich nie drauf gekommen und würde nach wie vor Klaus Pregat für den Schuldigen halten. Als ich am Teich war, hat Bruno an der Stelle, in dessen Nähe Waldtraut Rösler ertränkt worden ist, wie bescheuert die Erde abgeleckt. Zu Hause hat er mir dann auf seine ganz eigene Art auch ein Schlückchen abgeluchst und jetzt eben Brunos Aktion bei diesem unerzogenen Flegel ... Na ja, und Klaus Pregat trinkt kein Bier und das mit der einen fehlenden Flagge bei seinen Modellbooten kann auch Zufall sein. Und die Erde an seinem Rollstuhl kann auch woandersher stammen. Da hab' ich halt' mal so ins Blaue hinein kombiniert und siehe da, ich hab' den Nagel auf den Kopf getroffen«, grinste Gesine glücklich.

»Sie ... Sie haben nur geblufft?«, fragte Claas den Tränen nahe.

»Jepp, aber mit Erfolg. Prost!«, erwiderte Gesine und nahm einen Schluck Bier.

»Das Tor zur Heide«, Buchholz in der Nordheide, liegt im niedersächsischen Landkreis Harburg und ist hier die größte Stadt mit über 40.000 Einwohnern. Buchholz i. d. Nordheide umfasst sechs Ortschaften – Dibbersen, Steinbeck, Holm-Seppensen, Sprötze, Trelde und Reindorf. Sie alle zeichnet ländliche Idylle gepaart mit modernem Lebensstil aus.

1 Der Kunstverein Buchholz (Kirchenstraße 6, 21244 Buchholz in der Nordheide) und auch der Kunsttempel (Suerhoper Straße 9, 21244 Buchholz in der Nordheide), sind sowohl Ausstellungsort als auch Treffpunkt für Künstler allerlei Genres sowie für Kunst- und Kulturliebhaber.

2 Die alte Wassermühle in Holm (Schierhorner Straße 1, 21244 Buchholz in der Nordheide) ist nicht nur hübsch anzusehen. Hier finden neben Schaumahlen auch weitere attraktive Kulturveranstaltungen wie Herdfeuernachmittage, Vorträge und Konzerte statt. Etwas weiter in Seppensen finden Sie das Museumsdorf (Zum Mühlenteich 3, 21244 Buchholz in der Nordheide) mit dem Sniers Hus, für Fachleute eines der bedeutensten Baudenkmäler ländlichen Hausbaus in der Nordheide. Ein ebenso beliebter Veranstaltungsort ist die auf einem Hügel 1871 erbaute Windmühle im Dorf Dibbersen (Zur alten Mühle 7, 21244 Buchholz in der Nordheide).

3 Die Kunststätte Bossard (Bossardweg 95, 21266 Jesteburg) ist der wahr gewordene Traum des Künstlerehepaars Johann und Jutta Bossard Anfang bis Mitte des letzten Jahrhunderts. Auf einem drei Hektar großen Waldgrundstück werden hier Kunst, Natur und Leben miteinander zu einem einzigen Gesamtkunstwerk vereint – ein Besuch lohnt sich allemal. Darüber hinaus bietet die Kunststätte Bossard verschiedene Kunstkurse an.

4 Der Schmetterlingspark alaris in Seppensen (Zum Mühlenteich 2, 21244 Buchholz in der Nordheide) gefällt Groß und Klein: Treten Sie ein in die bunte Zauberwelt der Schmetterlinge – vielleicht lässt sich ja einer auf Ihrem Handrücken nieder?

5 Zwischen Klecken und Buchholz im Kleckerwald können Sie eine ganz besondere Stätte bestaunen – übrigens die bekannteste archäologische im Landkreis Harburg: Das aus der Jungsteinzeit stammende Hünengrab ist 48 Meter lang, 6 Meter breit, mit noch 76 vorhandenen Umfassungssteinen.

6 Eines der 32 Naturwunder im Naturpark Lüneburger Heide, das flache Büsenbachtal – benannt nach dem hindurchfließenden kleinen Büsenbach – gehört zur Gemeinde Handeloh und ist eine gern besuchte Heidelandschaft bei Buchholz, vor allem für Familien mit Kindern. Im Büsenbachtal liegt der Pferdekopf, eine kleine Erhebung, von der aus Sie eine schönen Blick auf die weite Heidelandschaft haben. Oder Sie machen auf einer der Bänke ein schönes Picknick. Ein Stück weiter, nahe Sprötze, liegt das Brunsberggebiet mit seinem 129 Meter hohen Brunsberg – ebenfalls eines der 32 Naturwunder im Naturpark Lüneburger Heide. Nach ihm benannt ist der jedes Jahr stattfindende 11,5 Kilometer lange Bunsberglauf, an dem Erwachsene wie Kinder ihren sportlichen Spaß haben.

7 Der Kulturbahnhof in Holm-Seppensen (Bahnhofsweg 4, 21244 Buchholz in der Nordheide) ist bekannt für seine historischen Ausstellungen und ausgesuchten Lesungen. Darüber hinaus gibt es hier regelmäßige Programmpunkte wie Computer- oder Sprachkurse oder auch moderierte Gespräche zu aktuellen Themen aus Politik und Wirtschaft, bei denen der ein oder andere namhafte Referent anzutreffen ist.

8 Wer inmitten der Natur nicht spazieren gehen oder gar auf einem der drei Rundwanderwege wandern möchte, sondern sich lieber aufs Rad schwingt, für den ist der Seeve-Radweg perfekt. 92 Kilometer lang, ist er in drei überwiegend flache Ringe eingeteilt und bietet sich deswegen für Tagestouren sowie für Familien mit Kindern geradezu an. Auch sonst können Sie rund um Buchholz gesund aktiv sein: Von Ausreiten auf Islandponys (Zum Mühlenteich 7, 21244 Buchholz in der Nordheide), Klettern bis zu 16 Metern Höhe im Buchholzer Kletterzentrum (Holzweg 6, 21244 Buchholz in der Nordheide) über Schwimmen und Planschen im Naturbadeteich Holm-Seppensen (Am Badeteich 22a, 21244 Buchholz in der Nordheide) oder dem Buchholzer Frei- und Hallenbad (Holzweg 10, 21244 Buchholz in der Nordheide) bis hin zu Ballonfahrten (Bendestorfer Straße 76, 21244 Buchholz in der Nordheide) und noch viel mehr bietet Buchholz in der Nordheide jede Menge Sport- und Freizeitmöglichkeiten.

9 Der Heidschnuckenweg ist der nördlichste vom Deutschen Wanderverband zertifizierte Qualitätsweg. Er führt von Fischbek am Rande Hamburgs bis nach Celle und verbindet die Nord- mit der Südheide. Der insgesamt über 200 Kilometer lange Weg, der in 14 angenehm zu erwandernde Tagesetappen eingeteilt ist, gilt als eine der schönsten Möglichkeiten, die gesamte landschaftliche Vielfalt der Lüneburger Heide zu entdecken. Direkt auf dem Heidschnuckenweg nahe Buchholz und dem Brunsberg liegt die Höllenschlucht, ein wildromantisches, schmales Tal, begrenzt von bis zu 10 Meter hohen, steil abfallenden Rändern.

10 Der 1,2 Kilometer lange Planetenlehrpfad in Handeloh stellt das Sonnensystem in einem Maßstab 1:5 Milliarden dar und gibt allerlei Informationen zu den einzelnen Planeten – ein unterhaltsamer Spaziergang der besonderen Art.

11 Heidekarpfen, Schleie und Forellen fangfrisch aus den Holmer Teichen und küchenfertig für Sie zurechtgemacht, gibt es u. a. in Handeloh (Benecke & Wichmann, Zu den Fischteichen 3, 21256 Handeloh)

TODESREQUIEM

EIN KURZKRIMI RUND UM BARDOWICK

Gesine Schmitzmayer rekelte sich genüsslich auf ihrem Handtuch und blinzelte in die Sonne. Auf das, was sie jetzt tun würde, hatte sie sich schon den halben Tag gefreut. Sie drehte sich auf den Bauch, griff in ihre Strandtasche und holte eine kleine Ledermappe heraus. Während die meisten Leute inzwischen alles nur noch digital speicherten, bevorzugte die 38-Jährige noch immer den klassischen Terminplaner, mit Ringbuchtechnik und in schönes Leder gebunden. Okay – Kunstleder, zugegeben, aber Gesine fand, es sah aus wie echt. Der Druckknopf, der den schon ziemlich abgegriffenen Kalender zusammenhielt, hatte einiges auszuhalten und sprang ihr fröhlich entgegen, sobald sie mit einem ihrer langen bunt lackierten Fingernägel darunterfasste. In diesem Ringbuch war alles, was Gesine brauchte, und das waren weiß Gott nicht nur die Termine für ihre Jobs.

Auch jetzt wusste sie genau, in welches der zahlreichen Innenfächer sie greifen musste, um zu finden, wonach sie suchte. Mit zielsicherem Griff fischte sie eine glänzende Ansichtskarte hervor. Darauf zu sehen war ein paradiesischer Strand vor kristallklarem, grünlich schimmerndem Meer und unter einem azurblauen Himmel. Sogar die obligatorische Karibikpalme fehlte nicht. Kein Text – nur ein traumhaft schönes Urlaubsambiente. Mit einem Lächeln im Gesicht strich Gesine Schmitzmayer sich die langen schwarzen Haare aus dem Gesicht, legte die Karte auf den Timer und zog den bunten Kugelschreiber aus der Seitenlasche.

Liebe Annette, schrieb sie ganz oben auf die Karte. *Wenn du das Bild auf der Karte angesehen hast, muss ich ja eigentlich nicht mehr viel dazu sagen. Nur so viel vielleicht: Mir geht es großartig!*

Gesine schmunzelte und kaute dabei auf dem bereits strapazierten Ende ihres Kugelschreibers. *Ich liege im warmen Sand, schaue aufs Wasser und freue mich des Lebens – was könnte schöner sein? Ich weiß noch nicht, wohin es mich als Nächstes treibt, aber im Moment möchte ich hier eigentlich gar nicht weg. Ich halte dich auf dem Laufenden und bis dahin grüße ich dich herzlichst, deine Gesine.*

Nun kam der Umschlag an die Reihe. Die Adresse von Annette Siebert stand bereits drauf, ebenso klebte darüber eine schöne Briefmarke, die irgendein unbekanntes Kunstwerk zierte. Bevor Gesine die Karte in den Umschlag schob, streute sie wie zufällig ein paar Sandkörner mit hinein, was ihr erneut ein breites Grinsen ins Gesicht trieb. Schließlich verklebte sie den Umschlag und verstaute ihn mitsamt dem kunstledernen Ungetüm wieder in der großen Strandtasche. Sie war stolz auf sich, denn jedes Wort auf der Karte entsprach der Wahrheit. Und sie wusste genau, dass Annette Siebert, ihre missgünstige Cousine, grün vor Neid werden würde, wenn sie diese Karte las. Immer wieder, bei jeder seltenen Begegnung, hielt sie Gesine vor, ihr Leben nicht in den Griff zu bekommen. Sprüche wie »Na, Gesine – hast du denn endlich eine Arbeit gefunden, obwohl du nichts Anständiges gelernt hast?« oder »Ach, Gesine – wie alt bist du noch gleich? 38? Langsam müsstest du doch mal Ordnung in dein Leben bringen, meinst du nicht?« waren keine Seltenheit auf Familienfeiern, die Gesine ihren anderen Verwandten zuliebe nicht umgehen konnte. Da sie Annettes Worten nicht wirklich etwas entgegenzuhalten hatte, war Gesine auf eine andere Idee gekommen. Von jedem Ort, an den es sie trieb, schrieb sie ihrer Cousine Annette eine Ansichtskarte, in der sie von ihrem herrlichen Leben schwadronierte. Manchmal, zugegeben, musste sie ein kleines bisschen flunkern. Diesmal nicht. Sie lag tatsächlich im warmen Sand, schaute wirklich aufs Wasser und fühlte sich unbestritten wohl. Dass es nur der Sand vom Naturbad Bardowicker Strand **12** war und kein karibischer, spielte schließlich keine Rolle.

Über die Monate hatte Gesine ihr System, wie sie es nannte, verfeinert. Die Karten kamen immer in einen Briefumschlag. Das kostete zwar mehr Porto, aber in der Regel wanderte der Umschlag bei den Empfängern nach dem Aufreißen direkt in den Müll und das bestimmt auch bei Annette. So konnte sie später nicht mehr auf die Idee kommen, sich den Poststempel genauer anzusehen. Briefmarken wählte Gesine sorgfältig aus, damit sie nicht auf den ersten Blick die deutsche Absenderadresse verrieten, und kleine Details, wie etwas Sand im Umschlag, waren dann der Feinschliff. Sie schloss die Augen und stellte sich Annettes giftiges Gesicht vor, während sie die Karte las und sich fragte, wie um Himmels willen ihre nichtsnutzige Cousine Gesine sich wohl eine Weltreise leisten konnte …

Etwa zur selben Zeit saß Spargelbauer Knut Hansdorf in De Kaminstuuv **13**, einem rustikalen und gemütlichen Restaurant mitten in Bardowick und wartete auf seinen Schweinebraten. Bekannt war das Gasthaus über die örtlichen Grenzen hinaus vor allem für seine hausgemachten Torten und Kuchen, doch damit konnte Hansdorf nichts anfangen. Außerdem fand er es nur nervig, wenn sich die Leute bis an die Tür schlängelten, um sich am Nachmittag eine frisch gebackene Kuchenauswahl für den heimischen Kaffeetisch zu holen. Er saß lieber zur Mittagszeit in einer ruhigen Nische, in der Woche, wo nicht ganz so viel los war, und genoss ein herzhaftes Essen. Praktischerweise lag das Restaurant in der gleichen Straße wie sein eigener Hof und er war zu Fuß in wenigen Minuten dort. Seit seine Frau vor einigen Jahren gestorben war, hatte er hier eine ähnlich gute – oder wenn er ehrlich war, eine deutlich bessere – Küche, als noch zu ihren Lebzeiten. Darüber hinaus konnte er es sich leisten, beinahe jeden Mittag essen zu gehen. Viel anderes blieb ihm aber auch nicht übrig. Er selbst hatte nie Kochen gelernt, er konnte nur Spargel zubereiten. Und seine Tochter Kerstin bekam es ebenfalls nicht auf die Reihe, ihm ein einigermaßen genießbares Essen auf den Tisch zu bringen.

Selbstzufrieden lehnte er sich in seinem Stuhl zurück, griff in die beinahe DIN A5-große Geldtasche, und blätterte die Einnahmen des Vortages durch. Das hatte sich mal wieder gelohnt. Die Spargelsaison war in diesem Jahr früh gestartet, und er hatte dank seiner beheizten Felder als Erster in Bardowick mit dem Verkauf starten können. Die Leute waren immer heiß auf den jungen Spargel, und wer die erste Runde gewann, machte in der Regel auch für die gesamte Saison das Rennen.

»Heidi!«, rief er der Wirtin zu. »Einen Klaren für mich.« Schließlich war das ein Grund zum Feiern, da musste er heute nicht lang zögern. Er steckte die pralle Geldtasche zurück in seine Jacke und begann zu überlegen. Eine so gute Saison wie in diesem Jahr war nicht selbstverständlich. Er nahm das als Zeichen, endlich seine Pläne in die Tat umzusetzen, über denen er schon so lange brütete. Früher hatte er alles mit seiner Frau besprochen, doch seit sie nicht mehr war, musste – nein, konnte er allein entscheiden. Inzwischen genoss er diesen Umstand, dass niemand ihm reinreden konnte. Kerstin versuchte es zwar, doch das war ihm nicht wichtig. Sie hatte auf dem Hof noch nichts zu sagen. Solange er noch schaffen konnte, nahm er sich auch das Recht, allein zu entscheiden. Wenn sie, als einziges Kind der Hansdorfs, den Hof eines Tages übernehmen würde, konnte sie tun und lassen, was sie wollte. Doch Knut Hansdorf fühlte sich stärker denn je und hatte nicht vor, den Hof in den nächsten Jahren an seine Tochter zu übergeben. Ganz im Gegenteil – er würde die guten Erträge investieren und den Hof ausbauen. Er wusste auch schon genau wie, und bald würde es losgehen. Heute Abend würde er das Konzert im Dom zu Bardowick St. Peter und Paul 14 besuchen. Ihm gefielen bei Weitem nicht alle musikalischen Veranstaltungen, die dort stattfanden, doch zu ausgewählten fand er sich ein, seit Jahren schon. Außerdem würde er im Dom ganz bestimmt auf Manfred Lübbers treffen. Hansdorf grinste vor sich hin, während die Kellnerin ihm den Klaren und den Braten auf den Tisch stellte. Lübbers würde der Erste sein, der von seinen Plänen hören sollte … na, der würde Augen machen!

Gesine stand vor ihrem Wohnmobil, ihrem Mobilé, wie sie es so gern nannte, und schüttelte das sandige Badetuch aus. Sie hatte die Zeit im Naturbad genossen und fühlte sich enorm fit. Die soeben in den Briefkasten gesteckte Karte an ihre Cousine trug einen weiteren nicht unerheblichen Teil zu ihrer guten Laune bei. Außerdem hatte sie heute einen freien Tag, denn ihr Putzjob im Golf Resort Adendorf **15** begann erst morgen. Das neue Hotel am Golfplatz war ausgebucht und hatte kurzfristig zusätzliches Personal gebraucht, genau einer der Jobs, wie Gesine ihn liebte: Ein großes, recht neues Hotel, oft arrogante, aber teilweise auch dekadent großzügige Hotelgäste, die meist nur für ein paar Tage blieben und sich in den Zimmern verhältnismäßig gesittet benahmen. Da hatte sie nicht lange gezögert, als ein früherer Freund, der im Hotel als Kellner arbeitete, sie gefragt hatte, ob sie Interesse hätte, dort für vier Wochen auszuhelfen.

Den heutigen Tag würde sie noch voll auskosten. Hierfür hatte sie sich ein feines Abendprogramm überlegt, das bald losgehen würde: Sie wollte im Dom ein Konzert besuchen. Darum wühlte Gesine jetzt in ihrem Kleiderschrank, zog ein langes rotes Samtkleid hervor und ein fröhliches Halstuch in verschiedenen Blautönen. Sie zog beides an, dazu dann noch die blauen Schnürstiefel, und sie fühlte sich für einen feierlichen Konzertabend gewappnet. Um die langen schwarzen Haare band sie ein hellgelbes Tuch. Sie fand, das harmonierte perfekt zu dem restlichen Outfit und gab die sommerliche Stimmung des Tages wieder. Noch ein bisschen Schminke ins Gesicht – fertig. Mit ihrem blau-bunten Rucksack in der Hand – perfekt abgestimmt auf das Halstuch – verließ sie ihr Wohnmobil, verschloss die Tür und ging zu Fuß in Richtung der Holländermühle **16**. Die Windmühle war bereits am Ortseingang Bardowicks von der Landstraße aus gut sichtbar. Sie hatte gehört, dass es hier seit einiger Zeit ein Mühlen-Café **17** gab, und sie hatte bis zum Konzertbeginn noch etwas Zeit, sich dort einen kleinen Snack zu gönnen.

Manfred Lübbers sah unzufrieden in den großen Spiegel, der in der Diele stand. Er hasste es, unter der Woche ein Sakko und einen Schlips zu tragen, doch seine Frau Erika bestand darauf, dass er sich für einen Konzertbesuch im Dom in Schale schmiss.

»Ich soll doch da nicht auftreten, ich will nur zuhören«, gab er regelmäßig zu bedenken, doch damit konnte er seine Frau so gut wie nie überzeugen, und heute hatte er nicht einmal Lust, es zu versuchen. Er kannte ihre Antwort im Voraus: »Aber Freddy, was sollen die Leute denken, wenn du als Betreiber der Domkellerei **18** in Sack und Asche auf öffentliche Veranstaltungen gehst?!« Sie rollte dann jedes Mal übertrieben mit den allmählich von Fältchen umringten Augen. »Die Leute dürfen ruhig sehen, dass es uns gut geht, schließlich haben wir dafür hart gearbeitet.«

Lübbers wartete auf den Tag, an dem er sich nicht mehr würde zurückhalten können, sie zu fragen, was genau *sie* denn dazu beigesteuert hatte. Sie waren erst seit drei Jahren verheiratet. Seine erste Frau hatte ihn verlassen, nachdem sie einen Esoterik-Kurs begonnen und sich in den Oberguru verliebt hatte. Das war inzwischen sieben Jahre her. Seitdem hatte er nie wieder etwas von ihr gehört, außer zur Regelung der Scheidungsformalitäten. Ganz ohne Frau hatte ihm das Leben dann aber nicht gefallen, und so war er anfangs recht dankbar gewesen, als er Erika bei einer Bootstour auf der Ilmenau **19** kennengelernt hatte. Sie hatte ihr Interesse an ihm deutlich signalisiert und ihm hatte das geschmeichelt. Dass sie sein gesamtes Leben nach ihrem Geschmack umkrempeln und ihn herumkommandieren würde wie ein kleines Kind, war damals für ihn nicht erkennbar gewesen. Inzwischen hatte er sich diesem Zustand mehr oder weniger ergeben. Er hatte schlichtweg keine Lust, erneut eine Scheidung durchziehen zu müssen, sich wieder eine neue Frau zu suchen, um dann vielleicht zu merken, dass es mit ihr nicht viel anders war. Das war ihm viel zu anstrengend, denn er hatte mit der Domkellerei schon genug zu tun. Und um das Geld, das ihn eine weitere Scheidung kosten würde, war es ihm allemal zu schade. Denn obwohl er es besser hätte wissen sollen, hatte er auch bei der Heirat mit Erika nicht auf einen Ehevertrag bestanden.

Die Kellerei war sein Ein und Alles, sein Reich, in dem nur er allein der Herr war. Auch wenn sie anderer Meinung war und nach außen hin gern so tat, als ob, hatte seine zweite Frau dort nämlich überhaupt nichts zu melden, und er versuchte auch, sie in keinster Weise in seine Tätigkeiten mit einzubeziehen. Er verbrachte so viel Zeit in der Kellerei, dass die Momente, in denen er das Genörgel seiner Frau ertragen musste, inzwischen sehr begrenzt waren, und so konnte er damit recht gut leben. Außer an Abenden wie diesen, an denen er an kulturellen Veranstaltungen teilnehmen musste, um im Dorf Präsenz zu zeigen. Er machte das wahrlich nicht nur seiner Frau zuliebe, sondern um nicht für solche Selbstdarsteller wie Knut Hansdorf das Feld zu räumen. Dieser selbst ernannte Dorf- und Spargelkönig war ihm seit jeher ein Dorn im Auge. Das hatte schon in der Jugend begonnen, als Knut damit prahlte, später den Spargelhof seiner Eltern zu übernehmen und zum größten in der Umgebung zu machen. Manfreds Eltern hingegen waren kleine Angestellte gewesen – ohne Hof oder sonstiges Eigentum. Sie hatten zur Miete in einer Drei-Zimmer-Wohnung gewohnt und sich keine großen Sprünge leisten können. Bei Manfred hatte das früh den Ehrgeiz geweckt, es mal weiter zu bringen, als seine Eltern. Und das hatte er geschafft. Stolz schaute er beim Gedanken daran in den Spiegel und vergaß darüber sogar die Quälerei mit dem ungeliebten Schlips. Ja, er hatte es zu etwas gebracht: Er höchstpersönlich führte die große Domkellerei und hatte das ganz allein und ohne Protektion oder reiches Erbe geschafft. Lübbers straffte die Schultern, betrachtete sein Spiegelbild und drückte den Rücken stolz durch. Genau das würde er heute Abend zeigen, da konnte Knut Hansdorf noch so sehr mit seiner erfolgreichen Spargelernte prahlen. Letztlich war und blieb Hansdorf ein Bauer, während er selbst sich zum Unternehmer aufgeschwungen hatte!

Auf dem kleinen, idyllischen Domplatz hatten sich bereits einige Konzertgäste versammelt, als Gesine dort ankam. Sie hatte sich im Mühlen-Café auf den schönen Tag ein Glas Prosecco gegönnt und war nun in noch besserer Stimmung. Sie blieb etwas abseits der anderen Leute stehen und beobachtete. Das liebte sie. Leute beobachten, vor allem die, die sie nicht kannte. Als sie ihr Mobilé noch nicht besessen hatte, war sie oft mit Bus und Bahn unterwegs gewesen und hatte die Wartezeit am Bahnhof mit Freuden für derartige Beobachtungen genutzt. Hier schien heute die Dorf-Prominenz versammelt zu sein und natürlich kannten sich die meisten. Sie konnte genau identifizieren, wer aus Bardowick oder der direkten Umgebung kam und wer nicht. Es schien fast so, als ob es zwei Lager gäbe: Eine Gruppe scharte sich um ein Pärchen, von dem Gesine vor allem die viel zu stark geschminkte Frau in ihrem auffällig aufgetakelten Outfit mit Hut sofort ins Auge stach. Außerdem redete sie für Gesines Ohren unangenehm laut. Obwohl Gesine einige Meter entfernt stand, konnte sie die Aussprüche der Frau deutlich verstehen, während sie sonst nur Gemurmel von den anderen Umstehenden vernahm.

»Wir planen für nächstes Jahr eine Fernreise!«, erzählte die »Dame mit Hut«, wie Gesine sie innerlich bereits getauft hatte, gerade. »Schließlich will man doch was von der Welt sehen, und wir können es uns ja leisten …«

Dem Mann an der Seite der »behüteten« Tussi schien das Getue seiner Frau eher peinlich zu sein. Zumindest machte er auf Gesine den Eindruck, als wäre er jetzt gern ganz woanders, während er sich schwitzend am Hemdkragen nestelte, der von einem ziemlich spießigen Schlips eng eingeschnürt war.

Kern der zweiten Gruppe auf dem Domplatz war ein

dickerer Mann, ungefähr im gleichen Alter wie das Pärchen. Er war eher leger gekleidet und schien auf Äußeres nicht allzu viel Wert zu legen. Trotzdem strahlte er eine auffällig stolze Haltung aus, wie Gesine fand. Fast schon despotisch. Gestenreich erzählte er den Leuten um sich herum offensichtlich etwas Spannendes, denn die anderen hörten ihm sehr interessiert zu. Gesine trat unauffällig etwas näher an die Gruppe heran, vielleicht konnte sie ja doch ein paar Worte erhaschen. Sie hatte Glück.

»Ihr werdet sehen, das wird was ganz Großes für unser schönes Örtchen!«, berichtete er gerade und Gesine registrierte, dass er dabei zu dem beschlipsten Typen in der anderen Gruppe hinüberschaute. Dieser wiederum schien das sehr genau mitzubekommen, versuchte aber, es nicht zu zeigen, und straffte stattdessen seinen Oberkörper, als wolle er ein paar Zentimeter größer wirken. Irgendwas schien der Dickere in ihm ausgelöst zu haben, denn während er zuvor eher unbeteiligt seiner Frau das Reden überlassen hatte, wandte er sich nun an das ihn umstehende Grüppchen und ergriff das Wort. Auch er war dabei lauter, als nötig gewesen wäre. Gesine musste schmunzeln. Das Konzert brauchte sie gar nicht, das Dorftheater hier draußen wurde allmählich spannend.

»Meiner Kellerei geht es blendend«, hörte sie den Mann nun ebenfalls prahlen. »So wie es aussieht, können wir noch in diesem Jahr weiter expandieren und neue Arbeitsplätze schaffen. Schließlich kann Bardowick sich nicht immer nur auf eine gute Spargelernte verlassen, hier muss an anderen Schrauben gedreht werden!« Nach diesen Worten sah er ebenfalls fast schon provozierend auf die andere Gruppe.

Na, hier scheinen ja die beiden Dorfbonzen aufeinanderzuprallen, dachte Gesine. Landwirt contra Unternehmer oder Schützenkönig gegen Feuerwehrhauptmann – irgendwelche Konkurrenzkämpfe dieser Art gab es in fast jedem Dorf, das hatte sie in ihrem fast 40-jährigen Leben schon mehr als einmal mitbekommen.

Die große Tür des Doms wurde geöffnet und unterbrach den Hahnenkampf der beiden Männer. Beide Grüppchen schlenderten in Richtung Eingang und vermischten sich mit weiteren Konzertbesuchern, die inzwischen dazugekommen waren. Das Konzert war nicht ausverkauft, aber gut besucht und Gesine genoss die Atmosphäre in dem imposanten Gemäuer. Die Musik spielte dabei für sie nur eine Nebenrolle, denn eigentlich mochte sie fast ausschließlich Schlagermusik, die natürlich an solchen Orten eher selten gespielt wurde. So hatte sie nach rund 90 Minuten auch genug kulturelle Höhenluft geschnuppert und freute sich beim Hinausgehen auf einen entspannten Ausklang des Abends mit einem Glas Rotwein vor dem Fernseher in ihrem Wohnmobil. Was für ein herrlicher Tag!

Noch beschwingt vom erholsamen Vortag trat Gesine Schmitzmayer am folgenden Morgen ihren Dienst im Golfhotel an. Die Hausdame hatte sie schief angesehen, als sie mit ihrem Putzeimer im Personalraum angetreten war, und Gesine säuerlich und sehr bestimmt darauf hingewiesen, dass in einem Hause wie diesem die Putzmittel vorhanden und nicht mitzubringen seien. Es würde Wert auf Einheitlichkeit gelegt, und das beträfe auch das Arbeitsmaterial und die Kleidung. Etwas betreten hatte Gesine daraufhin ihren Eimer samt Inhalt in dem Spind verstaut, der ihr für die vierwöchige Aushilfszeit zugewiesen worden war, und hatte die bereitgelegte Arbeitskleidung angezogen: Dunkelblaues Blusenkleid, weiße Schürze, dunkelblaue Strümpfe – für Gesines Geschmack viel zu langweilig. Daran hätte ich auch gleich denken können, ärgerte sie sich über sich selbst. In so einem großen Hotel gab es natürlich gewisse Vorgaben. Vermutlich konnte sie schon froh sein, dass sie kein weißes Häubchen tragen musste … Ihre letzten Jobs waren immer in Privathäusern oder kleineren Pensionen gewesen, da hatte sie solche Regelungen nicht berücksichtigen müssen. Sie beschloss, sich nach diesem nicht so ganz geglückten Einstieg bei der Hausdame durch besonders schnelle und gründliche Arbeit zu beweisen, denn sie brauchte das Geld, das ihr diese vier Wochen einbringen würden, dringend. Außerdem hoffte sie, dass man sie für weitere Engpässe im Hotel vormerken und wieder buchen würde, wenn sie sich geschickt anstellte. Sie arbeitete angestrengt und strikt nach dem von der Hausdame aufgestellten Plan, staunte nur hier und da über die opulenten Zimmer und warf verstohlen ab und an einen kurzen Blick in die Kleiderschränke. Wer hier abstieg, hatte deutlich mehr im Portemonnaie als sie es mit ihren Putzjobs jemals erreichen würde, das sah man schon allein an der Kleiderauswahl, die einige der Gäste für die wenigen Tage ihres Aufenthalts dabeihatten. Doch Gesine war nicht neidisch, nur immer wieder überrascht. Sie mochte ihr unstetes Leben in all seiner Bescheidenheit, dafür ging sie auch gern putzen. All diese Schnösel waren bestimmt nicht halb so unabhängig und glücklich wie sie.

Der Tag verging wie im Flug und schon fand Gesine sich erneut im Personalraum wieder, um ihre Schicht zu beenden. In einer Ecke des Raumes sprachen zwei junge Frauen miteinander, die ebenfalls ihre Hoteluniformen gegen legere Privatkleidung austauschten.

»Hast du schon gehört?«, fragte die eine. »Der Spargelkönig von Bardowick ist tot!«

Aufmerksam spitzte Gesine die Ohren und hörte, wie die junge Frau fortfuhr: »Gestern Abend war er noch bei einem Konzert im Dom und heute hat man dann auf dem Gelände der Domkellerei seine Leiche gefunden!«

Gesines Herz schlug schneller. Das Konzert im Dom? Domkellerei? Konnte es sich um den dicken Mann handeln, den sie am Vorabend hatte prahlen hören? Und hatte der andere mit dem Schlips und der furchtbaren Frau nicht von »seiner« Kellerei gesprochen? Gespannt wartete sie, ob die Frauen sich noch mehr zu berichten wussten, doch die beiden waren bereits im Begriff, den Raum zu verlassen. Im Eiltempo zog Gesine sich um, holte ihre Handtasche aus dem Spind und ging durch den Personalausgang zu ihrem Wohnmobil auf dem Parkplatz. Als selbst ernannte Hobby-Detektivin musste sie unbedingt herausfinden, was da passiert war. Es war erst kurz nach vier und sie hatte für den Abend nichts mehr geplant. Also entschloss sie sich, ihr Mobilé direkt wieder nach Bardowick zu lenken.

Nur knapp 20 Minuten später hatte Gesine ihr Ziel erreicht. Unterwegs hatte sie entschieden, ihr Wohnmobil in der Mühlenstraße abzustellen, ganz in der Nähe der alten Mühle, in der sie gestern vor dem Konzert den Prosecco getrunken hatte. Zur Mühle gehörte auch ein kleiner Laden, wie sie an der Tür des Cafés gelesen hatte, und dort konnte sie sicher noch ein paar Vorräte besorgen. Und wenn sie Glück hatte, würde sie dort auch ein paar weitere Informationen aufschnappen. Sie parkte an der breiten Straße und betrat kurz darauf den Mühlenladen. Gesine schmunzelte in sich hinein: Volltreffer! Genau, wie sie es erwartet hatte, handelte es sich bei dem Geschäft in der Mühle um eine Art Tante-Emma-Laden, wie man sie in Gesines Augen heutzutage nur noch viel zu selten fand. Urig, klein, sehr rustikal, aber mit einem umfassenden Angebot, das konnte sie schon beim Eintreten erkennen. Doch das Beste daran war: Am kleinen Tresen direkt am Eingang stand ein tuschelndes Grüppchen von fünf Frauen, die aufgewühlt wirkten und sicher nicht ihre Einkaufslisten verglichen. So unauffällig wie möglich schlenderte Gesine an den Regalen im vorderen Bereich des Ladens vorbei und tat, als schaue sie sich interessiert die Auslagen an.

»Ist es nicht merkwürdig, dass der alte Hansdorf ausgerechnet auf dem Gelände der Domkellerei gefunden wurde?«, sagte eine burschikose ältere Frau in einem für diese Jahreszeit viel zu dicken Wollrock und einer Strickjacke.

»Ja genau«, antwortete übereifrig eine jüngere Frau in Jeans und kariertem Hemd, »wo doch jeder weiß, dass der Hansdorf und der Lübbers von der Kellerei sich seit eh und je spinnefeind sind!«

»Die sollen ja gestern Abend, nach dem Konzert im

Dom, auch wieder einmal heftig aneinandergeraten sein«, mischte sich eine dritte ein.

»Also wenn ihr mich fragt«, vernahm Gesine die keifende Stimme einer weiteren Frau, »dann war das eher die Erika, die Frau von dem Lübbers. Der trau ich zu, dass sie den Hansdorf um die Ecke gebracht hat.« Ein kurzes irritiertes Schweigen der anderen ermunterte die Keifstimme zu einer Erklärung: »Na, die kriegt doch den Hals nie voll, die Lübbers. Sie hat ihren Mann bestimmt nicht geheiratet, weil er so 'n fescher Kerl ist.« Die anderen lachten zustimmend. »Ich hab mal gehört, dass die ganz gezielt nach einem Mann mit Geld Ausschau gehalten hat, aber jeder hätte die ja nun nicht mehr genommen, da ist der Lack ja auch schon ziemlich ab.« Wieder Gelächter, bevor die mit dem Wollrock sagte: »Tja, und der Lübbers, der brauchte 'ne neue Frau, damit er zu Hause betüdelt wird, da kam ihm die Erika bestimmt gerade recht. Und besonders anspruchsvoll war der noch nie, was das Äußere angeht. Hat bestimmt nicht geahnt, was für einen Drachen er sich da ins Haus holt.« Jetzt gackerten sie alle glucksend herum und Gesine dachte bei sich, dass es nur noch fehlte, dass die Tratschen sich gegenseitig auf die Schultern klopften für ihre bösen Zungen. Nun erklang eine neue Stimme, und als Gesine möglichst unauffällig zur Seite blickte, erkannte sie, dass die leise Stimme zur Frau hinter dem Verkaufstresen gehörte.

»Nun kommt schon«, versuchte die Ladenbesitzerin, ihre Kundinnen zu beruhigen. »Das geht doch nicht, dass ihr jetzt hier so schlecht redet, wo noch gar nicht feststeht, wer das war. Und warum überhaupt sollte denn die Erika Lübbers den Spargelkönig umbringen?«

Das ließ sich die mit der keifenden Stimme nicht zwei-mal fragen: »Na, das ist doch klar. Der Hansdorf wollte ihrem Mann mal wieder was beweisen und hat groß rum-geprahlt mit seinen ach so tollen Plänen. Da hätte sie es schwer gehabt, ihn zu übertrumpfen. Wo sie doch aber unbedingt ganz an der Spitze der Dorfelite stehen möchte.«

Plötzlich brachen die Frauen auf und verließen das Geschäft, doch immerhin hatte Gesine eine ganze Menge in Erfahrung gebracht. Sie sammelte aus den Regalen ein paar biologische Knabbereien ein, wählte dazu noch eine Flasche Rotwein aus, ebenfalls mit Bio-Siegel, und trat an den kleinen Tresen.

»Das macht dann bitte 14,67 Euro«, erklärte die Frau hinter dem Tresen und sah freundlich von der Kasse auf. Gesine schätzte sie ungefähr auf ihr eigenes Alter.

»Sagen Sie«, versuchte sie vielleicht doch noch mehr Informationen zu ergattern. »Hab ich das richtig mit-bekommen – hier ist tatsächlich jemand ermordet wor-den?«

Die Frau sah sich kurz um, räusperte sich und flüs-terte dann: »Ja, aber nicht irgendjemand, sondern unser reichster Spargelbauer hier im Dorf. Der alte Hansdorf.«

Gesine überlegte krampfhaft, wie sie die Frau zum Weiterreden motivieren konnte. »Ich glaub, dann hab ich den gestern Abend beim Domkonzert gesehen«, ant-wortete sie rasch.

Wie geplant sah die Frau neugierig auf. »Ach, tatsäch-lich – Sie waren da auch? Haben Sie denn was mitbekom-men, von dem Streit, meine ich?«

»Nein«, antwortete Gesine wahrheitsgemäß. »Ich bin

direkt nach dem Konzert zu meinem … also ich meine nach Hause gegangen. Die beiden Männer müssen den Dom nach mir verlassen haben.«

Die Frau überlegte kurz. »Tja, wissen Sie, eins ist komisch: Der Hansdorf hat seinen Hof hier gleich ums Eck, auch in der Mühlenstraße. Der wäre auf seinem Nachhauseweg vom Dom gar nicht an der Kellerei vorbeigekommen …« In diesem Moment betraten zwei junge Männer den Laden und die Frau verstummte. Gesine wollte es nicht auf die Spitze treiben und legte 15 Euro auf den Tisch. Fürs Erste hatte sie genug Informationen gesammelt. Sie steckte das Wechselgeld in die Tasche, verabschiedete sich besonders freundlich und verließ den Laden mit ihren Einkäufen.

Während Gesine den Wein und die Knabbereien im Wandschrank ihres Wohnmobils verstaute, beschloss sie, noch einen kleinen Spaziergang zu machen. Rein zufällig führte dieser sie in die Richtung der Domkellerei. Wie erwartet, war dort eine Menge los. Die Polizei hatte das Gelände zwar mit gestreiftem Flatterband abgesperrt, doch außerhalb des Bereichs tummelten sich etliche Schaulustige. Gesine versuchte, bei mehreren der umstehenden Grüppchen erneut ein paar Gesprächsfetzen aufzuschnappen, wie es ihr bereits im Mühlenladen gelungen war, doch das Ergebnis war ernüchternd. Alle erzählten das Gleiche. Es ging überall um den offensichtlich allseits bekannten Kleinkrieg zwischen dem Spargelbauern und dem Chef der Kellerei. Zwar erzählte jeder eine andere Anekdote aus der Vergangenheit, aber der Kern blieb stets derselbe: Es konnte nur Manfred Lübbers als Täter infrage kommen, vollkommen klar. Gesine war enttäuscht. Hier konnte sie nichts Neues in Erfahrung bringen. Eigentlich schien ihr die Lösung aber viel zu einfach. Nur brachte diese Vermutung sie nicht weiter in ihren persönlichen Ermittlungen. Vermutlich saß dieser Lübbers längst bei der Kripo im Verhörzimmer und möglicherweise hatte er sogar bereits gestanden. So gern sie wieder mal Miss Marple gespielt hätte, offensichtlich sollte es diesmal nicht sein. Etwas missmutig trat Gesine den Rückweg zum Mobilé an. Dann eben nicht. Nun stünde doch ein langweiliger, aber dafür gemütlicher Abend vor dem kleinen Fernseher an, mit Bio-Rotwein und nachhaltig produzierten Kartoffelchips. Es gab Schlimmeres.

Zwei Stunden später hatte Gesine es sich in ihrem Wohnmobil gemütlich gemacht. Die Vorhänge waren zugezogen, sie hatte sich in ihrem Lieblingspyjama auf das Bett verzogen und den Fernseher leise gestellt. Falls sie demnächst – was nach anstrengenden Arbeitstagen durchaus mal passierte – vor lauter Gemütlichkeit vor dem Fernseher eindösen sollte, würde er nicht stören. Sie reckte sich zur Seite, um an den Fensteröffner zu kommen. Bevor sie einschlief, würde sie aber noch mal ein bisschen durchlüften. Generell war Gesine zwar nicht ängstlich, aber ihr war deutlich wohler zumute, wenn die Fenster des Wohnmobils nachts geschlossen waren. Sie klappte das Fenster auf und zog die Vorhänge zusammen. Gerade als sie zur Rotweinflasche neben dem Bett tasten wollte, um sich noch ein letztes Glas für heute einzuschenken, hörte sie draußen Stimmengemurmel.

»Du Idiot«, schimpfte eine unterdrückte Frauenstimme, »ich hab dir doch gesagt, du sollst ihn verschwinden lassen!«

»Nein, das hast du nicht – warum auch, du hast ihn doch benutzt, dann hättest du ihn auch direkt beseitigen müssen.« Die Antwort kam eindeutig von einer Männerstimme.

»Wie auch immer«, erklang wieder die Frauenstimme, »wir müssen uns was einfallen lassen. Wenn die Polizei das olle Ding findet, haben wir ein Problem!«

Nun wurde Gesine endgültig hellhörig. Nicht dass sie Streitereien anderer Leute nicht generell ganz spannend fand, aber hier schien es um etwas wirklich Aufregendes zu gehen. Konnte es eventuell mit dem Mord an dem Spargelbauern zu tun haben? Vorsichtig, um kein Gewackel oder Geräusche des Wohnmobils zu verursachen, rutschte sie noch dichter an das geöffnete Fenster heran.

»Hey, so viel Spargel, wie hier gestochen wird, da kommt doch keiner gleich auf dich …«, hörte sie den Mann sagen, bis die Frauenstimme ihn wütend unterbrach. »Schon mal an Fingerabdrücke gedacht, Mann? Glaub bloß nicht, dass ich dich dann da raushalte, du hängst genauso mit drin.«

»Von wegen, das hast du ganz alleine ausgeheckt! Ich hab dir lediglich geholfen, nachdem schon alles gelaufen war. Ich lass mich da von dir nicht mit reinziehen!«

»Ach ja, aber profitieren willst du davon, oder wie? Du kannst mich mal …«

Gesine wartete, doch das Gespräch vor dem Fenster war verstummt. Nach der letzten Bemerkung der Frau vermutete Gesine, dass sie nach diesen Worten davongegangen und der Mann ihr gefolgt war. Sicherheitshalber wartete sie noch eine halbe Stunde, bevor sie das Fenster schloss und sich schlafen legte. Die ursprüngliche Müdigkeit war jedoch komplett verschwunden, denn in Gesines Kopf ratterte es in bester Miss Marple-Manier …

Am nächsten Morgen war Gesine früh auf den Beinen. Sie hatte unruhig geschlafen und in den wachen Momenten weiter gegrübelt. Dabei war ihr aufgefallen, dass sie bisher gar nicht mitbekommen hatte, wie der Spargelbauer eigentlich umgebracht worden war. So machte sie sich am frühen Morgen auf zum nächsten Bäcker und nahm zu Brötchen und Kakao eine aktuelle Tageszeitung mit. Den Rückweg zum Mobilé schaffte sie in der Hälfte der Zeit, die sie für den Hinweg gebraucht hatte, denn die Neugier trieb sie an. Kaum angekommen, warf sie die Brötchentüte auf den kleinen Tisch, stellte den Kakao in den Kühlschrank und schnappte sich die Zeitung. Wie erwartet, das hatte sie in der Bäckerei schon auf den ersten Blick gesehen, hatte es die Ermordung des Bardowicker Spargelkönigs auf die Titelseite geschafft. Rasch überflog Gesine den Bericht, der im Innenteil ausführlich fortgesetzt wurde. Da, endlich fand sie, wonach sie gesucht hatte: *Durch die polizeiliche Untersuchung wurde festgestellt, dass das Opfer mit einem Spargelstecher getötet wurde*, stand dort, ausgesagt von dem Lüneburger Kommissar Tobias Schneider. Gesine schnappte sich sofort ihr kleines Notizbuch, das sie immer dabei hatte. Es konnte nicht schaden, zu wissen, wer in diesem Fall offiziell ermittelte. Zumal er offensichtlich doch nicht so einfach aufzuklären war, wie es sich noch am

Vortag dargestellt hatte. Sie konnte dem Bericht nämlich ebenfalls entnehmen, dass ein erster Verdacht auf den Chef der Kellerei, Manfred Lübbers, gefallen sei. Dieser habe jedoch ein wasserfestes Alibi, da er gemeinsam mit seiner Frau und einem weiteren Paar direkt nach dem Konzert noch in einem italienischen Restaurant gegessen hatte. Sowohl die drei Begleiter als auch der Wirt hatten dies bestätigt.

Gesine faltete die Zeitung zusammen und legte sie beiseite. Ein Spargelstecher! Konnte das das »*olle Ding*« sein, von dem die beiden aufgeregten Personen gestern Abend vor ihrem geöffneten Fenster gesprochen hatten? War es darum gegangen, dass sie die Mordwaffe hatten liegen lassen? In Gesines Kopf wirbelte es schon wieder: Sie konnte also doch noch ermitteln! Zumindest rein theoretisch, denn praktisch musste sie in weniger als zwei Stunden ihren Dienst im Golfhotel antreten. Sie haderte mit sich. Nach dem etwas holprigen Einstieg am Vortag konnte sie es sich auf keinen Fall erlauben, zu spät zur Arbeit zu kommen. Sie konnte sich höchstens krank melden, aber auch das würde einer späteren erneuten Beschäftigung sicher nicht gerade zuträglich sein. Andererseits ... wenn ihr es gelänge, den Mord aufzuklären, dann dürfte ihr das wohl kaum jemand übelnehmen, oder? Gesine beschloss, sich erst mal mit den frischen Brötchen und dem Kakao zu stärken, bevor sie eine Entscheidung traf.

Während des Frühstücks hatte Gesine weiterüberlegt und war prompt auf eine Lösung für ihr kleines Problem gestoßen. Jetzt, da klar war – oder zumindest nicht unwahrscheinlich –, dass sie ein Gespräch der potenziellen Mörder belauscht hatte, musste sie selbstverständlich eine Aussage bei der Polizei machen! Das konnte ihr Arbeitgeber ihr unmöglich absprechen, schließlich war das ihre Bürgerpflicht! Und wann genau sie diese Aussage machen würde, konnte ja keiner vorhersehen …

Kurz entschlossen griff sie zu ihrem Handy und wählte die Nummer des Hotels in Adendorf. Zu ihrem Glück war die zuständige Hausdame gerade mit einem Hotelgast beschäftigt und konnte nicht ans Telefon geholt werden. Gesine erklärte daher dem jungen Mann vom Empfang in zuckersüßem und verständlich aufgeregtem Ton, dass sie eine wichtige Zeugin für die Polizei sei und somit heute auf keinen Fall zur Arbeit erscheinen könne. Er möge das bitte weiterleiten und auf die Wichtigkeit ihrer Aussage in einem brisanten Mordfall verweisen, von dem man sicher auch im Hotel schon gehört habe. Sie würde selbstverständlich am kommenden Tag wieder pünktlich zur Arbeit erscheinen. Der junge Mann schien schwer beeindruckt und stellte keinerlei verfängliche Fragen. Das Problem war also schon mal gelöst.

Kurz darauf packte Gesine ihren blauen Rucksack mit Notizbuch, Kugelschreiber, drei kleinen Plastiktüten, Handy und Portemonnaie. Auf dem Weg zum Bäcker hatte sie gesehen, dass heute Markttag in Bardowick war. Das hielt sie für die perfekte Chance, noch ein paar Gesprächsfetzen der Dörfler aufschnappen zu können. Die Pieperstraße, in der der Wochenmarkt stattfand, war für sie in Kürze zu Fuß erreichbar. Die erste Strecke führte sie an der großen Hauptstraße entlang. Hier kreuzten nur zwei Fahrradfahrer und ein junges

Mädchen auf Rollerblades ihren Weg und so hing Gesine ihren eigenen Gedanken nach. Sie versuchte, sich die wenigen Fakten aus dem Zeitungsbericht ins Gedächtnis zu rufen, um erhoffte Gesprächsfetzen gleich einordnen zu können. Gesine musste über sich selbst schmunzeln. Die vielen Krimis, die sie gelesen hatte, zeigten Wirkung: Inzwischen ging sie schon deutlich professioneller an ihre Ermittlungen heran als früher.

Auf dem Markt angekommen, schlängelte sie sich bewusst langsam zwischen den einzelnen Buden hindurch. Wie erwartet, dauerte es nicht lange, bis sie erste Gespräche der Leute mitbekam, in denen es um das tragische Ende des Spargelkönigs ging. Kein Wunder, tummelten sich doch hier unter anderem dessen ärgste Konkurrenten, die ihrerseits ihren eigenen Spargel anpriesen. Nachdem bei den ersten Unterhaltungen für Gesine nichts Neues herauskam, als das, was sie selbst der Zeitung entnommen hatte, sah sie sich genauer auf dem Markt um. Prompt sprang ihr ein Wagen in die Augen, vor dem sich eine besonders lange Schlange an Kunden angesammelt hatte. Ihr Blick wanderte zum Namensschild am Dach des Marktwagens: *Hof Hansdorf* war dort zu lesen. Der Wagen des Opfers! Gesine stellte sich nicht in die lange Schlange, sondern schlich neben den Wagen, der nach hinten offen war, sodass sie hören konnte, was die ältere Verkäuferin sagte.

»Es ist so furchtbar«, kam es prompt aus dem Wageninneren. »Die arme Kerstin sitzt zu Hause in dem riesigen Hof und weint sich die Augen aus dem Kopf, das arme Ding«, jammerte die Frau und hatte die volle Aufmerksamkeit sämtlicher Kundschaft direkt vor den Auslagen. »Wie soll sie das denn jetzt alles allein hinbekommen, ohne Eltern und noch dazu als Frau!« Die Kunden, überwiegend weiblich, nickten voll zur Schau gestelltem Bedauern. »Wenn ich mich nicht bereit erklärt hätte, heute für sie den Marktstand zu machen, dann hätt' sie sich noch glatt selbst hier hingestellt, aber das konnt' ich ihr doch nicht antun, der Deern!« Die Frau griff sich für Gesines Geschmack etwas zu theatralisch an den Rücken. »Dabei hab ich's doch man so im Kreuz. Ich bin ja man auch nich' mehr die Jüngste … Also, gute Frau: Wie viel vom besten Spargel der Region darf ich Ihnen einpacken? Denken Sie an das arme Ding …!« Gesine schüttelte stumm den Kopf. Bei aller vermeintlichen Trauer siegte hier eindeutig der Geschäftssinn und die Frau hatte deutlich Erfolg damit. Entweder war es den Leuten peinlich, nicht mehr als sonst zu kaufen und vor ihren Nachbarn als herzlos dazustehen, oder sie hatten ehrliches Mitleid mit der Tochter, die Knut Hansdorf offenbar hinterlassen hatte. An dem Tod des Spargelkönigs selbst konnte es jedenfalls nicht liegen, denn auf dem Weg über den Markt hatte Gesine mitbekommen, dass der reiche Bauer alles andere als ein Liebling des Dorfes gewesen war. Für sie wurde es dadurch nicht gerade einfacher. Wenn er dermaßen unbeliebt gewesen war, wie es schien, dann hatte er auch mehr als einen Feind im Dorf gehabt.

Nachdem sie ohne weitere Erkenntnisse über den Markt geschlendert war, beschloss Gesine, zurück zu ihrem Wohnmobil zu gehen. Diesmal würde sie allerdings einen Umweg machen, denn ihr war noch etwas eingefallen. Sie wollte zum Dom gehen und die Strecke ablaufen, die der ermordete Bauer genommen hätte, wenn er von dort direkt zu seinem Hof gegangen wäre.

Es war ein schmaler und selbst am Tage eher vereinsamter Weg, der vom Domplatz zum Hansdorf-Hof in der Mühlenstraße führte. Gesine versuchte sich vorzustellen, wie es war, hier am späten Abend im Dunkeln entlangzugehen, anstatt wie jetzt am helllichten und sonnigen Tag. Für einen Bauern wie Hansdorf war die Furcht davor ganz sicher kein Problem, aber auf jeden Fall war es eine gute Möglichkeit, wenn jemand sich unbemerkt anschleichen wollte. Als Gesine gerade einige platt getretene Äste einer Hecke entdeckte und genauer in Augenschein nehmen wollte, hörte sie eine Stimme und erschrak.

»Verdammt, das Ding muss hier doch irgendwo sein!«, schimpfte die Stimme vor sich hin, die Gesine als eine der beiden vor ihrem Wohnwagen identifizierte. Diesmal schien die Person allerdings allein unterwegs zu sein, denn nachdem Gesine sich hinter einem Busch auf der gegenüberliegenden Straßenseite versteckt hatte, sah sie nur einen einzelnen blonden Schopf aus der zertretenen Hecke auftauchen. Die Person schüttelte den Kopf, schnipste einen Zigarettenstummel aus der Hand, und ging dann aufgeregt davon. Gesine wartete noch wenige Minuten, bevor sie wieder hinüberging. Dort steckte sie den Zigarettenstummel vorsichtig in eine der kleinen Plastiktüten aus ihrem Rucksack, machte mit dem Handy, das sie heute ausnahmsweise wegen ihrer Ermittlungen mal mitgenommen hatte, ein Foto von der Hecke und ging auf direktem Wege zu ihrem Wohnmobil. Als sie dort ankam, von der anderen Seite als der, in die sie es heute Morgen verlassen hatte, machte sie eine weitere entscheidende Entdeckung, die sie innerlich jubeln ließ. Mit geröteten Wangen und klopfendem Herzen stieg sie in ihr Mobilé, zog das Handy hervor, wählte die Nummer der Lüneburger Kriminalpolizei, die sie der Zeitung vom Morgen entnahm, und sagte mit aufgeregter Stimme: »Guten Tag, mein Name ist Gesine Schmitzmayer, Schmitzmayer mit tz und ay. Bitte verbinden Sie mich mit Kommissar Schneider – ich möchte eine wichtige Aussage machen!«

Am nächsten Tag trat Gesine pünktlich ihren Dienst im Golfhotel an. Sogar eher überpünktlich, denn sie hatte noch eine halbe Stunde Zeit, bis ihre Schicht begann. In aller Ruhe ging sie in den Personalraum, holte ihre Arbeitskleidung aus dem Spind und wollte gerade beginnen, sich umzuziehen, als die Hausdame des Hotels den Raum betrat, mit der Gesine am ersten Arbeitstag keinen besonders guten Start gehabt hatte.

»Frau Schmitzmayer«, rief die übertrieben freundlich säuselnde Frau, als sie sie am Spind antraf. »Da ist ja unsere Heldin des Tages – wie aufregend, Sie stehen in der Zeitung!«

Gesine lächelte. Auf so eine Situation hatte sie insgeheim gehofft, obwohl sie ihr jetzt doch ein bisschen unangenehm war. Aber nur ein bisschen … Natürlich hatte sie sich heute Morgen als Erstes nach dem Aufstehen eine Zeitung besorgt und den Artikel längst gelesen. Als die Hausdame jetzt aber so bestimmt darauf drängte, ihrer plötzlichen »Heldin« den Artikel zu zeigen, las sie ihn sehr gern noch einmal:

Mörderin des Bardowicker Spargelkönigs überführt
stand da in großen Buchstaben als Überschrift. Dann
ging es weiter: *Bardowick – Der Mord an dem Bardo-*
wicker Spargelkönig Knut Hansdorf ist aufgeklärt! Die
Täterin, Hansdorfs Tochter Kerstin Hansdorf, wurde
überführt und ist bereits geständig. Sie hatte ihrem Vater
auf dem Heimweg nach dem Konzertbesuch aufgelau-
ert und ihn heimtückisch und hinterrücks mit einem hof-
eigenen Spargelstecher erstochen. Anschließend half ihr
Freund, Kevin G. – ein Angestellter der Domkellerei –,
die Leiche des Vaters auf das Gelände der Domkellerei zu
verfrachten, um den Verdacht auf den Kellereichef zu len-
ken. Als Motiv gab die Tochter an, sie habe um ihr Erbe
gefürchtet. Der Vater habe große Pläne für teure Inves-
titionen geschmiedet, an deren Erfolg sie nicht geglaubt
habe. Da er aber nicht bereit gewesen war, sie in geschäft-
liche Dinge einzubeziehen und sie nie ernst genommen
habe, habe sie durch seinen Tod ihr Erbe schützen wollen.

Die Täterin konnte nur durch die mutige Hilfe einer
aufmerksamen Zeugin so schnell überführt werden:
Gesine S., eine Durchreisende, hatte ein Gespräch zwi-
schen Kerstin H. und Kevin G. belauscht, in dem es um
das verschwundene Mordwerkzeug ging. Außerdem
konnte sie die Täterin am tatsächlichen Tatort ausma-
chen, als diese vergeblich nach der Mordwaffe suchte.
Die beherzte Zeugin Gesine S. war findig genug, dort
einen Zigarettenstummel der Täterin aufzusammeln, der
denen entsprach, die auch dort aufgefunden wurden, wo
Gesine S. das Gespräch belauscht hatte. Aufgrund der
erdrückenden Beweislast war die Täterin, die kurz da-
rauf verhört wurde, sofort geständig.

Bardowick ist einer der ältesten Orte Niedersachsens, bildet mit weiteren sechs Gemeinden die Samtgemeinde Bardowick und liegt zwischen Winsen (Luhe) und Lüneburg linksseits der Ilmenau. Regionale Berühmtheit erlangte der Flecken Bardowick durch den Spargelanbau sowie als Zentrum des größten Möhrenanbaugebietes.

12 Im August 2004 konnte in Bardowick das Naturbad Bardowicker Strand (Im Kuhreiher 22, 21357 Bardowick) eröffnet werden. Von Mitte Mai bis Mitte September können Sie dort im klaren chlor- und chemikalienfreien Wasser Ihrem sommerlichen Badevergnügen nachgehen. Sie finden dort natürlich einen Schwimmer- und einen Nichtschwimmerbereich vor und sogar eine eigene Zone für Springer. Eine lustige Seil-Fähre sowie die Möglichkeit, Beachvolleyball zu spielen, runden das satte Angebot zum kleinen Eintrittspreis ab.

13 Wenn Sie es ein bisschen gediegen mögen und obendrein gern Kuchen essen, sollten Sie unbedingt in De Kaminstuuv (Mühlenstr. 5, 21357 Bardowick) einkehren. Ob in den gemütlichen Innenräumen, die auch für größere Feierlichkeiten genutzt werden, oder im sonnigen Garten – die riesige und vor allem hausgemachte Kuchen- und Tortenauswahl wird Sie begeistern.

14 Beim Dom zu Bardowick St. Peter und Paul (Beim Dom 9, 21357 Bardowick) handelt es sich um eine gotische dreischiffige Hallenkirche. Mit den zwei niedrigen, achteckigen Türmen wirkt das Gotteshaus eher ungewöhnlich. Das wohl älteste Ausstattungsstück ist das bronzene Taufbecken. Heute finden aufgrund der außergewöhnlichen Akustik oft Konzerte im Dom statt, so können Sie Besichtigung und Kulturgenuss vereinen. Der Besuch des kleinen Viertels rund um den Dom ist allemal einen Spaziergang wert.

15 Das Golf Resort Adendorf (Moorchaussee 3, 21365 Adendorf) verfügt über einen 18-Loch Mastercourse sowie einen öffentlichen 9-Loch Public Course und gehört zu den führenden Anlagen in der Lüneburger Heide. Wenn Sie also passionierter Golfer sind oder aber mal in diese Sportart hineinschnuppern möchten, bieten Ihnen die ganzjährig bespielbaren Plätze dafür die perfekte Möglichkeit – mitten in der wunderschönen Heideregion, geprägt von eindrucksvollen Seenlandschaften und reichhaltiger Flora und Fauna. Ein Vier-Sterne-Hotel befindet sich direkt an der Golfanlage und viele weitere in direkter Umgebung.

16 Wenn Sie über die Bundesstraße 4 nach Bardowick fahren, wird Ihnen sofort die 1813 von dem Müller Johann Friedrich Meyer errichtete Holländermühle (Mühlenstraße 36-38, 21357 Bardowick) am Westrand der Gemeinde ins Auge fallen, denn der ohnehin schöne Anblick wird durch die Türme des Doms im Hintergrund noch eindrucksvoller. Seit den 1950er-Jahren war die Mühle flügellos und mit einem Spitzdach ausgestattet, doch mit Unterstützung durch den örtlichen Windmühlenverein konnte sie in den Jahren 1994/95 umfassend restauriert werden. Wenn der Anblick allein nicht reicht, um Sie auf einen Abstecher dorthin zu locken, dann vielleicht das Grüne Kaufhaus mit dem Naturkostladen, das zur Mühle gehört.

17 Inzwischen zählt auch ein nennenswertes Mühlen-Café zu Meyers Windmühle. In dem aus altem Fachwerk neu errichteten Gebäude mit 70 gemütlichen Sitzplätzen auf zwei Ebenen genießen Sie Kuchen und Torten, die in der hauseigenen Bäckerei/Konditorei mit dem in der Mühle gemahlenen Mehl liebevoll gebacken werden. Fair gehandelter Kaffee und Produkte aus der Region sind hier ebenso selbstverständlich wie ein freundlicher Service. In den Sommermonaten wird der Außenbereich zu einem einladenden Biergarten. Wenn Sie möchten, können Sie (außer an Sonn- und Feiertagen) auch den Außer-Haus-Service nutzen und Ihren Lieblingskuchen mitnehmen.

18 Bereits seit 1950 ist die Domkellerei Bardowick vor Ort ansässig. Als Großhändler mit einem Sortiment von über 7.000 Artikeln bietet sie so ziemlich alles, vom regionalen Fass- und Flaschenbier über exotische Trend-Getränke bis zu diversen Kaffeespe-

zialitäten. Besonderes Augenmerk liegt jedoch auf
der hauseigenen Biermarke Heide-Pils, mit dem die
Domkellerei ihre Verbundenheit mit der Region
zum Ausdruck bringt. So fließt ein Teil des Erlöses,
der mit dem mild hopfigen Pils erzielt wird, in Projekte des Naturparks Lüneburger Heide zur Pflege
der Heidelandschaft.

19 Südlich von Uelzen vereinen sich Gerdau und Ster-
derau zur Ilmenau, einem typischen Heidefluss, der
über Bad Bevensen und Bienenbüttel nach Lüneburg
fließt und schließlich unweit von Winsen (Luhe) in
die Elbe mündet. Mit öffentlichen Verkehrsmitteln
können Sie die beliebten Ein- und Ausstiege bestens erreichen, sodass Sie sich bei einer Bootstour
auf der Ilmenau eine aufwendige Rückholung Ihres
Fahrzeugs ersparen. Wenn Sie sich dieses herrliche
Naturerlebnis auf dem Wasser nicht entgehen lassen wollen, haben Sie die Auswahl zwischen zahlreichen verschiedenen Strecken, die gerade auch für
Ungeübte geeignet sind.

STADTGESCHICHTEN
EIN KURZKRIMI RUND UM LÜNEBURG

Angekommen! Gesine Schmitzmayer stand mitten auf dem Lüneburger Marktplatz **20** und lehnte sich entspannt an den Luna-Brunnen **21**. Sie liebte diesen Platz, seit sie als Kind zum ersten Mal mit ihrem Vater in Lüneburg gewesen war. Wenn sie jemals sesshaft werden sollte, konnte sie sich durchaus vorstellen, in Lüneburg zu leben. Allerdings war sie ehrlich genug sich einzugestehen, dass sie die hübschen Wohnlagen in der Lüneburger Altstadt **22** von ihren schmalen Einkünften als fahrende Putzfrau vermutlich nie würde bezahlen können. Aber träumen durfte man ja schließlich ab und an. Und außerdem hatte sie wieder angefangen, gelegentlich Lotto zu spielen, vielleicht war in ihrem Fall ja das der Schlüssel zum Glück. Gut, sie überlegte immer noch, eventuell Jura zu studieren, und als Rechtsanwältin könnte sie sich dann doch so manches mehr leisten. Zugegeben überlegte sie das schon ein paar Jahre, und sie wurde auch nicht jünger. Eine andere Idee von ihr war es, eine Tierhandlung zu eröffnen – dafür wäre Lüneburg natürlich ein wunderbares Pflaster – allerdings kam ihr auch immer wieder das Bewirtschaften eines kleinen, aber feinen Milchhofes in den Sinn, und dafür würde sie zumindest etwas außerhalb wohnen müssen. Insgeheim wusste Gesine natürlich, dass sie nichts von alledem machen würde, dazu gefiel ihr ihr derzeitiges Leben viel zu gut, aber na ja …

Sie schaute auf das wunderschöne Rathaus **23** und

gratulierte sich selbst zu dem Entschluss, endlich einmal wieder ein paar Tage in der Hansestadt zu verbringen, obwohl sie dort noch keinen Job hatte. Die vorigen Aufträge waren ergiebig genug gewesen, dass sie sich ein paar Tage ohne Bezahlung würde leisten können und außerdem wollte sie vor Ort akquirieren gehen. In Lüneburg gab es so viele Hotels, Pensionen und Gaststätten, dass sie sich relativ sicher war, kurzfristig irgendwo einspringen zu können. Ab und zu musste man auch mal was riskieren.

Es war noch früh am Tag und Gesine überlegte, womit sie ihren Aufenthalt in der Stadt am besten beginnen sollte, während sie ihren Blick schweifen ließ, bis er am Heinrich-Heine-Haus 24 haften blieb. Das hatte einen guten Grund, denn in diesem Augenblick trat ein Brautpaar feierlich aus dem alten Gebäude auf die Straße. Gesine war auf Anhieb gerührt. Was für ein hübsches Paar! Die junge Braut in ihrem cremefarbenen Hochzeitskleid und mit der eleganten Hochsteckfrisur sah aus wie einem Märchen entsprungen, und der große schlanke Mann neben ihr, herausgeputzt in Cut und feinstem Zwirn gab den passenden Prinzen dazu. Gemeinsam waren sie der perfekte Blickfang vor der Kulisse des schönen alten Gebäudes. Als Kind hatte Gesine oft davon geträumt, einmal genau so zu heiraten. Ihr Kleid wäre etwas weniger konservativ und vermutlich hätte sie ihre langen schwarzen Haare offen getragen, doch sonst … Tatsächlich hatte sie es aber bisher mit keinem Mann lange genug ausgehalten, dass eine Heirat überhaupt zur Sprache gekommen wäre. Gesine schloss die Augen und stellte sich vor, wie sie an ihrem Hochzeitstag aussehen würde. Sie sah das Bild glasklar vor sich und fand, dass sie als Braut eine durchaus annehmbare Erscheinung abgeben würde. Der Mann neben ihr trug einen Zylinder und natürlich einen schwarzen Frack. Und er himmelte sie an. Ruckartig öffnete Gesine ihre Augen wieder. Dieser Mann an ihrer Seite hatte plötzlich ein Gesicht gehabt – und zwar eines, das sie kannte! Er hatte haargenau ausgesehen wie Kommissar Henning Ludolf! Sie schüttelte energisch den Kopf, um das Bild aus ihrem Kopf zu vertreiben. Was für ein Unsinn, schalt sie sich selbst. Jetzt bloß nicht in irgendwas reinsteigern, was sowieso nie eintreten würde! Entschieden wandte sie sich vom Brautpaar ab und bummelte durch die weitläufige Fußgängerzone **25**, schaute in zahlreiche der kleinen Läden und ließ sich zwei Stunden später gemütlich in einem der vielen Straßencafés nieder. Wie schön, dass es in dieser Stadt so unglaublich viele Cafés, Kneipen, Restaurants und Bistros gab. Obwohl Lüneburg eigentlich ständig voller Menschen war, fand man hier fast immer ein herrliches Plätzchen, um gemütlich in der Sonne zu sitzen, etwas zu trinken und das bunte Treiben zu beobachten. Als der junge Kellner an ihren Tisch trat, entschied Gesine sich spontan für ein Glas Prosecco, um ihren lang ersehnten Aufenthalt in Lüneburg würdig zu begießen. Neugierig beobachtete sie die unterschiedlichen Menschen, die durch die Fußgängerzone schlenderten. Es waren viele junge Leute darunter, sicher zum großen Teil Studenten der Leuphana-Universität **26**, wie sie vermutete. Aber ganz gleich, ob es diese Anfang-20-Jährigen waren oder ältere Pärchen oder ganze Familien – irgendwie wirkten in Lüneburg alle

Menschen auf Gesine stets angenehm entspannt und gut gelaunt. Und sie war fest entschlossen, sich von dieser Stimmung mitreißen zu lassen, ob mit Job oder ohne. Sie holte ihr kleines Notizbuch aus der Tasche und erstellte eine Liste mit Dingen, die sie auf jeden Fall machen wollte, während sie hier war. Dazu gehörte unbedingt eine nächtliche Kneipentour am Stint **27**. Auch wenn sie notgedrungen allein losziehen musste, das war bei einem Besuch Lüneburgs ein Muss, und sie würde sicher ein paar Leute kennenlernen, das war ihr noch nie schwergefallen. Außerdem wollte sie gleich am nächsten Tag in Erfahrung bringen, ob im Vamos! **28**, der Kulturhalle an der Uni, in den nächsten Tagen ein Konzert stattfand, das nach ihrem Geschmack war. Während sie die Liste um das Kloster Lüne **29** mit dem Textilmuseum, das Brömsehaus **30**, einen Besuch im Theater Lüneburg **31** und einen in der Halle für Kunst **32** erweiterte, um zumindest schon einmal einige der kulturellen Punkte aufzuführen, hörte sie plötzlich eine fröhliche Stimme näher kommen. Sie schaute auf und entdeckte eine kleine Menschengruppe, die sich um eine interessant gekleidete Dame drängte, deren Stimme ihr eben aufgefallen war. Gesine rutschte aus ihrer bequemen Haltung etwas höher, um besser sehen zu können, was da vor sich ging. Dann erkannte sie, dass es eine der typischen Stadtführungen **33** war, die einem in Lüneburg immer wieder begegneten. Einige davon hatten einen mittelalterlichen Bezug, und die Stadtführer trugen in der Regel die passenden Kleider aus dieser Zeit. So war es auch hier, aber das war es nicht, was Gesines Blick auf sich zog. Die Frau in der alten Tracht hatte eine erstaunliche Ausstrahlung, das erkannte Gesine sogar aus der Entfernung. Man sah der zierlichen älteren Dame ihre ehrliche Begeisterung für das, was sie erzählte, einfach an, und die umstehenden Touristen hingen geradezu an ihren Lippen. Gesine erinnerte sich, dass sie selbst vor einigen Jahren mal an einer solchen Stadtführung teilgenommen hatte. Der Mann, der die Gruppe geführt hatte, war allerdings alles andere als mitreißend gewesen, und die Putzfrau hatte sich so gelangweilt, dass sie sich nach der Hälfte der Zeit schon von der Gruppe getrennt hatte. Offensichtlich ging das aber auch anders! Plötzlich fiel es Gesine wie Schuppen von den Augen: Das war ja überhaupt die Idee! Sie würde sich als Stadtführerin bewerben! Nicht, dass die Putzerei sie störte, aber ein bisschen Abwechslung zwischendurch konnte schließlich nicht schaden. Sie entflammte förmlich für ihre spontane Idee und malte sich sofort aus, wie sie einen Rundgang durch Lüneburg angehen würde, um es mindestens genauso gut zu machen, wie diese Frau, die sie gerade beobachtet hatte. Auf jeden Fall würde sie auch ein Kostüm tragen, das liebte sie ohnehin, und sie war überzeugt davon, dass so eine mittelalterliche Tracht ihr gut stehen würde. Schließlich kleidete sie sich auch im Alltag eher ungewöhnlich und unkonventionell und scheute sich nicht im Geringsten davor, aufzufallen. Und Gesine war sich ebenfalls sicher, dass sie in der Lage war, Menschen zu begeistern. Nur ein Punkt war etwas schwierig: Sie wusste erschreckend wenig von der Geschichte Lüneburgs … Bestimmt würde man bei einer Bewerberin ein solides Grundwissen voraussetzen. Sie kannte sich zwar relativ gut in der Heidestadt aus und kannte die angesagten Viertel, doch das war es dann auch schon. Nicht umsonst hatte sie auf ihre Liste gerade einige spezielle Einrichtungen in Lüneburg gesetzt, die sie noch nie besucht hatte. Aber egal, wofür gab es die große Ratsbücherei **34**? Gleich am nächsten Morgen würde Gesine dort hingehen und sich die notwendige Lektüre ausleihen, um sich schlauzulesen.

Gesagt, getan: Nach einem kurzen Frühstück im Mobilé – ihrem altersschwachen Wohnmobil, in dem sie lebte – am darauffolgenden Tag und der Versorgung ihrer Tiere, die bereits putzmunter in ihren Käfigen herumtollten, schlug Gesine Schmitzmayer den Weg zur Ratsbücherei ein. Von außen kannte sie das schöne Gebäude ganz in der Nähe des Rathausmarktes, aber drinnen war sie tatsächlich noch nie gewesen. Sie hatte allerdings mal gehört, dass es sich um eine der ältesten Stadtbibliotheken Deutschlands handelte. Voller Vorfreude legte sie die Hand auf die Türklinke, um festzustellen, dass die große Tür sich nicht öffnen ließ. Mit einer Vorahnung suchte ihr Blick die Tafel mit den Öffnungszeiten und dann ihre Armbanduhr – sie war zu früh! Die Bücherei öffnete erst um 10 Uhr und bis dahin war es noch eine gute Viertelstunde. Kurz überlegte Gesine, ob sie sich ein zweites Frühstück in einem der Cafés gönnen sollte, doch dann entschied sie sich, die wenigen Minuten zu warten, und setzte sich auf eine kleine Mauer vor dem Eingang. Bereits zwei Minuten später kam eine junge Frau um die Ecke und sah Gesine überrascht an.

»Nanu«, rief sie fröhlich, »bin ich zu spät oder sind Sie zu früh?«

»Ich denke, ich bin zu früh«, erwiderte Gesine freundlich und lächelte. »Ich warte auch gern noch, bis sie offiziell öffnen. Ist ja schließlich meine eigene Schuld, wenn
ich mich nicht vorher informiere.«

»Ach Quatsch«, erwiderte die junge Frau. »Die paar
Minuten. Kommen Sie einfach direkt mit rein. Während
ich alles vorbereite, können Sie sich ja schon in Ruhe
umsehen.«

Sie zog ein Schlüsselbund aus der Jackentasche und
öffnete die schwere Tür. Schon beim Eintreten war
Gesine beeindruckt vom Anblick der gotischen Halle
mit den Kreuzgewölben im Erdgeschoss. Die junge Frau
grinste. »Zum ersten Mal hier? Es geht den meisten so
wie Ihnen. Zumindest denen, die solche alten Gebäude
zu schätzen wissen. Ich muss kurz nach oben, das Licht
anmachen und ein paar Dinge vorbereiten. Eine weitere
Kollegin müsste aber jede Minute kommen.« Sie sah
Gesine etwas verunsichert an: »Ich kann Sie doch kurz
hier allein lassen, ohne zu befürchten, dass Sie gleich mit
einem Stapel Bücher rausmarschieren, oder?«

Gesine war erstaunt über das Vertrauen der Bibliothekarin. Sie wäre natürlich nie auf die Idee gekommen
zu klauen, aber das konnte die junge Frau ja nicht wissen. »Ich kann gern auch noch mal nach draußen gehen
und warten«, bot sie deshalb an.

»Nein, Sie sehen nicht aus wie eine Bücherdiebin«,
beschloss die junge Frau und ging zielstrebig zur
Treppe, die nach oben führte. »Ich bin gleich wieder
bei Ihnen!«

Gesine schaute sich fast ehrfürchtig in der riesigen
Bibliothek um. Sie las zwar gerne und viel, aber in ihrem

fahrbaren Zuhause war zu wenig Platz, um viele Bücher in Regalen aufzureihen. Oft nutzte sie während eines Jobs die inzwischen vielfach eingerichteten Buchsammlungen der Hotels, in denen sie putzte, was zwangsläufig dazu führte, dass sie viele Bücher nicht zu Ende lesen konnte. Aber daran hatte sie sich inzwischen gewöhnt. Beeindruckt betrachtete sie die meterhohen Regale und das schier endlose Büchermeer. Gerade als sie näher an eine der Wände herantreten wollte, hörte sie einen gellenden Schrei. Erschrocken drehte sie sich um. Außer ihr war niemand hier, das musste von oben gekommen sein, von der netten jungen Frau! Ohne zu überlegen, lief Gesine die steile Treppe hinauf in den ersten Stock. Als Erstes sah sie die Bibliothekarin, die sich die Hände vors Gesicht hielt und mit starrem Blick in den großen Raum sah. Dann entdeckte Gesine den Grund für den Schrei: Mehrere Bücherregale waren umgekippt und die Bücher lagen quer verstreut auf dem Boden oder klemmten zwischen den Regalböden. Doch in der Mitte waren in all diesem Chaos zwei Füße zu sehen. Unter diesem enormen Gewicht lag ein Mensch! Beherzt schnappte Gesine sich die geschockte junge Frau: »Kommen Sie, wir müssen die Regale hochheben, damit wir die Frau darunter herausziehen können!« Dass es sich bei der verrenkt daliegenden Person um eine Frau handelte, war deutlich an den Schuhen zu erkennen. Die Bibliothekarin erwachte aus ihrer Schockstarre und trat gemeinsam mit Gesine auf die Regale zu. Vorsichtig hoben sie das zuoberst liegende an, wofür sie alle Kraft aufwenden mussten, denn noch klemmten unzählige Bücher darin, von denen einige beim Anheben herunterfielen. Drei

Regale mussten sie bewegen, bis sie eine Möglichkeit sahen, an die Frau am Boden heranzukommen. Gesine kniete sich neben den leblosen Körper und befreite ihn vorsichtig von den Büchern, die ihn bedeckten. Als sie den Kopf sehen konnte, ahnte sie Böses: Eine große, blutige Wunde klaffte am Hinterkopf.

»Rufen Sie sofort einen Notarzt«, wies sie die junge Frau an, die bereits das Handy am Ohr hielt und mit vor Schreck geweiteten Augen die wichtigsten Daten an die Rettungsstelle weitergab.

Wenige Minuten später traf der Notarzt ein und bestätigte Gesines traurige Vermutung: Die Frau am Boden war tot.

»Wir müssen die Polizei verständigen«, sagte die Bibliothekarin, die sich ein wenig gefasst hatte. »Ich kann mir nicht vorstellen, dass das ein Unfall gewesen ist. Die Regale kippen doch nicht einfach so um. Außerdem war gerade Hilde immer sehr vorsichtig und achtsam, der wäre das nie passiert!«

Betroffen sah Gesine die junge Frau an: »Sie kennen die Lei…, die Frau?«

»Ja sicher«, antwortete die Angestellte traurig. »Das ist Hilde, Hilde Kellermann, unsere Archivarin. Ich hab sie gestern Abend hier noch kurz getroffen, darum hab ich eben sofort ihre Kleider erkannt. Sie wollte noch ein paar Dinge nachlesen und ist deshalb geblieben, nachdem wir geschlossen haben.«

Gesines Herz pochte ein bisschen schneller. Hier war also ein Verbrechen passiert! Und wieder einmal war sie ganz in der Nähe gewesen … Nun, sie würde sowieso auf die Polizei warten müssen, schließlich hatte sie – fast zumindest – die Leiche entdeckt, und sie würde bestimmt eine Zeugenaussage machen müssen. Sie nahm die junge Bibliothekarin bei den Schultern und schob sie zu einer kleinen Sitzecke, um mit ihr gemeinsam auf das Eintreffen der Polizei zu warten. Gesine kannte sogar einen Kommissar hier in Lüneburg, Schneider, Tobias Schneider hatte er geheißen. Der war nett gewesen, vielleicht bekam sie ja wieder mit ihm zu tun.

Keine zehn Minuten später trat eine hübsche Frau mit langen rötlichen Haaren auf die beiden zu, die eindeutig nicht Tobias Schneider war.

»Guten Tag, mein Name ist Katharina von Hagemann, Kripo Lüneburg. Sie beide haben die Leiche entdeckt?«

Gesine stand auf und stellte sich ebenfalls vor. »Gesine Schmitzmayer, mit tz und ay. Die junge Dame hier hat sie als Erstes entdeckt, dann bin ich dazugekommen.«

»Sie arbeiten beide hier?«, fragte die Kommissarin.

»Nein, ich nicht. Ich bin sozusagen auf der Durchreise und wollte mir ein paar Bücher ausleihen.«

Katharina von Hagemann sah zu der jungen Frau, die noch immer zusammengesunken auf dem Stuhl saß, und wandte sich dann wieder Gesine zu. »Fühlen Sie sich in der Lage, mir ein paar Fragen zu beantworten?« Gesine nickte stumm. Und ob sie das tat!

Gesines Befragung hatte nur wenige Minuten gedauert und die Kommissarin war ausgesprochen freundlich gewesen. Gesine steckte wahrlich nicht das erste Mal mitten in polizeilichen Ermittlungen und wusste sehr genau, dass das nicht die Regel war. Erst recht nicht, wenn sie Angaben zu ihrem Beruf machen musste. Eine fahrende Putzfrau setzten viele gleich mit einer Zigeunerin, und Gesines äußere Erscheinung mit dem recht dunklen Teint, den schwarzen langen Haaren und den weiten Röcken, die sie für ihr Leben gern trug, verstärkte diesen Eindruck oft noch. Sie freute sich, dass es offensichtlich noch Leute bei der Polizei gab, die nicht so mit Vorurteilen behaftet waren. Sie hatte darum gebeten, nach ihrer Befragung noch bleiben zu dürfen, bis auch die junge Angestellte der Bücherei ihre Antworten zu Protokoll gegeben hatte, da sie das Gefühl hatte, dass sie sie nicht allein lassen sollte. Tatsächlich war die junge Frau immer noch sehr blass, aber Gesine hatte außerdem einen Vorwand gesucht, noch ein bisschen länger am Tatort sein zu können. Schließlich musste sie für ihren neuen Fall so viele Informationen sammeln wie möglich! Während sie am Rand stand und sich umsah, wurde die Leiche der Frau umgedreht und in einen Leichensack gelegt. In diesem Moment konnte die Putzfrau das Gesicht der Toten sehen und sie erschrak: Auch sie kannte die Frau! Es war die Stadtführerin, die sie am Vortag so bewundert hatte, und die sie inspiriert hatte, sich auch als Stadtführerin zu bewerben! Diese lebenslustige Frau mit der ansteckenden Begeisterung … wie schon so oft in ihrem Leben fragte sich Gesine, warum es immer die Falschen traf.

Die Kommissarin hatte verfügt, dass die Bücherei bis auf Weiteres geschlossen wurde, damit die Spurensicherung in Ruhe ihre Arbeit erledigen konnte, was an einem Ort, an dem täglich unzählige Menschen aus- und eingingen und ihre Spuren hinterließen, eine zeit- und nervenaufreibende Aufgabe sein würde. Auch die beiden Frauen wurden gebeten, das Gebäude zu verlassen, nachdem sie ihre Personalien angegeben hatten. Schnell warf Gesine noch einen letzten Blick durch den Raum, in dem die ältere Dame gestorben war, und versuchte sich, so gut es ging, alles einzuprägen. Dann nahm sie die junge Bibliothekarin in den Arm und sagte sanft: »Wie heißen Sie eigentlich?«

»Daniela, Daniela Eisenhut«, antwortete diese leise.

»Kommen Sie, Daniela. Wir beide gehen jetzt irgendwo hin, suchen uns ein einigermaßen ruhiges Plätzchen und trinken erst mal einen Cognac.«

Erschrocken sah die junge Frau auf.

»Oder einen Kaffee«, lächelte Gesine. »Aber ich glaube, auf den Schreck können wir beide etwas Stärkeres gebrauchen.«

Gesine führte Daniela Eisenhut zu dem etwas ruhigeren Platz Am Sande **35**, wo sie sich in einem noch nur schwach besuchten Café in eine einsame Ecke setzten. Es war inzwischen kurz nach zwölf, doch der mürrische Kellner guckte deutlich pikiert, als Gesine mit fester Stimme zwei doppelte Cognac sowie zwei Milchkaffee bestellte. »Trinken Sie«, fordert sie die junge Frau auf, nachdem die Getränke auf dem Tisch standen, »das wird Ihnen guttun.«

Zögerlich nippte die Bibliothekarin an dem großen Cognac-Schwenker und verzog das Gesicht. Doch beim zweiten Schluck wurde sie tatsächlich schon entspannter.

»Sie müssen sich nicht um mich kümmern, Frau …«
Sie stutzte und sah Gesine entschuldigend an. »Oh je,
ich weiß ja nicht mal, wie Sie heißen!«

»Nennen Sie mich einfach Gesine«, antwortete die
Putzfrau freundlich und leerte zwei Zuckertütchen in
den großen Becher voll Milchkaffee. »Sind Sie immer
noch der Überzeugung, dass das kein Unfall war?«, fragte
Gesine vorsichtig.

»Mehr denn je«, antwortete Daniela, deren Gesicht
nach dem dritten Schluck Cognac allmählich wieder
Farbe annahm. »Ich kenne Hilde seit vielen Jahren, es
gibt kaum einen umsichtigeren Menschen als sie. Die
Bücher waren ihr heilig und überhaupt … Wie sollen
denn drei dieser schweren Regale einfach so umkippen?«

Gesine nickte. »Das halte ich in der Tat auch für sehr
unwahrscheinlich. Und außerdem haben wir die Regale
zu zweit kaum hochbekommen. Diese kleine zarte Frau
hätte ja vermutlich nicht einmal die Kraft gehabt, ein solches Regal umzustoßen.« Einen Moment lang schwiegen
beide, bevor Gesine erneut das Wort ergriff. »Können
Sie sich denn vorstellen, wer Hilde Kellermann etwas
antun würde?«

Daniela sah Gesine direkt ins Gesicht: »Nein, nicht im
Geringsten. Sie war intelligent, fröhlich, kontaktfreudig
und unvorstellbar nett. Jeder, der sie kannte, mochte sie.«

»Nun ja«, antwortete Gesine vorsichtig. »Gerade
Menschen, die so extrem beliebt sind, haben auf der
anderen Seite oft Neider …« Die Putzfrau glaubte zu
beobachten, dass ein kurzer Schatten über das Gesicht
der jungen Frau huschte, doch dann schüttelte Daniela
nur stumm den Kopf.

»Sie sagten, Hilde Kellermann habe in der Bücherei als Archivarin gearbeitet … Kann es aber sein, dass ich sie gestern auch bei einer Stadtführung in einem Kostüm gesehen habe?«

Überrascht sah Daniela Eisenhut auf: »Ja, das stimmt. Hilde ist …, war …, was die Geschichte Lüneburgs angeht, ein wandelndes Lexikon. Sie wusste einfach alles und kannte jeden kleinsten Winkel von Bedeutung in der Stadt. Und dieses Wissen hat sie gern weitergegeben. Es hat ihr immer unbändigen Spaß gemacht, den Leuten etwas zu erzählen. Sie hat sich oft geärgert, dass sie nicht früher auf die Idee gekommen ist, denn das mit den Führungen hat sie erst vor knapp zwei Jahren angefangen.« Die junge Frau lächelte bei der Erinnerung an ihre Kollegin. »Sie war wirklich die Beste. Ihre Führungen waren stets ausgebucht, und es kam immer häufiger vor, dass Touristen konkret nach ihr als Stadtführerin verlangt haben, so sehr hatte sich das in kurzer Zeit herumgesprochen.« Gesine sah, dass die junge Frau in der Erinnerung versunken war, und vermied es, direkt weiter nachzufragen. Sie war absolut nicht über das überrascht, was sie gerade erfahren hatte. Schließlich hatte sie selbst in dem kurzen Moment, als sie Hilde Kellermann am Vortag erlebt hatte, genau dasselbe empfunden.

»Wissen Sie«, begann Daniela wieder zu erzählen, »es gab nur sehr selten mal eine Frage eines Touristen, die Hilde nicht beantworten konnte. Aber wenn es mal passierte, dann hat sie alles darangesetzt, diese Wissenslücke zu füllen. Sie hat so lange die Bücher in der Ratsbücherei gewälzt, bis sie die richtige Antwort gefunden hatte.

Sie hat sich von den Leuten, die ihr so eine Frage gestellt haben, sogar die Telefonnummer geben lassen. Und wenn sie es dann herausgefunden hatte, hat sie sie angerufen, um die noch ausstehende offene Frage zu beantworten. Das war übrigens auch der Grund, warum sie gestern Abend noch in die Bücherei gekommen ist. Sie war nach der letzten Tour wie immer noch im Tourismusbüro gewesen, um abzurechnen. Dort konnte ihr – was nicht verwunderlich ist – auch niemand die Frage beantworten, die eine der Touristen ihr gestellt hatte. Und so ist sie auf direktem Weg von dort in die Ratsbücherei gekommen.« Traurig schüttelte Daniela Eisenhut den Kopf. »Ich hab sie noch gefragt, ob ich ihr helfen soll, aber sie hat nur gelacht und gesagt, sie ist gern auch mal mit ihren Büchern allein und hätte ohnehin nichts mehr vor. Ich sollte alles zuschließen und sie allein dort lassen. Wäre ich bloß nicht gegangen!« Tränen liefen der jungen Frau übers Gesicht und Gesine nahm sie erschrocken in den Arm.

»Um Gottes willen, Daniela, machen Sie sich keine Vorwürfe! Sie können doch nichts dafür!«

»Ich … ich war … mit meiner Mutter verabredet«, erwiderte die Bibliothekarin unter Schluchzen. »Die hasst es, wenn ich nicht pünktlich bin. Also hab ich mich extra beeilt. Und dann … dann ist sie selbst viel zu spät zu unserer Verabredung gekommen.« Erneut schluchzte sie auf.

Gesine hatte die junge Frau nach Hause begleitet und war dann direkt zurück in die Altstadt gegangen. Allein in ihrem Mobilé sitzen wollte sie jetzt auch nicht unbedingt, und außerdem hatte sie einen Plan. Sie hatte sich sowieso im Tourismusbüro als Stadtführerin bewerben wollen. Das würde sie jetzt in Angriff nehmen. Zwar war sie aufgrund der Vorkommnisse des Vormittages nicht so gut vorbereitet, wie sie es geplant hatte, doch möglicherweise würde der Besuch im Touristenbüro sie nebenbei bei ihren Ermittlungen ein Stück voranbringen. Als sie das kleine Gebäude am Marktplatz betrat, konnte sie die bedrückte Stimmung direkt fühlen. Gerade noch rechtzeitig entdeckte sie die roten Haare der jungen Kommissarin. Anstatt sofort zum Tresen zu gehen, wie sie es eigentlich vorgehabt hatte, gab sie nun vor, voller Interesse in den zahlreichen Prospekten zu stöbern, die im Eingangsbereich in einem großen Regal ausgelegt waren. Einige Minuten später hörte sie Katharina von Hagemann sagen: »Gut, dann war es das fürs Erste. Danke für Ihre Informationen. Sollte Ihnen noch etwas einfallen, dann rufen Sie mich bitte an.« Die Kommissarin verabschiedete sich und trat auf den Ausgang zu. »Hallo, Frau Schmitzmayer«, hörte Gesine hinter sich. Die Frau hatte ein erstaunliches Gedächtnis …

Sie drehte sich um und tat überrascht: »Frau Kommissarin, hallo!«

»Schauen Sie gerade, was Sie alles unternehmen wollen in Lüneburg?«, fragte Katharina von Hagemann freundlich.

»Ja, genau«, antwortete Gesine etwas verunsichert. Fand die Kommissarin das vielleicht unangebracht? Sollte sie ihr womöglich doch den wirklichen Grund nennen, aus dem sie ins Tourismusbüro gekommen war? Nein, keine gute Idee. Schnell ergänzte sie ihre Worte:

»Wissen Sie, nach dem Schreck heute Morgen, brauche ich einfach ein bisschen Ablenkung.«

»Verstehe«, erwiderte die Frau mit den roten Haaren. »Ist Ihnen vielleicht inzwischen noch etwas eingefallen, was uns weiterhelfen könnte?«

»Nein, leider … Aber ich kannte die Frau ja auch gar nicht. Dass ich in der Ratsbücherei war, war reiner Zufall. Einer, auf den ich gern verzichtet hätte, glauben Sie mir.«

»Das glaube ich Ihnen sofort«, antwortete die Kommissarin und Gesine war sich nicht sicher, ob sie nicht ein wenig Argwohn in der Stimme wahrnahm. »Dann wünsche ich Ihnen noch einen schönen Aufenthalt hier bei uns in Lüneburg«, meinte sie abschließend und verließ das Tourismusbüro. Gesine steckte sich einige der Prospekte, die sie interessierten, in die Tasche und trat dann auf den Tresen zu. Dahinter war eine Frau dabei, ein Regal einzuräumen, sodass sie Gesine nicht hatte kommen sehen. Als sie sich nun umdrehte, zuckte sie vor Schreck zusammen und giftete Gesine an: »Was fällt Ihnen denn ein, sich so anzuschleichen? Mir wäre ja fast das Herz stehen geblieben!«

Huch, was ist der denn für eine Laus über die Leber gelaufen? Na, wenn die immer so unfreundlich ist, bekommen die Touristen ja einen tollen Eindruck von Lüneburg, dachte Gesine und sagte extra betont höflich: »Bitte entschuldigen Sie, ich wollte Sie nicht erschrecken.« Ihr Blick fiel auf das Namensschild, das die ältere Frau am Revers ihres Blazers trug. *Viola Eisenhut,* stand darauf.

Bevor Gesine länger darüber nachdenken konnte, keifte die Frau erneut: »Schön und gut, und was wollen Sie dann?«

»Ich … ähm, ich wollte wissen, wie ich am besten von hier in das Schwimmbad SaLü 36 komme.« Sie hatte spontan entschieden, dass sie sich bei dieser Frau nicht nach einer Anstellungsmöglichkeit erkundigen würde. Das wäre bestimmt nicht von Erfolg gekrönt. Sie ließ sich mit freundlicher Miene den Weg zum Schwimmbad erklären, den sie bestens kannte, und verließ das Büro mit neuen Fragen im Kopf. Viola Eisenhut … war das vielleicht die Mutter der jungen Bibliothekarin? Die hatte nichts davon erwähnt, dass ihre Mutter ebenfalls eine Kollegin der toten Hilde Kellermann gewesen war … Gesine ärgerte sich, dass sie sich nicht die Telefonnummer von Daniela Eisenhut hatte geben lassen. Sie würde warten müssen, ob die Ratsbücherei am nächsten Tag wieder öffnen würde, um die junge Frau dort aufzusuchen. Zwar wusste Gesine, wo sie wohnte, doch so geschockt, wie Daniela gewesen war, hielt die Putzfrau es für besser, dort jetzt nicht erneut aufzutauchen.

Gesine hatte den verkorksten Tag kurzentschlossen für beendet erklärt, hatte sich auf dem Heimweg in der Fußgängerzone einen üppig gefüllten Döner geholt und sich damit in ihr Mobilé verkrochen. Dort saß sie nun, merkte zu ihrer Verärgerung, dass die Soße aus ihrem Döner auf die Bettdecke gekleckert hatte, und bekam zunehmend schlechtere Laune. Selbst das Fernsehprogramm spielte ihr einen Streich und lieferte nur irgendwelche trockenen Dokumentationen oder Trash-Shows, mit denen sie nichts anfangen konnte. Kein einziger Krimi dazwischen. Missmutig zog sie ein Buch aus dem

Regal. *Die Morde des Herrn ABC* von Agatha Christie. Gut, dann würde sie ihren Krimidurst heute eben anders stillen. Sie verzog sich mit dem Krimi zurück auf das Bett, machte es sich gemütlich und fing an zu schmökern.

Am nächsten Morgen nahm Gesine sich fest vor, dass dieser Tag erfolgreicher werden würde als der vorige. Zumindest, soweit sie das selbst beeinflussen konnte. Als Erstes schlug sie wieder den Weg zur Ratsbücherei ein, diesmal aber so, dass sie erst nach 10 Uhr dort ankam. Tatsächlich war das Haus wieder geöffnet und die polizeilichen Untersuchungen am Tatort offensichtlich abgeschlossen. Etwas beklommen betrat Gesine die Halle, die sie am Vortag so begeistert hatte. Eine Frau, ungefähr im selben Alter wie Gesine selbst, kam auf sie zu und fragte: »Guten Tag! Kann ich ihnen vielleicht helfen? Suchen Sie etwas Bestimmtes?«

Gesine erklärte der Frau, dass sie gern mehr über die Geschichte Lüneburgs und die wichtigsten Einrichtungen der Stadt erfahren würde. Zielsicher führte die Bibliothekarin sie in einen der hinteren Gänge.

»Hier – dort werden Sie eine große Auswahl an Büchern zu diesen Themen finden. Falls Sie doch noch Fragen haben, melden Sie sich gern vorn bei mir.«

»Eine Frage habe ich tatsächlich jetzt schon«, beeilte sich Gesine zu erwähnen. »Daniela Eisenhut – kommt die heute noch?«

»Nein, das tut mir leid, sie hat sich krankgemeldet«, erwiderte die Frau emotionslos und wandte sich ab, um zu ihrem Arbeitsplatz zurückzukehren.

Armes Ding, dachte Gesine, die hat den Schock wohl doch noch nicht verdaut. Sie nahm sich vor, später auf jeden Fall bei der jungen Frau vorbeizugehen.

Eine Stunde später hatte sie sich ein paar Bücher herausgesucht, die sie mitnehmen wollte, um sich schlauzumachen. Außerdem hatte sie beim Durchblättern schon einiges an Informationen aufgenommen und hoffte, dass zumindest ein großer Teil davon eine Weile in ihrem Kopf hängen bleiben würde. Gesine ließ sich einen Ausweis für die Bücherei ausstellen, überlegte kurz, ob sie noch einmal in das obere Stockwerk gehen sollte, registrierte dann jedoch eine Absperrung an der Treppe. Offensichtlich war der Bereich doch noch nicht wieder freigegeben. Sie brachte die Bücher direkt in ihr Mobilé und machte sich dann sofort wieder auf in die Stadt. Sie wollte erneut im Tourismusbüro vorbeischauen, in der Hoffnung, dass heute eine freundlichere Person als Viola Eisenhut im Einsatz sein würde. Tatsächlich hatte Gesine Glück und schon beim Eintreten wurde sie von einer sympathischen jungen Frau begrüßt, deren Namensschild sie als Sabine Steding auswies.

»Einen wunderschönen guten Tag!«, sagte die Mitarbeiterin, »kann ich Ihnen irgendwie behilflich sein?«

Gesine trat auf den Tresen zu, setzte ihr charmantestes Lächeln auf und erwiderte: »Guten Tag, Frau Steding! Mein Name ist Gesine Schmitzmayer, mit tz und ay, und ich würde mich gern als Stadtführerin bewerben. Bin ich da bei Ihnen richtig oder können Sie mir sagen, an wen ich mich wenden sollte?«

»Oh, da bin ich jetzt ehrlich gesagt überfragt …«, gab die junge Frau zu. »Tatsächlich habe ich hier zwar gerade den aktuellen Plan aller Führungen in den nächsten vier Wochen liegen, weil wir hier die Buchungen der Touristen dafür annehmen. Doch wie das mit Bewerbungen läuft … keine Ahnung.« Sie überlegte kurz. »Wissen Sie was, Frau Schmitzmayer, wenn Sie noch ein bisschen Zeit haben, telefoniere ich mal kurz. Bestimmt kann ich dann für sie eine nützliche Info in Erfahrung bringen. Ich bin gleich wieder da!« Sabine Steding drehte sich um und verschwand in einen kleinen Nebenraum, in dem sich ein Büro befand.

»Danke schön!«, rief Gesine hinterher und lehnte sich dabei so weit wie möglich über den Tresen. Dort lag ein großer Plan mit vielen Kästchen und Kürzeln, das konnte sie auf den ersten Blick erkennen. Das musste dann wohl der Buchungsplan für die Stadtführungen sein. Sie sah in Richtung Büro und hörte, wie Sabine Steding sich gerade erst am Telefon meldete und sich verbinden ließ. Nachdem sie sich versichert hatte, dass auch im Laden niemand war, der sie beobachten konnte, rutschte Gesine noch ein Stück weiter über den Tresen, bis sie die Schrift deutlich lesen konnte. Sofort fiel ihr auf, dass diverse Einträge durchgestrichen und korrigiert worden waren. Aus allen *HK-* waren *VE*-Einträge geworden. Gesine schätzte, dass das bestimmt 30 Führungen in den nächsten vier Wochen waren. Außer diesen geänderten Einträgen kam *VE* sonst nur an zwei Stellen vor. Drei weitere Kürzel waren außerdem noch jeweils fünf- bis zehnmal auf der Liste zu finden. Einige der Einträge waren blau markiert. Gesine überflog das

Blatt, bis sie eine handschriftliche Legende fand, die besagte, dass die blaue Markierung das Zeichen für »ausgebucht« war.

Wie aus dem Nichts war Sabine Steding plötzlich wieder im Raum. »So, sagte sie fröhlich. Ich hab ihnen hier mal eine Telefonnummer aufgeschrieben. Dort können Sie anrufen und einen Termin für ein Vorstellungsgespräch vereinbaren.«

»Sie sind ein Schatz«, strahlte Gesine die junge Frau vielleicht etwas zu euphorisch an. Schließlich konnte Sabine Steding nicht ahnen, welche Zusammenhänge Gesine gerade entdeckt hatte.

Zehn Minuten später stand Gesine vor dem kleinen Wohnhaus, an dem sie am Vortag Daniela Eisenhut verabschiedet hatte. Sie sah auf die Klingelschilder und wollte gerade an richtiger Stelle drücken, als sie eine Stimme hörte, die ihr bekannt vorkam.

»Was geht dich das eigentlich an?«, hallte es keifig und laut. Gesine war sich sicher, dass die Stimme aus dem Hinterhof kam. Vorsichtig schlich sie an der Seitenwand des Hauses entlang nach hinten. Und tatsächlich: Inzwischen konnte sie auch eine zweite, deutlich leisere Stimme hören und obendrein identifizieren. Hier stritten zwei Frauen: Mutter und Tochter Eisenhut.

»Sag mal, Mama, schämst du dich denn überhaupt nicht? Hilde ist noch nicht einmal unter der Erde, und du hast nichts Besseres zu tun, als dir ihre Touren unter den Nagel zu reißen! Ist dir denn nichts heilig?« Gesine hätte Daniela einen solchen Wutausbruch gar nicht zugetraut.

»Hilde, Hilde …«, polterte die Mutter zurück. »Immer geht es um Hilde! Ich kann das nicht mehr hören. Jetzt hab ich sie schon … ähm, ich meine, jetzt hat sie bekommen …«

»Moment mal«, rief Daniela Eisenhut, die den Versprecher der Mutter ebenso registriert hatte wie Gesine. »*Was* hast du?«

Beherzt trat Gesine nun in den kleinen Innenhof und gab sich zu erkennen. »Ich denke, das kann ich Ihnen sagen, Daniela«, kam sie der Mutter zuvor und stellte sich an die Seite der jungen Frau.

»Was wollen Sie denn hier?«, polterte Viola Eisenhut los. »Sie kenn ich doch, Sie waren doch gestern bei mir im Tourismusbüro.«

»Stimmt«, sagte Gesine mit fester Stimme. »Und ich muss Ihnen sagen, wenn Sie alle Besucher der Stadt so behandeln wie mich gestern, dann wundert es mich gar nicht, dass niemand bei Ihnen eine Stadtführung bucht.«

Viola Eisenhut wurde blass. »Was meinen Sie – was haben Sie denn mit meinen Stadtführungen zu tun? Was geht Sie das eigentlich an?«

»Nun, da ich dabei war, als Ihre Tochter die arme Hilde Kellermann gefunden hat, fühle ich mich irgendwie verpflichtet, meinen kriminalistischen Spürsinn zu nutzen und die Polizei zu unterstützen. Und im Übrigen hat Ihre Tochter recht, das was sie da gerade machen, ist absolut pietätlos.«

»Pietät, na wenn Sie sonst keine Sorgen haben«, lachte Viola Eisenhut bitter. »Sie hätten sich gut mit Hilde verstanden, die blöde Kuh hat auch immer auf Moralapostel gemacht und …«

»Mama!«, unterbrach Daniela ihre Mutter wutentbrannt. »Was soll das? Jeder hat Hilde gemocht. Jeder außer dir!«

»Ach, und dass sie mir mit ihrer schleimigen Masche die ganze Kundschaft abgeluchst hat, das zählt wohl nicht, wie?«

Daniela Eisenhut schüttelte ungläubig den Kopf. »Hilde war nicht schleimig, Hilde war richtig gut! Und dass die Leute lieber eine Führung bei jemandem machen, der freundlich ist, anstatt bei einem verbitterten Griesgram wie dir, ist ja wohl kein Wunder.«

Jetzt lief Viola Eisenhut rot an und trat auf ihre Tochter zu. Gesine erschrak und wühlte hektisch in ihrer Handtasche. Da – zum Glück! Sie hatte ihr Handy ausnahmsweise mal dabei. Schnell tippte sie die Nummer von Kommissarin von Hagemann ein, die sie von der Visitenkarte ablas, die sie mit dem Handy zusammen aus der Handtasche gezogen hatte. Kurz erklärte Gesine die Situation und nannte die Adresse, dann beendete sie das Telefonat schon wieder. Gerade rechtzeitig, um zu sehen, wie Viola Eisenhut ihre Tochter bei den Schultern packte und schüttelte.

»Wollen Sie ernsthaft noch einen Menschen töten? Und dann noch ihr eigen Fleisch und Blut?«, fragte Gesine herausfordernd. Hat es so auch mit Hilde Kellermann angefangen? Oder war das von Ihnen eiskalt im Voraus geplant? Schließlich wäre es für sie ein Kinderspiel gewesen, Ihrer Tochter den Schlüssel für die Bücherei zu entwenden, um ihn nachzumachen.«

Die Augen von Viola Eisenhut funkelten böse. »Nein, das war ganz spontan. Ich war kurz in der Bücherei, weil ich etwas mit meiner Tochter besprechen wollte.« Daniela nickte zustimmend und zugleich irritiert. »Dann kam ›die große Hilde‹ dazu«, erzählte ihre Mutter bissig weiter, »die große Hilde musste nämlich tatsächlich mal was recherchieren. Ich hab genau gehört, wie Sie gesagt hat: ›Geht nur in den Feierabend, ihr Lieben. Ich bleibe heute noch länger‹.«

»Und dann?«, hakte Gesine nach.

»Dann hab ich so getan, als würde ich gehen.«

»Wo haben Sie sich versteckt?«, fragte plötzlich eine klare Stimme aus dem Hintergrund. Alle drei Frauen drehten sich gleichzeitig um und entdeckten Katharina von Hagemann. Während Gesine vor allem erleichtert war und Daniela Eisenhut verwirrt, schien Viola Eisenhut allmählich zu begreifen, dass sich der Strick um ihren Hals immer enger zog. Resigniert sagte sie: »Es gibt da so eine kleine Abseite. Da guckt abends beim Rundgang nie einer rein. Da hab ich mich versteckt, bis alle weg waren. Und dann bin ich hoch. Die Hilde hat da gestanden mit ihren ach so heiligen Büchern und hat sich Notizen gemacht. Mein Gott, die sah so unverschämt glücklich aus in diesem Moment – allein dafür hab ich sie gehasst!«

Nachdem Kommissarin Katharina von Hagemann mit Viola Eisenhut zum Präsidium gefahren war, um das gesamte Geständnis noch einmal zu Protokoll zu nehmen, hatte Gesine Daniela Eisenhut angeboten, noch einen Moment bei ihr zu bleiben. Die junge Frau hatte dankend angenommen. Noch immer konnte sie nicht fassen, dass ausgerechnet ihre Mutter die Mörderin ihrer Kollegin war.

»Da war eine Menge Hass und Eifersucht im Spiel«, sagte Gesine leise. »Vermutlich war sie obendrein neidisch, dass Sie, Daniela, sich auch noch so gut mit Hilde verstanden haben.«

»Aber es ging hier um nichts weiter, als um ein paar dusselige Stadtführungen mit Touristen!«, rief Daniela fassungslos.

Auch Gesine konnte es im Grunde noch immer nicht fassen, während sie zwei Stunden später in der milden Abendluft zu ihrem Wohnmobil spazierte. Als sie eintrat, sprang ihr sofort der Stapel Bücher ins Auge. Ohne länger zu überlegen, packte sie alle in eine Tüte und stellte sie an die Tür. Gleich morgen früh würde sie die Lektüre zurückbringen, denn eines war ihr klar geworden: Stadtführerin in Lüneburg war ihr ein viel zu riskanter Job!

Hier wird das Mittelalter wieder lebendig und nach ihr ist die Lüneburger Heide benannt: Die über 1.050 Jahre alte Hansestadt Lüneburg ist zu jeder Jahreszeit und bei jedem Wind und Wetter einen Ausflug wert. Schon allein die nahezu autofreie Altstadt mit ihrem Labyrinth aus Straßen und kopfsteingepflasterten Gassen, gesäumt von mittelalterlichen Fachwerk- und Ziegelhäusern, bringt Besucher über die gleichzeitig junge Studentenstadt ins Schwärmen. Nicht umsonst spielt hier die erfolgreiche ARD-Serie Rote Rosen.

20 Auf dem Marktplatz (Am Markt, 21335 Lüneburg) von Lüneburg herrscht immer reges Treiben, selbst wenn nicht gerade der zweimal in der Woche stattfindende Wochenmarkt den Platz beherrscht. Hier trifft man sich, kreuzt ihn, um von einer Einkaufsstraße in die andere zu schlendern, und Lüneburg-Besucher staunen über die Schönheit der umliegenden historischen Gebäude. Zur Adventszeit verwandelt sich der Marktplatz in einen wunderschönen, traditionellen Weihnachtsmarkt, der über Niedersachsens Grenzen hinaus bekannt ist.

21 Auf dem Marktplatz, direkt vor dem Rathaus, steht der seit 1530 mit Wasser gespeiste Luna-Brunnen (Am Markt, 21335 Lüneburg). Er verdankt seinen Namen der römischen Mondgöttin Luna, die auf einer legendären Säule stehend den Brunnen ziert.

Übrigens ist der Luna-Brunnen ein toller Treffpunkt, wenn man sich in Lüneburg verabredet.

22 Lüneburg wurde während des Zweiten Weltkrieges nicht zerstört, sodass die Altstadt von jahrhundertealten Bauten geprägt ist und als architektonisches Kleinod gilt. Man findet dort über 1.300 denkmalgeschützte Gebäude und fühlt sich beim Bummeln durch die kleinen Gassen wie in eine andere Zeit versetzt. Darüber hinaus laden zahlreiche kleine Läden zum Stöbern ein und an jeder Ecke findet man ein gemütliches Café für ein Päuschen.

23 Das größte mittelalterliche Rathaus (Am Markt, 21335 Lüneburg) in Norddeutschland, das Lüneburger Rathaus, besteht aus mehreren Einzelbauten, die ab 1230 errichtet wurden. So wird es innen wie außen entsprechend von Elementen mehrerer Epochen – von der Gotik über die Renaissance bis hin zum Barock – geziert. Was jedoch Lüneburger wie Touristen gleichermaßen fasziniert, ist das im Rathausturm untergebrachte Glockenspiel aus Meißner Porzellan. Täglich spielt es seit den 1950er-Jahren Melodien des im 18. Jahrhundert in Lüneburg geborenen Komponisten Johann Abraham Peter Schulz.

24 Das Heinrich-Heine-Haus (Am Ochsenmarkt 1, 21335 Lüneburg) verdankt seinen Namen der Tatsache, dass hier die Eltern des gleichnamigen Dichters einige Zeit lebten und er sie in diesem Haus oft besuchte. Heute ist in dem Haus mit den gut

erhaltenen Wand- und Deckenbemalungen aus
dem 16. bis 19. Jahrhundert das Citymarketing, das
Literaturbüro sowie Trauzimmer des Standesamtes
untergebracht. Darüber hinaus finden in den Räumen des Heinrich-Heine-Hauses alle möglichen
Arten von Veranstaltungen statt, bei denen beson-
derer Wert auf einen schönen Rahmen gelegt wird.

25 Lüneburgs Fußgängerzone (Beginn etwa: Große
Bäckerstraße, 21335 Lüneburg) bietet alles, was man
auf einer Shoppingtour erwartet – von kleinen Stö-
berläden bis hin zu Läden einiger großer Ketten.
Dabei ordnen sich alle Läden dem Flair der Stadt
unter, was selbst das längste Shoppen entspannt
erscheinen lässt. In der Weihnachtszeit findet hier
ein Teil des Weihnachtsmarktes statt.

26 Der größte Teil und Mittelpunkt der Leuphana-
Universität (Scharnhorststraße 1, 21335 Lüneburg) befindet sich auf dem Gelände der früheren
und inzwischen aufgelösten Scharnhorst-Kaserne,
wohin die Universität in den 1990er-Jahren umgezogen ist. Dies geschah aufgrund des großen Zulaufs –
zuvor war sie hauptsächlich im Umfeld des Wil-
schenbrucher Wegs angesiedelt. Die Universität
bietet ihren Studenten über 30 verschiedene Stu-
diengänge, doch was sie überdies interessant macht,
ist der schöne Standort Lüneburg!

27 Der Stint (Am Stintmarkt, 21335 Lüneburg) heißt
eigentlich richtig Stintmarkt, nur sagt das kaum

jemand. Früher wurde hier – wie der Name schon sagt – der im Mittelalter beliebte Fisch »Stint« gehandelt. Heutzutage ist der Stint eine über Lüneburgs Grenzen hinaus bekannte Kneipenmeile, die durch ihr historisches Bild auf der einen und die Ilmenau auf der anderen Seite Lust zum Bleiben weckt.

28 Das Vamos! (Scharnhorststraße 1, 21335 Lüneburg) auf dem Campus der Leuphana-Universität gehört zum Lüneburger Kultur- und Partyleben wie kaum eine andere Einrichtung. Von Partyabenden über Lesungen bis hin zu Konzerten finden hier in der Kulturhalle regelmäßig Veranstaltungen statt, die die Lüneburger Szene prägen.

29 Schon wenn man in den märchenhaften Hof des 1172 gegründeten und bis heute bewohnten Klosters Lüne (Am Domänenhof, 21337 Lüneburg) eintritt, ist man verzaubert. Wer dann jedoch zum Wahrzeichen des Klosters weitergeht, zur Brunnenhalle mit dem gotischen Brunnen, der fühlt sich komplett in eine andere Welt versetzt. Seit 600 Jahren gießt der Brunnen sein Wasser in die bronzene Schale. Dieses und noch viel mehr erfährt der Besucher bei einer Führung durch das Benediktinerkloster. Wer neben den Schätzen des Klosters – wie zum Beispiel dem Nonnenchor mit einem Beweinungsbild aus der Werkstatt Lucas Cranach dem Älteren – die von den Nonnen und Stiftsdamen über die Jahrhunderte gefertigten textilen Kunstwerke betrachten möchte, besucht auch das Textilmuseum des Klosters. Danach lädt dann das Café im Kloster zum Verweilen ein.

30 Das über 600 Jahre alte und nach seinem Erbauer Sülfmeister Dietrich Brömse benannte Brömsehaus (Am Berge 35, 21335 Lüneburg) gehört zu einem der ältesten erhaltenen Bürgerhäuser Lüneburgs. Das heute vielfach für Vorträge, Seminare oder auch Konzerte und Lesungen genutzte Brömsehaus vermittelt dem Besucher einen einzigartigen Eindruck davon, wie in früheren Zeiten die gut situierten Bürger Lüneburgs gelebt haben. Natürlich wurden im Haus im Laufe der Jahrhunderte von den verschiedenen Bewohnern immer wieder Umbauten vorgenommen, doch damit ist sein historischer Charakter nur noch interessanter. So ist das Brömsehaus ebenso im Rahmen von öffentlichen Führungen zu besichtigen. Darüber hinaus sind inzwischen eine Bibliothek und ein umfangreiches Archiv im Obergeschoss eingerichtet worden.

31 Ob Theater, Operette, Musical, Revue, Ballett oder sogar Oper: Im Theater Lüneburg (An den Reeperbahnen 3, 21335 Lüneburg) werden alle diese Gattungen aufgeführt, denn dieses Haus ist ein Dreispartentheater mit eigenen Ensembles für Schauspiel, Musiktheater und Ballett. So genießt das Theater Lüneburg aufgrund seiner Inszenierungen sowie des abwechslungsreichen Programms überregional einen guten Ruf und zieht Gäste in sein Haus. Auch die Lüneburger Sinfoniker geben hier ihre Konzerte, und in der Weihnachtszeit zieht das obligatorische Weihnachtsmärchen Groß und Klein in seinen Bann.

32 Die Halle für Kunst (Reichenbachstraße 2, 21335 Lüneburg), die sich als Plattform für zeitgenössische Kunst- und Vermittlungsformen versteht, liegt etwas versteckt, doch wer sie gefunden hat, wird von den ausgewählten und zirka fünfmal im Jahr wechselnden Ausstellungen fasziniert sein. Nicht umsonst hat der gemeinnützige Kunstverein für sein mutiges Ausstellungsprogramm 1999 den Jürgen Ponto-Preis erhalten und ist bereits mehrfach nominiert worden.

33 Eine Stadtführung (Tourist-Information, Rathaus/ Am Markt, 21335 Lüneburg) durch Lüneburg ist eine Erlebnisführung. Nicht allein aufgrund der malerischen Hansestadt, sondern ebenso aufgrund der Durchführung. Hierbei können Sie wählen: Von einem klassischen Rundgang bis hin zu einem Rundgang, bei dem Ihr ausgebildeter Stadtführer Sie im historischen Kostüm mit auf eine kurzweilige und zugleich informative Reise zu den schönsten Plätzen Lüneburgs führt.

34 Wie es sich für eine gute Ratsbücherei (Marienplatz 3, 21335 Lüneburg) gehört, wird hier aus allen Themenbereichen eine vielfältige Auswahl an Büchern, Zeitschriften, Zeitungen, Hörbüchern, CDs und DVDs geboten. Doch der Besucher der in einem ehemaligen Klostergebäude untergebrachten 600 Jahre alten Ratsbücherei wird hier nicht nur zum Ausleihen, sondern ebenso zum Staunen herkommen. Immerhin zählt die Lüneburger Ratsbücherei zu den ältesten Stadtbibliotheken Deutschlands und hat auch architektonische Schätze aufzuweisen, wie beispielsweise die gotische Halle mit Kreuzgewölbe im Erdgeschoss.

35 Da er früher im Mittelalter ungepflastert und somit sandig war, heißt der von der St. Johannis-Kirche auf der einen Seite und der Industrie- und Handelskammer auf der anderen Seite begrenzte Platz auch genau so: Am Sande (Am Sande, 21335 Lüneburg). Bereits zu früheren Zeiten wurden hier Waren gehandelt. Das ist heute nicht anders. Zudem lockt der inzwischen gepflasterte Platz mit einigen ruhigeren Cafés, aus denen man nicht nur das Straßentreiben beobachten kann, sondern auch die verschiedensten Giebelhäuser genauestens betrachten kann, die dem Platz seine Atmosphäre geben.

36 Mit bis zu vier Prozent wird die Natursole Lüneburgs für Wellness und Gesundheit bei gleichzeitigem Badespaß genutzt, und zwar im SaLü (Uelzener Straße 1–5, 21335 Lüneburg), der Salztherme Lüneburg. Und wer nicht ins Wasser möchte, geht in die Saunawelt des SaLüs mit seinen verschiedenen Saunen. Oder Sie nutzen eines der Entspannungs- und Kosmetikangebote im Wellnessbereich der Therme.

VATERTAG
EIN KURZKRIMI RUND UM UNDELOH

»So, Süße, wir sehen uns heute Abend in der Heiderose **37**, habt bis dahin viel Spaß. Wir werden ihn auf jeden Fall haben«, meinte Sven Haders zwinkernd und gab seiner Freundin Xenia einen Kuss, dem noch ein kleiner Klaps auf den berockten Po folgte. Dann drehte er sich um und schlenderte zufrieden dreinblickend zu seinen Freunden hinüber, die schon auf dem abfahrbereiten Kutschwagen auf ihn warteten.

»Ey, du Weichei, konntest du dich endlich loseisen? Nun beeil dich mal, wir verdursten hier ja!«, schallte es Sven auch gleich entgegen.

»Wehe, ihr fangt ohne mich an!«, drohte er lachend mit der Faust, legte einen kurzen Sprint ein und sprang Sekunden später auf die Kutsche auf.

Heute war Christi Himmelfahrt. Sven Haders war alles andere als gläubig, aber dieser Tag war ihm heilig. Seit sieben Jahren traf er sich an diesem Feiertag mit seinen Kumpeln Jörn, Matthias, Gunni, Tom und Timo und beging mit einer Kutschfahrt durch die Lüneburger Heide bei Undeloh wie viele andere fröhlich den Vatertag. Sie waren zwar alle keine Väter, doch das machte ihnen nichts aus. Im Gegenteil. Gerade dann konnte man viel besser feiern, fand Sven, und seine Freunde teilten diese Meinung absolut. Kinder waren für sie allesamt bisher einfach nur Blagen, die einem die Freiheit nahmen.

Außerdem – da hatte Sven sich schlaugemacht, als er vor Kurzem mal wieder eine Diskussion mit Xenia über sein Jahreshighlight führte – wurde der Vatertag in einigen Regionen Deutschlands auch »Herrentag« genannt. Vor allem im Osten der Republik, und darauf berief er sich seitdem gern. Dennoch hatte Xenia durchgesetzt, dass die zugehörigen Frauen in diesem Jahr zumindest beim Ausklang des Abends dabei sein durften. Hierfür hatte sie sich mit den Freundinnen der anderen Jungs zusammengetan, bei denen Xenias Worte auf fruchtbaren Boden gefallen waren. Lediglich die Freundin von Gunni hatte abgewunken. Sie kam ursprünglich aus Bayern und wollte den Feiertag nutzen, um ein verlängertes Wochenende in der Heimat bei ihren Eltern zu verbringen. So standen jetzt fünf junge Frauen auf dem staubigen Parkplatz am Undeloher Dorfende und schauten der Kutsche hinterher. Die hatte sich bereits in Bewegung gesetzt, um ihren Weg in die gleich hinter dem Platz beginnende Heidelandschaft aufzunehmen – dort, wo sich das Naturschutzgebiet Lüneburger Heide in seiner ganzen Pracht entfaltete.

Etwa zum selben Zeitpunkt, ein Stück die Wilseder Straße hinunter an der Ecke Heimbucher Straße, klärte Gesine Schmitzmayer ihr Gegenüber nun zum wiederholten Male geduldig über die Schreibweise ihres Namens auf: »Nein, mit tz und ay, wie tztztz und Ayurveda.«

Ihr Gegenüber war ein braun gebrannter Blondschopf, der aussah, als käme er geradewegs aus Australien vom Surfen. Er stand hinter dem Verkaufstresen von Heitmanns Hökerladen **38** und lächelte sie jetzt aus strahlend blauen Augen an, während er einen Kugelschreiber vor seiner Nase hin- und herschwenkte. Gesine hatte ihn noch nie gesehen, und sie fragte sich, was ein solcher Typ hinter einem Verkaufstresen in Undeloh zu suchen hatte. Dann beschloss sie jedoch, dass es ihr egal sein konnte, und entschied außerdem, dass sie den Jungen, der mindestens 15 Jahre jünger war als sie, ganz schnuckelig fand. Er würde eine schöne Ablenkung zu ihren sie immer wieder heimsuchenden Tagträumen von Kriminalkommissar Henning Ludolf sein. In den nächsten Tagen würde sie deswegen sicher öfter im Hökerladen vorbeischauen – neben Ablenkungslust hatte sie nun einmal einen ausgeprägten Sinn für Ästhetik, vor allem wenn diese so gut gebaut war. Ihren Plan verwarf sie allerdings bereits schon eine Sekunde später, als der Blondschopf den Mund aufmachte, denn sie hatte überhaupt keinen Sinn für Dumpfbacken: »Äh … also, ehrlich gesagt, hab ich Null Ahnung, wie dieses A… Ajudingsbums geschrieben wird. Ist aber auch nicht mein Ding, dieser Eso-Kram, wissense.«

»Na, dann mach ich jetzt am besten mal auf esoterisch und schreibe selbst«, erwiderte Gesine mit hochgezogener Augenbraue und schnappte ihm den Kugelschreiber aus der Hand. Danach langte sie nach dem bereitgelegten Bestellzettel auf dem Tresen und schrieb in Großbuchstaben ihren vollen Namen darauf.

»Ich füll auch gleich den Rest mit aus, okay?«, fragte sie und schrieb, ohne eine Antwort abzuwarten, einfach weiter. Als sie fertig war, schob sie den Zettel wieder auf die andere Seite des Tresens.

Neugierig las der Surfertyp ihre Bestellung durch und Gesine konnte dabei zugucken, wie seine Mimik mit jedem gelesenen Wort verwirrter wurde. Dann kam die erwartete Frage: »Ein Handbuch für Detektive?!«

»Ja, warum nicht? Kann man immer gebrauchen«, meinte Gesine und verließ den Laden ohne eine nähere Erklärung. An der Tür drehte sie sich noch einmal um und warf dem verdutzten jungen Mann, begleitet von einem Augenzwinkern, eine Kusshand zu, während sie in sich hineinkicherte.

Sie schmunzelte immer noch, als sie jetzt langsam die Wilseder Straße in Richtung des großen Parkplatzes hinunterschlenderte. Dort hatte sie für die Tage, die sie hier verbringen wollte, ihr Wohnmobil geparkt. Normalerweise war das nicht erlaubt und wenn, dann kostenpflichtig, doch als Kind des Dorfes wurde bei ihr eine Ausnahme gemacht. Am Dorfteich vor dem Restaurant Heiderose, in dem heute Abend eine Feier stattfinden würde, blieb Gesine kurz stehen. Sie war sich noch nicht sicher, ob sie am Abend hierherkommen sollte. Sie würde es davon abhängig machen, wie ihre Stimmung war. Jetzt, in diesem Moment, war ihre Laune auf jeden Fall blendend. Es war schönes Wetter und sie musste erst in einer halben Stunde im Heideschön sein, um dort sauber zu machen. Sie mochte die kleine Pension sehr gern und freute sich, dass der Besitzer sie für das lange Wochenende gebucht hatte.

In Gedanken versunken beobachtete Gesine die Enten auf dem Teich, als ihr plötzlich eine Idee kam. Sie nestelte in der Tasche ihrer dünnen Jacke herum und förderte ein paar Krumen Vogelfutter hervor, das sich immer irgendwo in ihren Klamotten finden ließ. Pat und Patachon, ihre beiden Kanarienvögel, würden es ihr sicher verzeihen, wenn Gesine den Enten ein wenig von ihrem Essen abgab, darüber hinaus würden sie es eh nie erfahren.

Während sie die Enten fütterte, erregte eine Gruppe junger Frauen durch ein lautes »Iiiiiiiiiiiiii« ihre Aufmerksamkeit, was ein Wunder war, denn heute am Feiertag war hier in Undeloh die Hölle los und Gekreische an der Tagesordnung. Der kleine Ort war voll mit Ausflüglern, die das gute Wetter und den freien Tag nutzten, um die Heide zu bewandern. Zu Fuß, per Kutsche oder sogar mit dem Fahrrad. Viele von ihnen wählten die mit Informationstafeln bestückten Heidelehrwege **39**, auf denen es von Schnuckenställen bis zum Bienenzaun einiges zu entdecken gab. Oder sie erkundeten einen Teil des Heidschnuckenwegs, staunten über die idyllischen Fischteiche und das Hexenhaus in Wesel, das dort im 18. Jahrhundert erbaute Backhaus. Der Einzige, der sich nicht über den Ansturm in »seiner« Heide freute, das wusste Gesine, war ihr Vater. Der Schäfer war nicht umsonst Schäfer geworden. Er liebte die Einsamkeit und wenn er mit jemandem eine längere Unterhaltung führte, dann mit seinen Heidschnucken. An Tagen wie diesen, auch das wusste Gesine und musste bei dem Gedanken abermals schmunzeln, würde er mit den Schnucken vor allem über die E-Biker sprechen. Normale Radfahrer konnte er ja noch akzeptieren, aber E-Biker?! Wozu sollte so ein angetriebenes Fahrrad gut sein, fragte er sich ein ums andere Mal. Wozu musste man so durch die

Heide brausen? Seitdem im Ort Heitmanns Hökerladen, als eine von einer Handvoll Verleihstationen überhaupt in der Lüneburger Heide, diese Fortbewegungsmittel in sein Angebot aufgenommen hatte, war Undeloh als Startpunkt eines Heidebesuches noch beliebter geworden. Bis auf Gesines Vater beschwerte sich ihres Wissens nach kein Undeloher darüber, denn am Ende lebten sie vom Tourismus und taten einiges dafür, es ihren Gästen recht zu machen, zumal, wenn es umweltfreundlich war.

Gesine lugte zu der Frauengruppe, von der das Kreischen gekommen war, und stellte fest, dass sie ihrerseits von den Frauen interessiert, aber auch ein wenig angewidert gemustert wurde. Das »Iiiiiiiiiiiiiii« hatte also eindeutig ihrer Person gegolten. Warum nur? Gesine legte ihr grummeligstes Gesicht auf und dachte gleichzeitig angestrengt nach. Hatte sie mal wieder aus Versehen zwei unterschiedliche Strümpfe unter ihren wadenlangen Rock gezogen? Ohne ihre finstere Miene zu verziehen, linste sie vorsichtig an sich hinunter. Nein, da stimmte alles. Zudem wäre das auch kein Grund gewesen, »Iiiiiiiiiiiiiii« zu schreien. Was hatten die fünf Grazien dann für ein Problem mit ihr? Jetzt stieß die eine, eine dünne Blonde, die Frau neben sich an, deutete mit dem Kinn auf Gesine und raunte ihrer Nachbarin etwas ins Ohr. Was sollte das denn nun wieder? Hatte Gesine vielleicht die Kurpackung, die sie sich heute Morgen in die Haare eingeknetet hatte, mit dem Nutella verwechselt? Aus Mangel an Platz und weil sie kein kühlschrankkaltes Nutella mochte, stand es in ihrer kleinen Wohnmobildusche und sie hatte sich schon mal vergriffen. Das hatte allerdings nur daran gelegen, dass sie noch Schaum in den Augen gehabt hatte, was das Gucken erheblich erschwert hatte. Seitdem achtete sie aber eigentlich immer darauf, dass es kein weiteres Mal passierte, obwohl … So ganz sicher war sie sich grad nicht, und die merkwürdigen Blicke der Frauen verunsicherten sie. Gesine befühlte ihre schwarze Mähne, die sie heute lang und offen trug, und bemerkte dabei kein übrig gebliebenes, schmieriges Nutella in ihren Haaren, dafür jedoch etwas Felliges auf ihrer Schulter. Sie wusste sofort, um was oder besser um wen es sich handelte. Sie nahm Ernie, eines ihrer beiden Frettchen, in ihre Faust, drückte diese an ihre Brust und setzte erhobenen Hauptes ihren Weg an den fünf Frauen vorbei in Richtung Parkplatz fort. Jetzt giggelten die Frauen albern und eine von ihnen, wieder die Blonde, sagte: »Na, wenn ich mir das so anschaue, dann bin ich jetzt doch bei der Fischpediküre dabei! Das ist ja nix dagegen! Trägt man hier in der Einöde etwa Lebendpelz? Also Mädels, diese Mode werd ich sicher nicht mitmachen!«

Ihren Ernie als Lebendpelz zu bezeichnen, so weit kam das noch! Aber immerhin besser, als sich von einem Schwarm gieriger kleiner Knabberfische die Füße polieren zu lassen, dachte Gesine beleidigt, denn sie konnte sich zusammenreimen, was die blöde Tussi gemeint hatte. Bestimmt die »fischige« Wellnessbehandlung im Barfußpark **40**, einen Ort weiter, in Egestorf **41**. Gesine hatte gelesen, dass dort vor einiger Zeit über ein Dutzend Aquarien mit diesen türkischen Fischchen – den genauen Namen hatte sie vergessen, so was konnte sie sich einfach nie merken – bevölkert worden waren, deren Lieblingsspeise abgestorbene Hautschuppen waren. Gesine hätte

schon Lust gehabt, ihren Füßen auch mal ein solch natür-
liches Peeling zu gönnen, allerdings sollte das furchtbar
kitzeln ... Vielleicht würde sie sich das Ganze einfach mal
vor Ort angucken und die Reaktionen der Leute beobachten, wenn die ihre Füße in die Aquarien steckten. Sie
würde sich einfach mit ihrem Wohnmobil auf den Parkplatz stellen und eventuell sogar eine Nacht dort bleiben. Aber erst im Sommer. Dann würde sie den Besuch
im Barfußpark, wo es ja auch noch andere Dinge mit
den Füßen zu erspüren gab, mit einem Besuch im direkt
nebenan liegenden Aquadis **42** verbinden. In diesem
vollbiologischen Naturerlebnisbad hatte sie schon als
Kind gern getobt. Da war es noch kein Naturbad gewesen, doch darüber hatte sie sich damals sowieso keine
Gedanken gemacht. Ihr war es herzlich egal gewesen,
ob sie in einem Wasser ohne Chemiezusätze schwamm
oder nicht, heute war ihr der Gedanke hingegen sehr
angenehm.

»Aber dich Schlingel nehme ich da nicht mit rein, du
bleibst dann schön zu Hause«, sagte sie jetzt zu Ernie, der
sie aus ihrer Faust heraus treu anblickte. Inzwischen war
sie kurz vor dem Parkplatz und ging am Heide-Erlebnis-
nis-Zentrum **43** vorbei. Früher war das Haus eine Wan-
dererherberge gewesen, doch seit 2009 war es zu einem
interaktiven Erlebnis-Zentrum umfunktioniert worden,
in dem Besuchern kostenlos und auf unterhaltsame Weise
die Entstehungsgeschichte der Lüneburger Heide vermittelt wurde. Selbst Gesine, die hier geboren war, kam
immer wieder gern her und betätigte die vielen Knöpfe,
wodurch dann sofort hübsches Vogelgezwitscher durch
die Räume klang, ein Kurzfilm abgespult oder irgendet-

was anderes lehrreich Überraschendes ausgelöst wurde. Sie freute sich jedes Mal wie eine Schneekönigin. Am liebsten hatte sie die Ausstellungsräume im Untergeschoss. Wenn man nichtsahnend die Treppe herunterkam, hatte man erst den Eindruck, man befände sich in einer dieser modernen Ice-Bars, in der einem gleich eine Frozen Margarita angeboten würde. Gesine hätte nichts dagegen gehabt, aber es war eben keine Ice-Bar und der große Schaukasten in der Ecke war auch kein Tresen. Dort unten war die eisige Vergangenheit der Ur-Heidelandschaft beeindruckend nachgestellt. Selbst eine urzeitliche Grabeshöhle gab es. Nach einem solchen Besuch setzte Gesine sich oft in das kleine Cafè im Haus, schlürfte einen Kaffee mit viel Zucker und Milch, denn Frozen Margarita wurde leider nicht angeboten, und ließ es sich mit einem leckeren selbst gebackenen Kuchenstück gut gehen. Heute hatte sie für all das keine Zeit mehr, aber vielleicht in den nächsten Tagen. So warf sie nur einen kurzen Blick auf das Zentrum und schlenderte die wenigen Meter weiter zu ihrem Wohnmobil. Gestern Abend, als sie hier angekommen war, hatte es mutterseelenallein auf dem großen Platz gestanden. Jetzt war er dicht bevölkert von den verschiedensten Fahrzeugen mit den unterschiedlichsten Kennzeichen. Aber natürlich stach ihr wild bemaltes und zusammengestückeltes Mobilé heraus. Beim Anblick ihres fahrbaren Zuhause wurde Gesine warm ums Herz. Sie liebte dieses alte Gefährt, das sie vor Jahren wie einen alten Klepper vor dem Abdecker vor der Verschrottung bewahrt hatte. Sie war sich sicher, dass Mobilé das in seiner blechernen Seele wusste, denn trotz gewisser Alterserscheinungen zeigte es ihr durch seine treuen Dienste immer wieder seine Dankbarkeit.

Als sie nun die leicht klemmende und mit Blumen selbst bemalte Tür ihres Wohnmobils öffnete, war sie bereits mit den Frauen und deren albernen Großstadt-Gekreische versöhnt. Die Unkenrufe hallten nicht mehr in ihr nach. Überhaupt war Gesine von Natur aus nicht nachtragend, das machte ihrer Meinung nach das Leben viel zu schwer. Sie setzte Ernie zu seinem Bruder Bert in den Käfig, holte sich eine Tüte Milch aus dem Kühlschrank und nahm einen kräftigen Schluck. Dann gab sie den Kanarienvögeln Pat und Patachon eine Extra-Portion Futter, was die zwei mit lautem Gezwitscher begrüßten. Dem Futter mischte Gesine schon seit Jahren Sprechkörner unter, trotzdem machten die beiden alles Mögliche, nur keine Anstalten zu sprechen. Auch jetzt hoffte Gesine wider besseren Wissens auf das ein oder andere Wörtchen und drückte innerlich beide Daumen, doch es kam nichts menschlich Verständliches aus den kleinen Schnäbeln. »Ge-Si-Ne«, sprach sie ihnen dreimal hintereinander vor. Natürlich hatte sie auch das schon häufig gemacht, aber einen Versuch war es jedes Mal wert. Die beiden Vögel legten ihre Köpfe schief, blickten Gesine aus ihren schwarzen stecknadelkopfgroßen Augen an und schienen wie immer zu denken, dass ihr Frauchen nicht so schön singen konnte wie sie selbst. Und wie jedes Mal dachte Gesine auch jetzt bei sich, sie sollte die Sprechkörner vielleicht einfach aus dem Futter streichen und sich selbst dafür Singpillen zulegen. Könnte ja sein, dass dann die Verständigung besser klappte. Gesine zuckte mit den Schultern. Erstens wusste sie nicht, ob es Singpillen überhaupt gab und zweitens würde sie es eh weiter mit den Sprechkörnern und wiederholtem Vorsprechen versuchen, denn was das Singen anging, war bei ihr Hopfen und Malz verloren. Diese Nicht-Begabung hatte sie von ihrer verstorbenen Mutter geerbt. Gesine konnte sich kaum mehr an sie erinnern, aber deren schräg geschmetterte Töne, die andere zum Fremdschämen gebracht hatten, hatte sie noch gut im Ohr. Ihre Mutter hatte das nicht vom Singen abgehalten und Gesine ließ sich davon auch nicht schrecken – sonst hätte sie ja ihre geliebte Karaokesingerei aufgeben müssen!

Gesines Armbanduhrwecker klingelte. Jetzt musste sie sich wirklich sputen, wollte sie nicht zu spät ins Heideschön kommen. Schnell packte sie ihren Eimer mit den Putzutensilien, vergewisserte sich, dass alle Käfigtüren verschlossen waren, und machte sich auf in die Pension.

Sven Haders und seine Freunde hatten sich derweil dermaßen betrunken, dass sie der Schönheit der Natur, die sie mit dem Kutschwagen durchfuhren, keinerlei Beachtung schenkten. Dafür grölten sie dem wolkenfreien Himmel Lieder entgegen, die besser in eine Skihütte gepasst hätten als in die sonst so ruhige Lüneburger Heide. Ihr Kutscher Hubert Körner kannte das schon. Er kutschierte die Clique bereits seit ihrer ersten Tour vor sieben Jahren und jedes Mal war es dasselbe gewesen. Heute kam ihm ihr Gehabe mehr als gelegen. So musste er die Vatertagsausflügler wenigstens nicht unterhalten. Hubert Körner war ein sogenannter Qualitätskutscher Lüneburger Heide. Mit diesem Zusatz durften sich nur die Kutscher schmücken, die regelmäßig erfolgreich an Schulungen zu allen möglichen Heidethemen teilnahmen. Das war nicht ganz ohne und Hubert war stolz auf seinen Qualitätskutschertitel, tat er doch hierfür sehr viel in seiner Freizeit. Aber er wusste auch wofür, schließlich hatte dieser Titel ihm eine Menge mehr an Kundschaft eingebracht. Bei einem Qualitätskutscher Lüneburger Heide wie ihm konnten die Kunden nämlich sicher sein, dass er ihnen während der Fahrt nahezu jede Frage beantworten konnte, ob nun zur Geschichte der Lüneburger Heide, der besonderen Natur oder der Kultur. Selbst kulinarische Tipps zu den typischen Heidegerichten hatte er zu bieten – gerade weibliche Touristen, vor allem die aus Bayern, gerieten darüber in Entzücken. Darüber hinaus erzählte Hubert gut und gern Heideanekdoten, die er mit Wissenswertem spickte, aber im Moment hatte er einfach keine Lust darauf. Schon gar nicht für diese betrunkene Proletentruppe. Hubert Körner war noch aus einem weiteren Grund froh, dass Sven Haders und seine Freunde ihn nicht behelligten und er in Ruhe seinen Gedanken nachhängen konnte. Sollten die jungen Männer ruhig den ganzen Tag trinken. Was ging es ihn an? Solange sie die leeren Flaschen nicht achtlos im Naturschutzgebiet herumwarfen, hatte er damit kein Problem. Und wenn sie morgen völlig in den Seilen hingen, wär das auch nicht seine Sorge. Sorgen hatte er nämlich seine eigenen. Seine Jüngste, Lisa, wechselte in letzter Zeit die Kerle wie er seine doppelgerippten Unterhemden. Es war nicht nur so, dass er fürchtete, sie könnte einmal an den Falschen geraten. Auch das Gerede im Dorf über seine schludrige Tochter konnte er einigermaßen verkraften. Doch Hubert war ein gottesfürchtiger Mann und Lisas Verhalten war völlig entgegen seiner Moralvorstellungen und denen seines Glaubens. Heute Morgen noch war er in der St. Magdalenenkirche **44** gewesen und hatte ein Zwiegespräch mit Gott geführt. Der Gedanke war ihm am Abend zuvor gekommen, als seine Frau Martina ihn zu einem Orgelkonzert in die Kirche mitgenommen hatte. Hubert hatte kniend vor dem Altar tatsächlich eine Antwort von Gott vernommen und nun wusste er, dass nicht seine Lisa Schuld an ihrer eigenen Umtriebigkeit war, sondern die vielen Männer, die sie als Freiwild auserkoren hatten, um ihren Spaß mit seiner Tochter zu treiben. Nun, mit seiner Kutsche am Wilseder Berg **45** angekommen, hatte Hubert einen Entschluss gefasst, und er war sich sicher, dass Gott diesen wohlmeinend aufnehmen würde: Es war an ihm, Hubert, die Männer ein für alle Mal von seiner Tochter fernzuhalten. Er stoppte die Pferde, warf einen Blick hinter sich und sagte zu seinen betrunkenen Fahrgästen: »Pause, wie jedes Jahr. Los, Jungs, runter von der Kutsche und hinauf auf den Berg mit euch, aber lasst mir keinen Müll oben liegen, sonst gibt es Ärger!«

Mit lautem Gejohle sprangen die Vatertagstourler von der Kutsche. Sven Haders knöpfte sich noch im Laufen die Hose auf und blieb dann abrupt nur wenig abseits breitbeinig stehen, um der Natur ihren Lauf zu lassen. Der Kutscher schüttelte darüber den Kopf und schaute angewidert weg. Svens Kumpanen hingegen lachten sich scheckig und einer rief gespielt entsetzt: »Ey, Alter, hast du denn gar kein Schamgefühl? Und wo bleibt da der Respekt vor der Natur?«

»Heute ist Herrentag, schon vergessen? Da ist alles

erlaubt«, erwiderte Sven selbstbewusst, knöpfte seine Hose wieder zu und schloss sich wankend seinen Freunden an, die bereits begonnen hatten, die ganzen 169 Meter des höchsten Berges der nordwestdeutschen Tiefebene zu erklimmen. Oben auf dem Wilseder Berg waren noch einige andere Ausflügler, die die Aussicht genossen, doch jetzt brachten die jungen Männer Unruhe in die Idylle. Sie setzten sich an den Rand und packten ihre Rucksäcke aus. Gunni zauberte zwei Flaschen Jägermeister und einen von seiner Freundin eigens zu diesem Zweck selbst gebackenen Topfkuchen hervor und die anderen allerlei geschmierte Stullen. Lediglich Sven hatte nichts Essbares zu bieten. Er selbst war zu faul gewesen, etwas vorzubereiten, und Xenia hatte sich dieses Jahr schlichtweg geweigert. Sven wusste genau, warum seine Freundin in letzter Zeit so rumzickte und er hatte einen enormen Anteil daran. Deswegen hatte er dieses Mal ein Auge zugedrückt, aber lange würde er sich Xenias Getue nicht mehr anschauen. Irgendwann reichte es auch mal! Er liebte seine Freundin, doch vor allem liebte er sich selbst und sie machte ihm momentan das Leben wirklich nicht gerade angenehm.

Über eine Stunde später pfiff Hubert die Truppe zum Aufbruch. Er hatte auf seinem Kutschbock ein Nickerchen gehalten und war wieder voll Energie. Nachdem alle aufgestiegen waren, ging es weiter Richtung Wilsede **46**, dem Inbegriff eines Heidedorfs. Zunächst fuhren sie jedoch um das Dorf herum und machten eine Schleife über den Totengrund **47**. Hätte Hubert jetzt eine andere Gästegesellschaft gefahren, hätte er an dieser Stelle erzählt, dass niemand so genau wusste, woher der Totengrund seinen Namen hatte. Dann hätte er verschmitzt gelacht und gesagt: »Nein, nein, keine Angst, ein Massengrab ist es nicht« und die zwei plausibelsten Theorien von sich gegeben. Die eine besagte, dass der Grund und Boden hier früher nur gering fruchtbar gewesen war, also ein toter Grund. Die andere Theorie war die, dass hier entlang anno dazumal verstorbene Wilseder zur Beerdigung nach Undeloh oder Bispingen gefahren worden waren.

Schließlich, im knapp 40-Seelen-Dorf Wilsede angekommen, konnte der Städter Sven sich seinen immer wiederkehrenden Scherz über das autofreie Dörfchen nicht verkneifen. Lauthals tat er kund: »Wenn ich ein typisches Geräusch für Wilsede machen müsste, würde ich Pferdehufgeklapper auf der kopfsteingepflasterten Dorfstraße hervorbringen. Irgendwie würde es schon klappen, aber es will ja eh keiner hören.«

»Dooooch, komm, mach mal«, kam es auch gleich von all seinen Freunden im Chor und dann lachten alle wie auf's Stichwort los, während Sven vier Rülpser hintereinander losließ – sein Verständnis von Hufgeklapper auf Kopfstein, wie jeder der Anwesenden seit sieben Jahren wusste.

Wenige Minuten nach diesem Ritual setzte der Kutscher die Kumpanen in der Milchhalle Wilsede **48** ab, wo sie sich ein weiteres Bier gönnten.

Der Nachmittag verlief wie der Vormittag mit dem einzigen Unterschied, dass die Kutsche nun wieder zurück nach Undeloh fuhr und die männlichen Fahrgäste noch betrunkener waren. Hubert setzte die Clique ab, fuhr seine Kutsche nach Hause, versorgte die Pferde, machte sich kurz frisch und ging dann zu Fuß in die Heiderose. Hier würde bald eine ausschweifende Feier beginnen und nahezu das ganze Dorf und viele Heidetouristen hatten sich schon eingefunden. Huberts Frau Martina war auch bereits da. Sie half in der Heiderose manchmal in der Küche aus und gerade an Feiertagen wie diesem wurde sie gern vom Besitzer um Unterstützung gebeten. Jetzt hatte sie allerdings seit einigen Minuten Feierabend und plauderte mit Gesine, die vorhin dann doch noch Lust bekommen hatte, mal wieder ein bisschen zu tanzen und vor allem alte Freunde und Bekannte wiederzutreffen. Dafür hatte sie sich extra schick gemacht. Sie hatte ihren besten Rock angezogen – den langen roten, der so schön hin- und herschwang. Dazu einen eng anliegenden, apfelgrünen Strickpullunder, in dem sie sich zum Anbeißen fühlte, und einen schwarzen, mit Nieten verzierten, breiten Gürtel, der ihre kleine Rolle über der Hüfte verdeckte, da sie nicht den ganzen Abend lang den Bauch einziehen wollte. Die Augen hatte sie sich mit Hilfe einer Vorlage aus einer Frauenzeitschrift, die sie heute Vormittag im Heideschön abgestaubt hatte, im aktuellen Smokey Eyes-Stil geschminkt. Das war zwar ein bisschen zu dolle ausgefallen, aber Gesine hatte immer schon nach dem Motto gehandelt »besser zu viel als zu wenig«.

»Moin, Gesine, auch mal wieder in die Heimat zurückgefunden?«, begrüßte Hubert Gesine nuschelnd, weil er seiner Frau gleichzeitig einen Schmatzer auf die pralle linke Wange drückte.

»Moin, Hubert, schön, dich zu sehen. Ja, ich helfe über das lange Wochenende im Heideschön aus. Die sind voll besetzt. Alle Zimmer sind belegt und da brauchen sie mich«, gab Gesine Auskunft und rutschte ein bisschen auf der Bank beiseite, um dem Kutscher Platz zum Sitzen zu machen.

»Gut siehst du aus, so propper«, meinte Hubert, nachdem sie eine ganze Weile über Dies und Das geplaudert hatten, und kniff Gesine zur Untermalung seiner Worte in die rouge-rosigen Wangen. Normalerweise wäre Gesine jetzt eingeschnappt gewesen. Wer wollte schon als propper bezeichnet werden, doch Hubert durfte so etwas sagen. Sie kannte ihn, seit sie denken konnte. Nicht nur, weil sie hier in diesem Teil der Lüneburger Heide aufgewachsen war, sondern vor allem, weil Hubert einer der wenigen Freunde ihres Vaters war. Hubert hatte sie früher, vor seiner Ehe mit Martina, oft abends im Schafstall besucht und mit ihrem Vater Karten gespielt. Wenn Gesine dann vom Zugucken müde geworden war, hatte sie sich einfach ins Heu zwischen die warmen Körper der Heidschnucken gelegt und geschlafen, bis ihr Vater sie irgendwann hochgenommen und in ihren Wohnwagen getragen hatte. Als könne Hubert ihre Gedanken lesen, fragte er: »Und besuchst du deinen Vater auch noch?«

Gesine nickte abwesend. In der Menge hatte sie einen blonden Schopf entdeckt, der durchaus zu dem Surfertypen aus dem Hökerladen gehören könnte. Hm, vielleicht würde sie nachher mal ein Tänzchen mit ihm wagen. Zu Udo Jürgens und dann am besten zu seinem Song *Ich weiß, was ich will.* Bei dem konnte man so schön gemeinsam schunkeln. Sie würde den Surfer einfach bitten, nichts zu sagen, dann würde es sicher gehen …

»Gesine, ich hab dich was gefragt, wohin guckst du

denn da die ganze Zeit?«, zuppelte Hubert an ihrem apfelgrünen Pullunder und schaute sie fragend an.

»Äh, was? Was hast du gesagt? 'Tschuldigung, ich hab da hinten nur eben einen Bekannten entdeckt«, meinte Gesine reumütig und konzentrierte sich wieder auf den Kutscher und seine Frau. Das Tanzen begann ja eh erst später.

»Ich hab gefragt, wie es deinem alten Herrn geht.«

»Ja, hm, ach so. Also, gut, glaub ich. Ich hab ihn länger nicht gesehen. Wir hatten zwar vor ein paar Monaten eine Familienfeier, aber da ist er nicht lang geblieben. Sie hat bei Annette stattgefunden, weißt du, meine Cousine, die jetzt in Bremen wohnt, und das ist ja für Paps schon eine Metropole. Da hat er es nicht gut ausgehalten und ist schnell wieder verschwunden. Außerdem weißt du ja, dass ihm die Gesellschaft seiner Schnucken lieber ist als die der vielen Schafe in unserer Familie. Aber er sah recht fit aus«, antwortete Gesine leutselig und verrenkte sich danach erneut den Hals nach dem Surfer. Ihn konnte sie nicht mehr ausmachen, dafür eine andere Person: »Schaut mal, da hinten, ist das nicht eure Lisa? Mit wem steht sie denn da, ist das ihr neuer Freund?«

Wie von der Tarantel gestochen schnellte Hubert bei Gesines Worten vom Tisch hoch.

»Was? Wo? Welcher Kerl hat sie jetzt wieder in seinen schmutzigen Fängen? Dem zeig ich's!«, bellte er mit einem Mal puterrot geworden und stürmte in die Richtung, in der Lisa sich auffallend mit einem jungen Mann vergnügte. Anstatt ihren Mann zurückzuhalten und zu beschwichtigen, schnellte Martina Körner ebenfalls von ihrer Bank hoch, lief ihm hinterher und rief: »Ja, der soll seine Finger von unserer Tochter lassen! Tu was, Hubert!«

Was spielte sich denn hier für ein Familiendrama ab? Auch Gesine stand auf und drängte sich durch die Leute hinter dem aufgeregten Ehepaar her. Sie hatte ein schlechtes Gewissen. Schließlich schienen ihre Worte die Aufregung ausgelöst zu haben. Nur wieso? War das vielleicht gar nicht Lisas Freund? Oder erlaubten ihr ihre Eltern etwa keinen Freund? Gesine wusste, wie strenggläubig Hubert und seine Frau waren. Lisa hingegen kannte sie nicht gut. Die jüngste Tochter der Körners war ein Nachzüglerkind und mindestens 15 Jahre jünger als Gesine. So hatten sie nie viel miteinander zu tun gehabt.

Im Vorbeigehen sah sie den Surfer, doch der interessierte sie grad nicht, denn weiter vorn im Raum, gleich beim Ausgang, war hörbar ein Tumult entstanden. Gesine konnte wegen der Menschentraube nichts sehen, allerdings hörte sie Hubert brüllen: »Mach, dass du davonkommst! Hau ab und lass dich hier bloß nie wieder blicken!«

Als sie sich dann endlich bis zum Kutscher und seiner Frau durchgearbeitet hatte, sah sie nur noch einen jungen Mann aus der Heiderose wegschlurfen. So wie er dabei schwankte, war deutlich zu erkennen, dass er reichlich über den Durst getrunken hatte. Dem jungen Mann folgte eine Blondine, wütend gestikulierend auf Stöckelschuhen, die Gesine im Traum nicht angezogen hätte. Gesine legte ihre Stirn in Falten. Die Frau mit den hohen Schuhen kam ihr vage bekannt vor. Das war doch … hm, das war doch die doofe Tussi von heute

Morgen, die sich am Dorfteich über sie lustig gemacht hatte! Und wenn Gesine richtig schloss, dann war der junge Mann zwar mit Lisa auf Tuchfühlung gegangen, aber keineswegs deren Freund, sondern der von dieser Tussi da. Hah, Hochmut kommt eben vor dem Fall.

Als Gesine am nächsten Morgen mit ihrem Putzzeug bewaffnet in der Pension Heideschön ankam, fragte sie sich wieder einmal, warum sie die Eigenart, ständig ihre eigenen Reinigungsmittel mitzuschleppen, nicht ablegen konnte. Es wäre so viel einfacher, die vorhandenen Mittel und Gerätschaften ihrer Kunden zu nutzen. Allerdings hatte sie damit am Anfang ihrer Putzfrauenkarriere zum Teil schlechte Erfahrungen gemacht und auf ihre eigenen sieben Sachen – na ja eigentlich waren es mehr – war hundertprozentig Verlass. Sie würde sie also auch in Zukunft weiter mitschleppen, schließlich hatte sie einen Ruf zu verlieren. Dermaßen in Gedanken stieß sie beim Eintreten in die schmale Eingangstür fast mit einem Sargträger zusammen. Vor Überraschung ließ sie ihren prall gefüllten Putzeimer fallen, und sein Inhalt verstreute sich auf dem Fußboden.

»Mensch, passen Sie doch auf«, fluchte der Sargträger. Und sein Kollege, der hinter ihm das Ende des Sargs auf seinen massigen Schultern trug, pflichtete ihm mit einem grimmigen Blick auf Gesine bei. Gesine murmelte schnell eine Entschuldigung und erst dann weiteten sich ihre Pupillen vor Schreck: »Aber da ist doch nicht etwa der Pensionswirt drin, oder? Gestern war er noch quietschfidel!«

»Nee, brauchen keine Angst um Ihren Job haben«,

bekam Gesine knapp Auskunft, was sie dazu veranlasste, erleichtert die angehaltene Luft aus ihren gespitzten Lippen zu entlassen.

»Puh, na dann ist ja gut. Und wer ist der Verstorbene?«, fragte sie neugierig und stierte auf den Sarg, als könne sie durch den Deckel den Leichnam sehen.

»Ach, irgend so ein Jungspund aus Hamburg, mehr wissen wir nich'«, meinte der Träger lapidar und dann setzten er und sein Kollege ihren Weg nach draußen fort.

»Na, dann woll'n wir mal«, sagte Gesine leise zu sich selbst, sammelte ihr Putzzeug wieder ein und trug es nach oben, wo die Gästezimmer darauf warteten, von ihr sauber gemacht zu werden.

Auf der Treppe begegnete ihr Dr. Hansen, der Dorfarzt. Gesine kannte ihn gut, denn sie war schon als Kind bei ihm gewesen, wenn der mit allerlei Heilkräutern versehene Tee ihres Vaters zu dessen Unverständnis nicht geholfen hatte. Für Gesine war der Doktor seit jeher ein alter Mann gewesen und so fragte sie jetzt: »Dr. Hansen, Sie hier? Sind Sie nicht längst im Ruhestand?«

»Na, na, na, Gesinchen«, rügte sie der Mann. »Nicht nur Frauen haben es ungern, wenn man sie auf ihr Alter anspricht!«

Sofort wurde Gesine rot und bekam ihre obligatorischen hektischen Flecken am Hals – das untrügliche Zeichen dafür, dass sie sich schämte. Sie stammelte eine Entschuldigung. Ihr war jedoch entgangen, dass Dr. Hansen bei seinen Worten geschmunzelt hatte. Jetzt legte er ihr beruhigend die Hand auf die Schulter und meinte: »Ist schon gut Kindchen, kipp mir bloß nicht um vor Scham. Du hast ja recht, ich bin im wohlverdienten Ruhestand, aber mein Nachfolger, Dr. Jung, ist grad für ein paar Tage verreist, und wenn es dann in unserem Undeloh etwas zu tun gibt, vertrete ich ihn.«

Sofort hatte Gesine ihre Pein überwunden und fragte in vertraulichem Ton: »Ach, dann haben Sie den Tod des jungen Mannes festgestellt? Woran ist er denn gestorben?«

»Nee, nee, Gesinchen, ich kenne deinen Ruf. Wenn du hier wieder einmal Mord und Totschlag witterst, dann witterst du falsch. Der Mann ist an einer Alkoholvergiftung gestorben. Hat gestern den Vatertag ordentlich übertrieben. So, und jetzt musst du mich entschuldigen, meine Renate wartet mit dem Essen auf mich. Du weißt doch, wir Pensionäre essen zu Mittag, wenn das Jungvolk grad sein zweites Frühstück einnimmt. Es gibt Heidschnuckenbraten **49**.«

»Aber …, aber ist das denn eindeutig? Also nicht der Heidschnuckenbraten, sondern die Todesursache? Hatte er ein schwaches Herz oder einen Leberschaden? Was, also ich mein, was sagt denn die Polizei? Das wird doch sicher untersucht, oder? Vielleicht, also vielleicht hat ja auch jemand nachgeholfen …?«, fragte Gesine, die sich nicht vorstellen konnte, dass jemand so viel trank, dass er direkt daran starb. Besinnungslos trinken, okay, aber gleich dadurch umkommen? Natürlich wusste sie, dass es ging, aber ein Restzweifel war da, zumal der Mann ja wohl kein Jugendlicher gewesen war, der das erste Mal in seinem Leben getrunken hatte.

»Du meinst, weil der Tote gestern Abend fast in eine Schlägerei verwickelt war? Du glaubst doch nicht, dass hier einer aus unserem Dorf auf Rachefeldzug unterwegs gewesen ist? Ach, Gesinchen, Gesinchen, du hast wirklich zu viele Detektivgeschichten gelesen. Was hat dein Vater mir noch neulich grad erzählt? Miss Marple, ja, das war es. Er meinte, du hältst dich für die fleischgewordene Miss Marple«, erwiderte der Mediziner milde lächelnd, während sein Bauch lautstark knurrte und ihn wieder ernst werden ließ: »Ich muss jetzt wirklich zu meinem Heidschnuckenbraten. Bitte, misch dich hier nicht ein. Ich bin zwar im Ruhestand, aber trotzdem immer noch Arzt. Und wenn ich einen Totenschein über eine Alkoholvergiftung ausstelle, dann hat das Hand und Fuß. Und um deine Frage zu beantworten: Nein, der Tote war kerngesund. Ich hab mit seiner Freundin gesprochen – die Arme ist verständlicherweise fix und fertig. Sie hat mir erzählt, dass er gerade noch vor zwei Wochen einen Gesundheitscheck gemacht hat, der überaus erfreulich gewesen ist. Er hat es gestern einfach mit dem Alkohol übertrieben. Ist ja nicht das erste Mal, dass so was vorkommt. Und was die Polizei betrifft: Heiner wird froh sein, dass ich ihn heute nicht weiter behelligen muss, der hat nämlich gestern auch Vatertag gefeiert.«

»Ja, also dann … dann ist ja gut. Ich meinte ja auch bloß …«, schämte sich Gesine erneut für ihre forsche Art, aber manchmal konnte sie eben nicht anders. »Dann grüßen Sie mal Ihre Frau, Herr Doktor, und … äh … guten Appetit.«

Oben angekommen, öffnete sie die erstbeste Zimmertür und trat ein.

»Können Sie nicht anklopfen? Jetzt hab ich mich vermalt und muss alles noch einmal machen«, wurde sie sofort von einer Frauenstimme angeherrscht. Gerade wollte Gesine eine Entschuldigung hervorbringen, denn tatsächlich hatte sie das Anklopfen einfach vergessen, doch da blieben ihr die Worte im Hals stecken. Die Frauenstimme war vom Bett gekommen und gehörte zu der Blondine, die sich gestern noch über sie und Ernie am Dorfteich lustig gemacht hatte.

»Was starren Sie denn so? Noch nie jemanden gesehen, der sich die Fußnägel lackiert?«, blökte die Blondine weiter, was Gesine irgendwie an die Heidschnucken ihres Vater erinnerte. Bei dem Gedanken an ihren Vater fiel ihr wieder ihre Kinderstube ein und sie entschuldigte sich für ihr Verhalten, obwohl ihr alles andere als danach war.

Die Frau auf dem Bett musterte Gesine eingehend. Dann sagte sie abfällig: »Ach, Sie sind das. War ja irgendwie klar, dass Sie Putzfrau sind! Allerdings hoffe ich nicht, dass Sie ihren Lebendpelz dabei haben oder dient er Ihnen auch als Wischmopp?«

Schon bei den ersten Worten der Frau war Gesine auf hundertachtzig gewesen, aber als sie nun wieder mit Ernie anfing, sah Gesine wirklich rot. Sie konnte sich gerade noch zusammenreißen, der Frau nicht ihren Nagellack über die blonden Haare zu schütten. Um sich zu beruhigen, zählte sie langsam innerlich bis zehn und sagte dann zuckersüß: »Sie meinen Ernie? Natürlich hab ich ihn dabei, denn Sie haben schon recht: Er hilft mir, den Dreck anderer Leute weg zu machen. Wir sind da ein ausgesprochen gutes Team.«

Die Frau bekam große Augen und sprang mit einem

Satz vom Bett. »Hier bleib ich keine Sekunde länger. Das ist ja ekelhaft«, sagte sie und stürmte aus dem Zimmer.

Gesine musste unwillkürlich breit grinsen, als die Zimmertür hinter der Blondine ins Schloss fiel. Sie setzte sich ihrerseits aufs ungemachte und ziemlich zerwühlte Bett und schaute sich in dem kleinen Raum um, in dem das blanke Chaos herrschte. Auf dem Fußboden lagen achtlos hingeschmissene Männerklamotten herum und einige Handtücher, die mit der Aufschrift der Pension Heideschön bestickt waren. Plötzlich nahm Gesine einen leicht beißenden Geruch wahr. Woher kam der? Schnuppernd hob sie ihre Nase und drehte sich zum Kopfende des Bettes. Der Geruch verstärkte sich und sie sah einen Wischeimer mit Erbrochenem unter dem kleinen Rattan-Tischchen stehen, der als Nachtschrank diente. Gesine musste kurz würgen, doch dann hatte sie sich wieder im Griff und in ihrem Kopf begann es zu arbeiten. Die Erkenntnis traf sie wie der Blitz: Sie saß hier im Zimmer des eben herausgetragenen Toten! Der Tote war der Mann, dem die Blondine gestern Abend aus der Heiderose hinterhergestöckelt war und der Hubert so wütend gemacht hatte! Ach du heiliger Bimbam, hatte Hubert möglicherweise etwas mit dem Tod des jungen Mannes zu tun? Hatte der Doktor eben, ohne es zu ahnen, doch etwas Richtiges gesagt, als er von Rache gesprochen hatte? War der junge Mann möglicherweise doch nicht an einer Alkoholvergiftung gestorben, obwohl der Eimer mit dem Erbrochenen – zumindest auf den ersten Blick – eine andere Sprache sprach? Gesines Herz begann wild zu klopfen. Wäre Hubert zu einem Mord fähig? Der Hubert, der sie früher so liebevoll auf seinen Knien geschaukelt hatte? Gesine konnte es sich nicht vorstellen. Andererseits hatte sie ihn noch nie so ausrasten sehen wie am Abend zuvor und, auch das durfte sie nicht vergessen, seine Frau war ganz auf seiner Seite gewesen. Waren die beiden noch einmal hierhergekommen und hatten gemeinsam irgendwie Hand an den jungen Mann gelegt? Gesine wusste, dass Martina einen Schlüssel zum Heideschön hatte, da sie hier manchmal aushalf, wenn der Pensionswirt krank war oder auf Reisen. Sie kümmerte sich dann um das Frühstück für die Gäste. Hatte das ältere Ehepaar diesen Schlüssel heute Nacht benutzt? Sie musste unbedingt mit dem Pensionswirt sprechen, ob er etwas mitbekommen hatte. Wieso war der eigentlich nicht da? Ach ja, das hatte sie eben ganz vergessen: Er hatte ihr ja gestern nach ihrem Dienst noch schnell hinterhergerufen, dass er zum Geburtstagsfrühstück seiner Mutter nach Jesteburg fahren würde und erst gegen Nachmittag wieder im Heideschön wäre. Das hieß also, dass Martina heute schon in aller Herrgottsfrühe hier gewesen sein könnte, um das Frühstück zu richten … Hm. Gesine fuhr sich mit der Hand über die Stirn. Sie wollte den Gedanken daran verscheuchen, dass die Kutschleute etwas mit dem Tod des Mannes zu tun hatten. Dr. Hansen hatte recht: Überall sah sie immer nur Mord und Totschlag, und im Heideschön arbeiteten außer Martina schließlich auch noch andere Aushilfen.

Gesine rappelte sich vom Bett hoch und machte sich ans Saubermachen des Zimmers. Schließlich lag laut des Doktors kein Mordfall vor und es mussten somit keine Spuren gesichert werden. Außerdem war sie nicht hier, um sich Geschichten auszudenken, sondern um Geld zu verdienen.

Gesine öffnete die Fenster, um den unangenehmen, säuerlichen Geruch zu vertreiben. Heute war das Wetter nicht so schön wie am Tag zuvor. Ein kalter Wind strömte durch Norddeutschland und jetzt auch in das Zimmer hinein. Gesine war das sehr recht. Der Wind würde den Geruch schnell aus dem Zimmer vertreiben. Sie streifte sich ihre Gummihandschuhe über und machte sich als Erstes an den Eimer mit dem Erbrochenen. Mit angehaltenem Atem nahm sie ihn auf, trug ihn ins Bad und leerte ihn in der Toilette aus. Doch was war das? Zusammen mit dem Erbrochenen schwamm ein viereckiger Zettel in der Schüssel. Den hatte der Tote ja wohl nicht ausgespuckt. Außerdem war er noch ganz glatt und sah nicht so aus, als hätte er in einem Schlund gesteckt.

Nein, schalt Gesine sich, du schaust dir den Zettel nicht genauer an. Er wird sowieso völlig unkenntlich sein, weil er in der ekeligen Flüssigkeit schwimmt. Du drückst jetzt schnell die Spültaste und machst weiter sauber.

Gesine wäre nicht Gesine gewesen, hätte sie in diesem Moment auf sich selbst gehört. Sie versenkte ihre behandschuhte Hand in der Toilette und fischte vorsichtig das Stück Papier heraus. Gesine meinte ein Ultraschallfoto zu erkennen, doch es war noch sehr labberig, deswegen legte sie es auf einem Handtuch platziert vorerst auf die Badezimmerheizung zum Trocknen. Dann erst betätigte sie die Spültaste, um den sonstigen Inhalt des Eimers zu beseitigen. Anschließend ging sie wieder in den Schlafraum und begann, die Fensterbank zu putzen. Wie in jedem der Zimmer im Heideschön standen hier ein Tee-kocher, ein paar Beutelchen Tee, Zucker, Löffel, eine Tee-kanne und Tassen für die Gäste parat. Zu Gesines Auf-gaben gehörte es, alles auf seine Vollständigkeit hin zu überprüfen und das tat sie jetzt. Sie füllte den Zucker auf, spülte die Teekanne und eine der vier Tassen – die ande-ren waren unbenutzt – und wunderte sich darüber, dass kein Teebeutel fehlte. Na ja, vielleicht hatten die Blon-dine und ihr verstorbener Freund sich ihren eigenen Tee mitgebracht, es gab ja schließlich auch Gäste, die sich ihr eigenes Kopfkissen mitbrachten. Mancher hatte halt so seine Eigenarten beim Verreisen. Die Putzfrau hatte da schon einiges zu Gesicht bekommen.

Als sie jetzt die Fensterbank wischte, fegte sie auch ein paar Tannennadeln ab. Woher kamen die denn nun wieder? Um das Heideschön herum gab es keine Nadel-bäume, der Wind konnte sie also nicht hereingepustet haben. Da Gesine am Tag zuvor ebenfalls hier sauberge-macht hatte, wusste sie mit Sicherheit, dass die Nadeln da noch nicht auf der Fensterbank gewesen waren. Haben die etwa nach einem Waldspaziergang ihre Klamotten über der Fensterbank ausgeschüttelt und dabei diesen Dreck gemacht? Gesine schüttelte den Kopf über so viel Unflätigkeit. Wenn Menschen nicht in ihrem eigenen Heim waren, missachteten sie so häufig anderer Leute Eigentum, sie konnte das einfach nicht verstehen. Zu Hause hätte die Blondine sicherlich nicht einfach die Nadeln liegen lassen, sondern mit der Hand aufgelesen und in den Müll getan. Gesine überlegte kurz. Wahr-scheinlich hatte die blondierte Zicke zu Hause eine unter-bezahlte Putzfrau, so von oben herab, wie die war. Aber sie wollte mal nicht so sein. Vielleicht tat sie der Frau auch unrecht. Gesine legte das Putztuch beiseite und ging zum kleinen Abfalleimer im Bad, hob seinen Deckel an und spähte auf der Suche nach weiteren Tannennadeln hinein. Sie brauchte ihre Augen gar nicht anzustrengen. Sofort sah sie den großen Haufen Nadeln darin, die alle irgendwie aneinanderklebten. Hm. Was hatte das nun wieder zu bedeuten? Das sah ja ganz danach aus, als hätte jemand mit den Nadeln Tee gebrüht, so wie ihr Vater es mit seinen selbst gesammelten Heilkräutern tat, nur dass das hier alles die gleichen Nadeln waren und kein Sammelsurium an verschiedensten Pflanzenteilen.

Jäh fiel es der Hobbydetektivin wie Schuppen von den Augen: Ihr Vater tauschte sich seit einigen Jahren mit Martina, Huberts Frau, über Stellen aus, wo man gut Heilkräuter finden konnte. Martina kannte sich nämlich ebenfalls bestens mit der Wirkung von Pflanzen aus und ihr Mantra war, dass gegen jede Krankheit ein Kraut wuchs. Wie oft hatte Gesine sich das anhören müssen! Als Martina noch jünger gewesen war, hatte sie sogar Wildkräuterführungen **50** durch die Heide für interessierte Touristen durchgeführt! Denen hatte sie dann erklärt, woran sie essbare Pflanzen erkennen, was an ihnen schmackhaft ist oder wie sie als Medizin genutzt werden können und welche Wirkungen sie haben. Hatte Martina den jungen Mann, der gestern mit ihrer Tochter so eng gewesen war, womöglich vergiftet? In Gesines Kopf begann es zu rauschen. Was für eine schreckliche Vorstellung, die Frau von Hubert! Aber möglich wäre es. Martina hatte den Schlüssel zum Heideschön und kannte sich aus. Erneut lugte Gesine in den Abfalleimer und schaute sich die Nadeln genauer an. Sie war sich hundertprozentig sicher, dass es die Nadeln der Eibe waren und nahezu alles an der Eibe war hochgiftig! So oft hatte ihr Vater sie als Kind vor diesen Büschen gewarnt. Er hatte großen Respekt vor diesem Gewächs. Er hatte ihr erklärt, dass bereits ein Tee aus wenigen Nadeln einen Menschen töten könne. Und was hatte er ihr noch über die Wirkung des Eibengiftes berichtet? Genau bekam Gesine es nicht mehr zusammen. Auf jeden Fall wusste sie noch, dass die Wirkung sehr schnell einsetzte und mit Übelkeit, Schwindelgefühl sowie Leibschmerzen einherging. Ähnlich wie bei einer Alkoholvergiftung. Kurz darauf folgte dann Bewusstlosigkeit und am Ende der Herzstillstand.

Gesine musste sich Gewissheit verschaffen. Sie holte ihr Handy aus ihrer pinken Bauchtasche, die locker über ihrem geblümten Rock hing, und wählte die Nummer der Auskunft. Hier nannte sie den Namen und die Anschrift der Familie Körner und ließ sich verbinden. Schon nach dem ersten Läuten wurde abgenommen.

»Hallo, Lisa hier?«

»Hallo Lisa. Hier ist Gesine Schmitzmayer. Sag, ist deine Mutter da?«

»Ja, ist sie«, bekam Gesine eine barsche Antwort. »Soll ich sie dir geben? Musst aber einen Moment warten. Sie ist grad auf 'm Klo.«

»Ja, äh, nein, meine ich. Warte, vielleicht kannst du mir auch weiterhelfen. Sag mal: War sie heute in der Früh irgendwie mal weg? Im Heideschön oder so?«

»Schön wär's. Nee, seit heute Nacht sitze ich mit ihr am Küchentisch und muss mir Psalme aus der Bibel von ihr vorlesen lassen. Die hat doch echt 'nen Hackenschuss, nur weil ich mich ein bisschen amüsieren wollte. Und Papa sitzt die ganze Zeit daneben und beobachtet mich mit Argusaugen, ob die Gottesworte bei mir auch fruchten. Zum Glück ist der dann vor 'ner Stunde einfach so am Tisch eingeschlafen. Die spinnen doch. Echt. Ich glaub, ich bin im Krankenhaus vertau... Ups, meine Mutter kommt, ich geb sie dir.«

»Danke, Lisa, hat sich schon erledigt«, sprach Gesine noch in den Hörer. Dann legte sie schnell auf. Sie wusste, was sie wissen musste, und ihr plumpste ein großer Stein vom Herzen. Martina oder auch ihr Mann konnten nicht die Mörder sein. Sie hatten ein Alibi.

Geistesabwesend griff Gesine nach dem inzwischen leidlich auf der Heizung getrockneten Papier und schlich zurück zur Fensterbank. Wer sagte eigentlich, dass es hier um Mord ging? Doch wohl immer noch keiner, außer sie selbst. Der junge Mann war sicher, wie der Doktor es gesagt hatte, an einer Alkoholvergiftung gestorben. Man kann eben keinen Dreck aufwühlen, wenn keiner da ist, dachte die Putzfrau bei sich und wollte sich ein weiteres Mal aufs Bett setzen, als ihr darauf ein Nagellackklecks auffiel. Fast wäre sie direkt darauf gelandet, doch sie konnte ihre Bewegung eben noch korrigieren und kam knapp daneben zum Sitzen. Ein Glück, sonst hätte sie sich jetzt auch noch ihren Rock versaut. So ein Nagellackfleck war schwer zu entfernen, das wusste sie aus Erfahrung, und ihr Kleiderschrank war wahrlich nicht so üppig bestückt, dass sie so nachlässig damit umgehen konnte. Gesine musste an die Blondine denken. An die Freundin des Toten. Welche Frau lackierte sich eigentlich die Nägel, wenn kurz zuvor ihr Freund gestorben war? So kaltblütig konnte man doch nur sein, wenn … Gesine überlegte. Ja, das war es, wieso war ihr das vorhin nicht aufgefallen? Und auch andere kannten sich mit Pflanzengiften aus. Nicht nur ihr Vater und Martina. Hieße das vielleicht … Tatsache, das konnte es heißen!

Gesines Blick fiel auf das Papier in ihrer Hand. Sie begutachtete es jetzt genauer. Dafür brachte sie es dicht an ihre Augen und hielt sich zeitgleich die Nase zu, denn der beißende Geruch hing immer noch darin. Sie war ein wenig kurzsichtig, jedoch zu eitel für eine Brille. Es handelte sich tatsächlich um eine Ultraschallaufnahme. Darauf war deutlich eine befruchtete Eizelle zu erkennen. Gesines Augen huschten zu dem nebenstehenden Datum. Es war durch das Wasser und die Säure des Erbrochenen verblasst, doch sie meinte, ausmachen zu können, dass das Datum etwa sechs Monate zurücklag. Den darüber stehenden Namen konnte sie nicht entziffern, aber wenn alles glattgegangen war, dürfte die Mutter des Kindes heute schon ein ordentliches Bäuchlein vorzuweisen haben. Hm, die Blondine hatte definitiv keinen Bauch, der nach Schwangerschaft aussah. In Gesines Kopf ratterte es gerade so richtig los, als sich die Zimmertür schwungvoll öffnete: »Was machen Sie da auf dem Bett? Ich denke, Sie machen sauber? Wo ist Ihre Ratte, läuft die hier etwa frei herum?«

Gesine war vor Schreck kurz zusammengezuckt, jetzt sah sie aber ihre Chance gekommen, zumindest für sich ein bisschen Licht ins Dunkel zu bekommen. Und so antwortete sie überfreundlich: »Ich bin gleich fertig. Ich hab mich nur kurz ausgeruht. Kreislaufprobleme, wissen Sie. Und was meine ›Ratte‹ angeht. Die ist nicht hier. Ich … ich hab sie in die Duschwanne gesperrt.«

»Na, dann ist ja gut«, meinte die Blonde und trat mit einem Blick auf die angelehnte Badezimmertür in das Zimmer ein. »Ich will auch nur schnell meinen Koffer holen und dann bin ich weg. Meine Freunde müssten jeden Augenblick da sein, um mich abzuholen. Zu blöd, dass die sich alle in einer anderen Pension einquartieren mussten. Sonst wäre ich schon lange nicht mehr hier!«

Erst jetzt nahm Gesine in all der Unordnung den gepackten Koffer wahr, der in der Ecke neben dem Schrank stand. Wie konnte eine Frau, deren Freund gerade gestorben war, die Ruhe finden, ihren Koffer zu packen? Mal ganz abgesehen vom Nägel lackieren. Und sie sah auch überhaupt nicht verweint aus oder so. Und nein, gefasst wirkte sie auch nicht. Sie war in ihrer arroganten Art irgendwie ganz normal. Sicherlich hatte sie das Fix- und Fertigsein Dr. Hansen bloß vorgespielt. Gesine kam ein Gedanke, während das Papier in ihren Händen zu brennen schien.

»Hier, das habe ich gefunden. Ihr Ultraschallbild. Nicht, dass Sie es vergessen, wenn Sie gleich abreisen«, pokerte Gesine jetzt hoch und hielt der Frau das noch feuchte Papier hin. Sie merkte gleich, dass sie auf die richtige Karte gesetzt hatte, denn jetzt entglitten der Blondine die vorher so beherrschten Gesichtszüge.

»Woher … woher haben Sie das?« stammelte sie und eine Träne kullerte ihr über die Wange. Nichts war mehr übrig von der gestelzten Arroganz, die sie bisher an den

Tag gelegt hatte. Von einem auf den anderen Moment war die Maske gefallen und vor Gesine schien ein völlig anderer Mensch zu stehen. Gesine stand auf, nahm die Frau bei den Schultern, führte Sie zum Bett und drückte sie sanft nieder. Sie selbst blieb stehen.

»Waren Sie schwanger?« fragte sie ruhig, anstatt auf die Frage der Frau einzugehen.

»Ja, war ich. Aber Sven … mein Freund wollte das Kind nicht. Er hat gemeint, ich würde es ihm unterjubeln und er fühle sich noch nicht reif genug dafür und dann …«, die Frau auf dem Bett begann jetzt hemmungslos zu schluchzen. Gesine hatte den wunden Punkt gefunden.

»Und dann haben Sie es wegmachen lassen?«

»Ja«, stieß die Blondine hervor und es klang wie der Schrei eines verletzten Tieres. »Ich werde mir das nie verzeihen!«

»Und Ihrem Freund konnten Sie es noch weniger verzeihen. Sie haben ihm monatelang die Schuld gegeben und dann war er auch noch dreist genug, sich gestern Abend mit einer anderen Frau zu amüsieren. Auf dem Weg von der Heiderose zum Heideschön stehen einige Eiben, ich kenne die Gegend. Sie haben die Nadeln zusammengesammelt und ihrem Freund in seinem alkoholisierten Zustand kaltherzig den tödlichen Eibentee eingeflößt. Stimmt's?«, meinte Gesine sehr direkt und ohne den Anflug des geringsten Zweifels.

Das eben noch schmerzerfüllte Gesicht der jungen Frau auf dem Bett verzog sich daraufhin zu einer hasserfüllten Grimasse, als sie sagte: »Er hat es nicht anders verdient!«

FREIZEITTIPPS:

Der kleine Heideort Undeloh ist der perfekte Ausgangspunkt für Touren durch die Lüneburger Heide und vor allem genau darauf eingerichtet, ohne dabei etwas von seinem idyllischen Dorfcharakter mit zirka 950 Einwohnern einzubüßen. In Undeloh erwarten Sie die Kutschpferde mitsamt ihren Kutschern und freuen sich darauf, Ihnen die Heide erlebbar zu machen.

37 Das Hotel Heiderose liegt am Fuße des Heidbergs und ist nicht nur für seine komfortablen, im Landhausstil eingerichteten Zimmer bekannt, sondern ebenso für seine gutbürgerliche Restaurantküche – Heidschnuckenspezialitäten und weitere regionale Spezialitäten eingeschlossen.

38 Heitmanns Hökerladen gibt es seit 1956 und genau so lange stöbern und kramen hier Touristen wie Einheimische nach Herzenslust. Die Warenvielfalt ist unglaublich, ganz gleich, was man sucht, hier findet man Dinge, mit denen man nicht gerechnet hätte!

39 Es gibt zwei Heidelehrwege – den 7,2 Kilometer langen Undeloher Heidelehrweg und den 6,2 Kilometer langen Weseler Heidelehrweg. Beides sind wunderschöne und abwechslungsreiche Rundwege, die durch typische Landschaftsteile des Naturschutzgebiets führen. Erklärende Informationstafeln geben nicht nur Erwachsenen interessante Auskünfte.

40 Das Motto des in Norddeutschland einzigartigen Barfußpark Egestorf (Ahornweg 9, 21272 Egestorf) lautet *Sinne spüren. Natur erleben!* und genau das macht der Besucher hier auch. Mit nackten Füßen beschreitet man die 60 Sinnes-Stationen, die man nicht nur unter sich spürt, sondern auch zum Teil erriechen und ertasten kann.

41 Die Naturparkgmeinde Egestorf ist nur knapp 7 Kilometer von Undeloh entfernt. Ihren Charakter zeichnen die schönen Fachwerkäuser, der alte Baumbestand und die alten Steinmauern aus. Besonders die St.-Stephanus-Kirche aus dem Jahr 1645 in der Ortsmitte zieht immer wieder Besucher an.

42 Inmitten der Natur liegt das vollbiologische Natur-erlebnisbad Aquadis (Ahornweg 7, 21272 Egestorf). Hier kann man in herrlich klarer Wasserqualität ohne zugegebene Chemikalien seine Bahnen ziehen oder in der weitläufigen Outdoor-Badewelt planschen.

43 Im Heide-Erlebnis-Zentrum (Wilseder Straße 23, 21274 Undeloh) erfahren Interessierte alles, was sie über die Lüneburger Heide wissen wollen. Von der Entstehung über die Bewohner bis hin zu Flora und Fauna – die wohl ausschlaggebendsten Themen rund um diese einzigartige Kulturlandschaft.

44 Die im 13. Jahrhundert zum ersten Mal erwähnte und im romanischen Stil aus Feldsteinen erbaute

St. Magdalenenkirche liegt in der Undeloher Dorfmitte (Wilseder Straße 2, 21274 Undeloh). Etwas abseits des Kirchenschiffs ragt der mit drei Glocken ausgestattete frei stehende, hölzerne Glockenturm empor. Das Gotteshaus beherbergt ein über die Heidegrenzen hinaus bekanntes hölzernes Kruzifix – das älteste Zeugnis christlicher Kunst im Kirchenkreis – und einen kleinen Kräutergarten.

45 Der höchste Berg der nordwestdeutschen Tiefebene und eines der 32 Naturwunder im Naturpark Lüneburger Heide, der 169 Meter hohe Wilseder Berg, bietet einem eine nahezu geschlossene Rundumansicht auf die Heidelandschaft, die verstreuten Kiefernwaldstücke und die umliegenden Dörfer. Das besonders Schöne daran: Die Gegend um den Berg herum ist nahezu autofrei. Bei guter Sicht zeichnen sich zudem die Silhouetten Hamburgs und Lüneburgs in der Ferne ab.

46 Den kleinen, romantischen Heideort Wilsede kann man nur zu Fuß, per Fahrrad oder Kutsche erreichen. Er liegt mitten im Naturschutzgebiet der Lüneburger Heidelandschaft und ist autofrei. Doch das hält kaum jemanden von einem Besuch ab: Während der Heideblüte kommen täglich mehrere Tausend Besucher durch das romantische 40-Seelendorf, um seine Idylle in sich aufzunehmen, das Heidemuseum Dat ole Huus oder eine Ausstellung im ehemaligen Schafstall des Emhoff aufzusuchen oder zum Beispiel in der Milchhalle bei Café und Kuchen Rast zu machen.

47 Der Totengrund, eines der 32 Naturwunder im Naturpark Lüneburger Heide, ist ein etwa 30 Hektar großer, wahrscheinlich in der Eiszeit entstandener Talkessel mitten im Naturschutzgebiet, der besonders zur Zeit der Heideblüte mit seinem dann prächtigen Blütenmeer einen Besuch wert ist – so zählt der Totengrund zu den schönsten Heideflächen der Lüneburger Heide.

48 Die rustikale Milchhalle Wilsede mit Selbstbedienung ist ein beliebter Rastpunkt im autofreien Wilsede. Denn hier bekommt man leckere Speisen und Getränke zum günstigen Preis, von deftig bis süß. Dabei stammt zum Beispiel der Kuchen aus eigenem Hause.

49 Der Heidschnuckenbraten ist eine typische Spezialität der Lüneburger Heide-Küche, doch es gibt noch mehr, wie die Heidekartoffel, den Heidespargel, den Heidehonig, den fangfrischen Stint oder die Buchweizentorte.

50 Bei einer Wildkräuterführung durch die Lüneburger Heide werden die heimischen Wildkräuter gezeigt und der Interessierte lernt sie mit all seinen Sinnen zu bestimmen, erfährt, welche Heilkräfte sie haben, wie man ähnliche voneinander unterscheidet, welche essbar sind und welche nicht. Natürlich fehlen auch die praktischen Tipps für Hausapotheke und Küche nicht.

»WO MAN SINGT ...«
EIN KURZKRIMI RUND UM SCHNEVERDINGEN

Gesine Schmitzmayer war bestens gelaunt und das war unüberhörbar. Während sie Richtung Schneverdingen steuerte, schmetterte sie im Duo mit Lotto King Karl *Hamburg meine Perle* durch ihr Mobilé. Sie übte schon mal, denn heute Abend würde sie den Hamburger Kult-Sänger leibhaftig auf der Bühne erleben und seine Songs live mitsingen, nicht nur wie jetzt, per CD. Heute Abend fand mitten im Höpen **51** das alljährliche HöpenAir-Festival **52** statt, für das Gesine sich extra zwei Tage in ihrer aktuellen Putzstelle, einem Golfresort bei Bardowick, freigenommen hatte.

Gesine war früh dran und so fand sie auf dem Park-platz vom Heidegarten im Höpen **53** noch einen freien Platz. Eigentlich hätte sie sich auf einen der vorgesehe-nen Wohnmobilstellplätze im Ort stellen müssen, da sie ja auch übernachten würde, aber Gesine hoffte, dass die Schneverdinger in der Festivalnacht ein Auge zudrück-ten. Vor allem, da sie es von diesem Parkplatz hier beim Heidegarten später nicht weit zum Festivalgelände haben würde. Sie wusste auch schon, was sie anziehen wollte: den langen schwarzen Rock mit den aufgedruckten Rosen, den breiten Lackgürtel, die enge rote Bluse und eine bunte Stola. Dazu würde sie ihre großen, goldenen Kreolen tragen. Sie wusste ganz genau, dass dieses Out-fit ihr naturgegebenes Zigeunerinnenaussehen verstärkte. Und das sollte es auch, denn es würde mit Sicherheit noch mehr Kunden anlocken. Gesine hatte vor, zahlungswilligen Interessierten vor und nach dem Konzert Tarotkarten zu legen und die Zukunft zu deuten. Sie machte das seit ein paar Jahren, wenn sie zum HöpenAir kam. Es machte ihr riesigen Spaß und gegen die Euros in ihrer Tasche hatte sie auch nichts einzuwenden – zumal sie damit ihren finanziellen Ausfall durch das Freinehmen im Golfresort einigermaßen auffangen konnte.

Das Legen von Tarotkarten hatte sie von ihrem Vater gelernt. Früher hatten sie sich beide einen Spaß daraus gemacht, den Schnucken von Gesines Vater, der Schäfer war, die Karten zu legen. Vor vier Jahren hatte Gesine sich dann beim HöpenAir selbst die Karten gelegt. Damals hatte sie sich gerade heimlich in Kriminalkommissar Henning Ludolf verliebt und wollte von den Karten wissen, ob sie bei ihm eine Chance hatte. Sie hatte auf dem Festivalgelände auf einer kleinen Decke auf dem Heideboden gesessen und gerade als sie die Antwortkarte aufdecken wollte, hatte eine Frau sie angerempelt. Gesine hatte vor Schreck den ganzen Kartenstoß durcheinandergebracht. Im ersten Moment war sie enttäuscht gewesen, doch keine Sekunde später hatte sich ihre Miene erhellt: Das Schicksal wollte sich im Fall Henning Ludolf nicht in die Karten schauen lassen! Ja, genau so musste es sein: Gesine sollte sich überraschen lassen. Mitten in ihre Erkenntnis hinein hatten sich die Entschuldigungsbeteuerungen der Frau gemischt, doch Gesine hatte abgewunken und lapidar gemeint, dass das schließlich jedem passieren könnte, vor allem bei einem Musikfestival. Die Frau hatte ihr ein dankbares Lächeln für ihr Verständnis geschenkt und neugierig gefragt: »Sind Sie Kartenlegerin?«

»Ja, das bin ich«, hatte Gesine entgegnet und keine fünf Minuten später hatte sich die junge Frau zu ihr auf die Decke gesetzt und sich die Karten legen lassen. Weitere zehn Minuten später hatte sich eine Schlange an Gesines Picknickdecke gebildet und noch bevor das Festival begonnen hatte, hatte sie diversen Leuten die Karten gelegt. Seitdem war Gesine bekannt dafür und viele Leute kamen zum HöpenAirFestival bewusst früher, um dort Gesines Künste in Anspruch zu nehmen.

Auch heute wurde Gesine bereits erwartet, als sie in ihrem Zigeunerlook, der Decke unter dem Arm und den Karten in ihrer Tasche zur Festivalfläche kam. Ja, der Ansturm auf Gesine war sogar so groß, dass sie – wie insgeheim gehofft – einige Leute auf die Zeit nach dem Konzert vertrösten musste.

Gesine amüsierte sich köstlich – das Konzert war großartig. Irgendwann hatte sie sich von ihrer Decke erhoben und sich nach ganz vorn in die erste Reihe gedrängelt. Dort sang sie aus Leibeskräften mit und strahlte vor Glückseligkeit, als Lotto King Karl ihr von der Bühne zuzwinkerte. Als der letzte Akkord in der frischen Heideluft verklungen war, schlenderte sie zurück zu ihrer Decke, um wieder die Karten zu legen. Es warteten bereits mehr Leute auf Gesine, als sich vor dem Konzert angekündigt hatten. Kurzerhand entschied sie deswegen, nicht bereits am nächsten Vormittag nach dem Ausschlafen zurück nach Bardowick zu fahren, sondern erst am Abend. So fragte sie die Wartenden, wer von ihnen aus Schneverdingen kam, und machte mit ihnen Hausbesuche für den nächsten Tag aus.

»Aber Marie bleibt nie so lange weg, ohne mir Bescheid zu geben«, entgegnete Meike Prang sorgenvoll und schaute abwechselnd ihrem Mann Matthias und ihrem Stiefsohn Anders ins Gesicht.

»Marie ist 17 und hat sich in letzter Zeit sowieso so wenig wie möglich zu Hause aufgehalten. Bei Mädchen in ihrem Alter ist das doch normal. Du wirst schon sehen, sie kommt bestimmt gleich«, versuchte Matthias Prang seine Frau zu beruhigen.

»Ja«, gab Meike Prang zu, »sie hat sich in letzter Zeit wirklich sehr verändert. Aber deswegen würde sie mir trotzdem Bescheid geben, wenn sie über Nacht wegbleibt. Ich habe schon alle ihre Freundinnen angerufen. Von denen weiß auch keine was. Hoffentlich ist nichts passiert. Anders, hat sie dir wirklich nicht gesagt, wohin sie wollte? Du warst doch gestern hier als Letzter mit ihr zusammen, als dein Vater und ich auf dem Festival waren.«

Anders warf ihr einen genervten Blick zu, bevor er ebenso genervt sagte: »Nein, hat sie nicht, wie oft soll ich dir das denn noch sagen? Außerdem hab ich mir gestern noch auf dem Uwe Seeler Radweg **54** meinen Kopf durchpusten lassen. Als ich nach Hause kam, war sie nicht mehr da und ich bin dann auch wieder weg.«

»Dann ruf ich jetzt bei der Polizei an«, erwiderte Meike Prang den Tränen nahe.

Gesine wusste nicht so recht, was sie tun sollte. Sie stand vor der Haustür eines kleinen Bungalows gleich in der Nähe vom Schneverdinger Heimatmuseum De Theeshof **55** und hatte jetzt schon dreimal geklingelt, aber es machte niemand auf. Sie schaute auf ihre Uhr und verglich sie mit der Zeit auf ihrem Zettel. Beides stimmte überein. Auch die Adresse war richtig. Das hatte sie schon nach dem zweiten Klingeln mit sich und dem Zettel in ihrer Hand geklärt. Sie war dafür extra die ungefähr 50 Schritte zum Straßenschild gegangen. Dann war sie wieder zurückgekehrt und hatte die Hausnummer überprüft. Jetzt legte Gesine ihr Ohr an die Tür und lauschte. Sie meinte, Stimmengemurmel zu hören, war sich aber nicht sicher, darum drückte sie ihr Ohr noch fester an die Tür. Exakt in diesem Moment ging die schwere Haustür auf und Gesine fiel direkt einem jungen Mann in die Arme, der sie verdutzt ansah. Normalerweise hätte Gesine nichts gegen eine solche unvorhergesehene Situation einzuwenden gehabt – vor allem nicht, wenn der Mann so jung war, wie der hier – doch in diesem Moment war Gesine peinlich berührt von sich selber. Sie war hier schließlich nicht, um ein paar Kuscheleinheiten einzustreichen, sondern um Karten zu legen. Natürlich nicht dem jungen Mann. Sie nahm an, seiner Mutter. Zumindest hatte ihr gestern auf dem Festival eine Frau um die 40 mit dem Namen Meike Prang diese Adresse hier gegeben, und dann hatten sie sich für 14:00 Uhr verabredet. Gesine löste sich aus den Armen des jungen Mannes, reckte ihr Kinn hoch und sagte so souverän, wie es ihr möglich war: »Guten Tag, ich bin Gesine Schmitzmayer. Schmitzmayer mit tz und ay, aber das tut grad nichts zur Sache. Ich bin hier mit Meike Prang verabredet. Dei..., äh, Ihrer Mutter, nehme ich an?«

»Meine Stiefmutter. Sie sind diese Kartenlegerin, stimmt's?«, sagte der junge Mann und plötzlich kam er Gesine gar nicht mehr so kuschelig, sondern kalt wie ein Eisschrank vor. »Meike geht es aber grad nicht gut und

Sie können sie nicht treffen. Tut mir leid, wenn Sie sich extra herbemüht haben.«

»Ja, Kartenlegerin … Ähm, dann richten Sie ihr bitte gute Besserung von mir aus«, erwiderte Gesine mit einem leichten Anflug von Enttäuschung in der Stimme und wollte sich gerade zum Gehen wenden, als Meike Prang in der Diele auftauchte.

»Ich hab's mir anders überlegt, vielleicht kann Frau Schmitzmayer helfen«, meinte Meike Prang zu ihrem Stiefsohn, bevor sie sich an Gesine wandte: »Bitte entschuldigen Sie das Hin und Her, Sie werden es gleich verstehen, kommen Sie doch ins Wohnzimmer, da sind wir ungestört. Möchten Sie etwas trinken?«

Gesine verneinte und folgte Meike Prang ins Wohnzimmer. Die Frau hatte geweint, das sah sie an den verquollenen Augen und der roten Nase. Wobei sie ihr wohl helfen sollte? Mit einer fahrigen Handbewegung forderte Meike Prang Gesine auf, auf dem Sofa Platz zu nehmen. Dann zog sie die Wohnzimmertür hinter sich zu, die sich jedoch gleich wieder öffnete. Der Stiefsohn machte Anstalten einzutreten, doch Meike Prang hielt ihn mit den Worten zurück: »Nein, Anders, ich möchte allein mit Frau Schmitzmayer sein.«

»Du willst doch nicht etwa unser Privatleben vor einer Fremden ausbreiten?«, fragte er empört, während Gesine sich demonstrativ setzte, ihre Karten aus der Tasche holte und auf dem Couchtisch ablegte.

»Doch, will ich, wenn es hilft, Marie zu finden«, erwiderte die Frau mit einem weinerlichen Unterton.

»Die Polizei hat doch gesagt, dass sie morgen deine Vermisstenanzeige aufnehmen, wenn sie bis dahin noch nicht wieder aufgetaucht ist«, sagte Anders und Gesine kombinierte blitzschnell, dass hier scheinbar ein Familienmitglied verschwunden war.

»Dann kann es schon zu spät sein«, meinte Meike Prang leise und setzte etwas lauter hinzu: »Lass uns jetzt bitte allein, damit wir anfangen können.«

»Aber du glaubst doch nicht etwa an so einen Hokuspokus«, sagte Anders und deutete auf Gesine, wartete jedoch die Antwort nicht ab, sondern verdrehte die Augen und schloss geräuschvoll die Zimmertür.

Als sie beide allein waren, begann Meike Prang zu erzählen: Davon, dass ihre Tochter seit dem Vortag verschwunden war und dass die Polizei noch keine Vermisstenanzeige aufnehmen wollte, sondern erst nach einem Fernbleiben Maries von 24 Stunden. Und sie erzählte auf Gesines Nachfrage hin, dass sie ein fast freundschaftliches Verhältnis zu ihrer Tochter hatte. Den Vater von Anders hatte sie vor 3 Jahren kennengelernt und vor zwei Jahren geheiratet. Marie hatte die neue Ehe ihrer Mutter akzeptiert und kam mit ihrem Stiefvater gut aus, ebenso mit ihrem nur um zwei Jahre älteren Stiefbruder, mit dem sie auch viel unternahm. Außer das Marie in der letzten Zeit ruhiger als sonst gewirkt hatte, gab es also familiär nach Meike Prangs Meinung keinen Grund für Marie, von zu Hause auszubüxen, und auch in der Schule hatte sie keine Probleme.

Nachdem sie geendet hatte, bat die verzweifelte Mutter Gesine, anders als geplant nicht ihr die Karten zu legen, sondern für Marie. Gesine zögerte mit einer Antwort. Sie hatte noch nie für jemand Abwesenden die Karten gelegt. Darüber hinaus müsste sie für Marie nicht in die Zukunft, sondern in die jüngste Vergangenheit schauen.

Gesine hatte schon den Mund geöffnet, um Meike Prang zu sagen, dass sie das nicht konnte, als sie deren herzzerreißenden Blick auffing. Sie klappte den Mund wieder zu und begann die Karten zu mischen.

Gesine war verstört. Hatte sie die Karten bei Meike Prang soeben richtig gedeutet? Wenn ja, dann war Marie tatsächlich einem Verbrechen zum Opfer gefallen. Meike Prang gegenüber hatte sie sich erst einmal bedeckt gehalten, sie wollte die Mutter nicht unnötig beunruhigen, und glücklicherweise war dann auch der Ehemann, Matthias Prang, ins Wohnzimmer gekommen. Er hatte Gesine freundlich gegrüßt und seine Frau, die sofort ihr Gesicht an ihn gedrückt und erneut angefangen hatte zu weinen, liebevoll in den Arm genommen. Gesine hatte die Chance genutzt, sich keinen weiteren Fragen aussetzen zu müssen, ihre Sachen schnell zusammengerafft und sich verabschiedet. Jetzt war sie auf dem Weg zu ihrem wenige Meter vom Prangschen Haus geparkten Mobilé.

Pat und Patachon, die beiden Kanarienvögel, begrüßten sie mit einem getrillerten Ständchen, aber ihr Frauchen antwortete ihnen heute nicht mit einem einstimmenden Pfeifen. Sie ging schnurstracks zu ihrem kleinen Tisch in der Küchenecke des Wohnmobils, holte die Tarotkarten aus ihrer Tasche, mischte sie und legte sie wie bei Frau Prang aus.

»Wenn es eben geklappt hat, dann klappt es auch noch mal«, murmelte Gesine in sich hinein, während sie mit der Frage nach Maries Verschwinden die erste Karte hochnahm. Nach einem kurzen Blick darauf ließ sie sie wie eine heiße Kartoffel wieder los und die Karte segelte langsam zu Boden – es war die gleiche gewesen, die vor wenigen Minuten noch Meike Prang in ihrem Wohnzimmer mit derselben Frage nach ihrer Tochter gezogen hatte. Mit Herzklopfen starrte Gesine auf die übrigen Karten auf ihrem Tisch, dann stand sie langsam auf. Ich glaube, Karten reichen hier nicht mehr, jetzt muss ermittelt werden, dachte sie bei sich und machte sich auf den Weg.

Diesmal musste Gesine nicht lange warten, als sie bei den Prangs klingelte. Die Tür wurde ihr auch nicht von Anders aufgemacht, sondern von Meike Prang, die sie zunächst erstaunt ansah, dann jedoch einen verständnisvollen Gesichtsausdruck annahm und sagte: »Ach ja, ich hab eben ganz versäumt, Sie zu bezahlen, bitte entschuldigen Sie.«

»Oh nein«, wehrte Gesine ab, »deswegen bin ich nicht hier. Ich möchte dafür kein Geld. Ihnen in dieser Situation zu helfen, ist für mich Ehrensache!«

Meike Prang guckte fragend: »Ja, aber was dann? Haben Sie etwas vergessen?«

»Nein, auch das nicht«, erwiderte Gesine. »Ich wollte nur noch einmal mit Ihnen und Ihrem Mann sprechen. Ich hab da so eine Idee. Darf ich reinkommen?«

Eine gute Stunde später ging Gesine durch das Pietzmoor **56**. Sie hatte erst überlegt, ihre Frettchen Ernie und Bert mitzunehmen. Es war schönes Wetter und die beiden mochten gern an ihren langen Leinen Gassi gehen – Gesine nannte es immer Gassi gehen, obwohl sie sich nicht sicher war, ob das nicht nur bei Hunden so hieß – dann hatte Gesine es sich aber anders überlegt, weil Ernie und Bert beim Spazierengehen manchmal ein wenig wild vor Aufregung waren. Sie hatte aber einen selbst auferlegten Auftrag, der sie durchs Pietzmoor führte, und brauchte dafür ihre ganze Konzentration: Sie suchte nach Marie. Die Karten hatten ihr vorhin bei Meike Prang im Wohnzimmer zwar nicht verraten, wo genau Marie zu finden wäre, dafür meinte Gesine aber, aus ihnen heraus gelesen zu haben, dass sie sich irgendwo in einem Naturbereich aufhielt, den es schon seit Urzeiten gab, und das war bei einem Moor der Fall. Die letzte Karte sagte Gesine dann, dass Marie etwas zugestoßen war, und zwar durch die Hand eines Mannes mit mehreren Gesichtern. Das war auch die Karte gewesen, die sie in ihrem Wohnmobil aufgedeckt hatte.

Gesine wusste, dass sie eine recht unorthodoxe Art hatte, Tarotkarten zu legen und zu deuten, wobei unorthodox ihr eigenes Wort dafür war. Andere Kartenleger würden einfach nur den Kopf darüber schütteln und gar kein Wort finden, denn Gesine und ihr Vater hatten damals, als sie den Schnucken die Karten legten, ihre eigenen Regeln aufgestellt. Dennoch hatte das Kartenlegen immer in irgendeiner Weise recht behalten. Nicht nur bei den Schnucken, auch später, als Gesine angefangen hatte, sich selbst und anderen Leuten die Karten zu legen. Das wusste sie durch die vielen Rückmeldungen, die sie in den vergangenen Jahren bekommen hatte.

»Also, passt auf, Jungs«, hob Matthias Prang seine Stimme an und im Nu war es in seinem Wohnzimmer mucksmäuschenstill. »Ihr wisst ja, dass Marie verschwunden ist. Wir machen uns große Sorgen. Natürlich hoffen wir, dass nichts passiert ist, aber bevor wir hier untätig herumsitzen und weil die Polizei, wenn überhaupt, erst morgen aktiv wird, hatte eine Bekannte von uns einen guten Einfall: Wir werden in kleinen Gruppen die Gegend absuchen. Im Stadtkern müssen wir nicht suchen, da wissen die Leute, zum Beispiel aus der Bäckerei am Bahnhof oder der Fleischer, Bescheid und halten für uns Augen und Ohren offen. Wir müssen die Umgebung abgrasen. Erst mal den Höpen, die Hügelgräberheide **57** bei Langeloh, das Obere Fintautal **58** und die Gegend am Tütsberg **59**. Tut euch am besten mindestens immer zu zweit zusammen.«

»Was ist mit dem Pietzmoor?«, wollte Anders wissen.

»Im Pietzmoor ist bereits unsere Bekannte, Gesine Schmitzmayer. Da braucht niemand mehr von uns hin«, gab Matthias Prang seinem Sohn zur Antwort.

»Die Kartenlegerin?«, entfuhr es Anders.

»Ja, genau die«, antwortete Meike Prang anstelle ihres Mannes.

»Aber ... aber die kennt Marie doch gar nicht«, wunderte sich ihr Stiefsohn.

»Wir haben ihr ein Foto mitgegeben«, informierte ihn Matthias Prang und fuhr fort, die um ihn herum versammelten Männer – zwei davon waren die besten Freunde seines Sohnes und der Rest seine eigenen Kumpel aus dem Fußballverein sowie zwei Nachbarn – für die Suche auf- und einzuteilen. Danach erklärte er: »Ich gehe allein, weil es sonst von der Aufteilung nicht passt. Ich werde mich mal im Walter Peters Park **60** umschauen und danach noch ein paar mehr Geschäfte abklappern. Meike hält hier zu Hause die Stellung und ruft außerdem gleich beim Walderlebnis Ehrhorn ⬛61 an, damit da keiner von uns hin muss, so viele sind wir ja nicht. Wir kennen die Leute dort und Meike wird sie bitten, sich in ihrer Gegend umzuschauen. Und jetzt macht euch auf die Socken, wenn was ist oder ihr irgendetwas zu Maries Verschwinden herausgefunden habt, ruft bei Meike an. Sie hat alle eure Handynummern und wird dann eine Rund-SMS verschicken. Ansonsten treffen wir uns alle in drei Stunden wieder hier zur nächsten Lagebesprechung, okay? Und ähm, danke, dass ihr uns helft. Das bedeutet uns wirklich sehr viel.«

»Vorschlag«, kam es abermals von Anders. »Ich kann auch allein gehen und übernehme für dich den Walter Peters Park und du bleibst bei Meike. Ich glaube, es ist besser, wenn sie nicht allein ist, oder?«, fragte er in Richtung seiner Stiefmutter, die wie ein Häufchen Elend als Einzige nicht stand, sondern saß.

Missmutig ging Gesine den Bohlensteg durchs Moor zurück. Sosehr sie auch ihre Augen offen gehalten hatte, sie hatte nichts von Marie entdecken können. Dabei war sie so sicher gewesen, dass sie – wenn überhaupt – im Pietzmoor fündig werden würde. Mit einem Ruck blieb Gesine stehen und schalt sich selbst. Was dachte sie denn da? Sie konnte doch froh sein, Marie hier nicht gefunden zu haben! Schließlich gab das Grund zur Hoffnung, dass Marie doch nichts zugestoßen war!

Nachdenklich ging Gesine weiter, bis sie auf dem Parkplatz vor dem Moor bei den Ferienhäusern angekommen war. Auf dem Rückweg hatte sie sich beeilt, da es bereits schummrig wurde und es Zeit war, die Tiere zu füttern. Als sie die Tür zu ihrem Mobilé jedoch jetzt aufschließen wollte, schaute sie sich noch einmal um und versank für einen Augenblick in den Anblick des recht nett angelegten Feriendorfes. Sie wunderte sich darüber, dass nicht mehr los war, da die Saison gerade begonnen hatte, aber wahrscheinlich waren momentan keine Schulferien, was die Urlaubsgästeanzahl meist reduzierte, vor allem in einem Feriendorf wie diesem hier. Sie ließ ihren Blick über die kleinen Häuschen schweifen, bis er an einer Gestalt hängen blieb, die aus einem der hinteren Häuser kam und jetzt in Richtung Hauptstraße huschte. Irgendwie kam ihr die Gestalt vage bekannt vor, aber aufgrund der einsetzenden Dunkelheit und der Entfernung konnte Gesine sich auch irren. Ohne zu überlegen, zog Gesine den Schlüssel wieder aus der Wohnmobiltür und machte sich daran, der Gestalt zu folgen oder vielmehr, ihr hinterherzupirschen, denn die Gestalt ging so geduckt und schaute sich immer wieder um, als hätte sie etwas zu verbergen. Das machte Gesine neugierig, ob sie die Gestalt nun kannte oder nicht. Die Tiere konnten auch noch zehn Minuten länger auf ihr Abendbrot warten, die fielen schon nicht vom Fleisch, beruhigte Gesine ihr schlechtes Gewissen.

Plötzlich drehte sich die Gestalt um und Gesine sprang instinktiv hinter eine Häuserecke. Dort blieb sie stehen, hielt die Luft an und kniff wie ein kleines Kind die Augen fest zusammen, um nicht entdeckt zu werden. Warum sie das tat, konnte sie sich selbst nicht erklären. Sie hatte nichts Böses getan und deswegen auch keinen Grund, sich zu verstecken, schließlich konnte sie ja genau wie die Gestalt hier um die Häuserecken schlendern … Gesine öffnete langsam die Augen und ließ sich die Hauswand hinunterrutschen, bis sie in der Hocke saß. Sie kam sich albern vor. Gut, sie versuchte Marie zu finden und hatte in den Karten Besorgniserregendes gesehen, aber noch gab es nichts an diesen beiden Tatsachen, was ihre Verfolgung rechtfertigte. Oder vielleicht doch? Was hatte sie da nur wieder angetrieben, als sie der Gestalt nachgestiegen war, nur weil sie meinte, sie vielleicht irgendwo schon mal gesehen zu haben?

Inzwischen war es stockduster, zumal auch kaum Sterne am Himmel standen. Morgen würde das Wetter sicher schlecht werden. Gesines Gedanken wanderten zu ihren Tieren. Hoffentlich waren die nicht wieder beleidigt mit ihr, weil die Futternäpfe nicht zu ihrer gewohnten Zeit gefüllt worden waren. Langsam rappelte sie sich hoch. Als sie gerade auf halber Höhe war, bekam sie einen starken Stoß gegen ihre Rippen und fiel wie ein Mehlsack wieder um. Ein Mehlsack, auf den gleich noch einer geschmissen wurde, und Gesine meinte, sie müsste jetzt so platt sein wie eine Pizza. Sie versuchte sich von dem Mehlsack zu befreien, doch anstatt sich von ihr runterzubewegen, stöhnte er nur schmerzvoll auf.

»Oh, alles … alles in Ordnung? Haben Sie sich wehgetan?«, fragte Gesine freundlich – Menschen mit Schmerzen taten ihr immer leid, ganz gleich ob seelische oder körperliche Schmerzen. Sie bekam als Antwort nur ein weiteres Stöhnen. Scheinbar konnte der »Mehlsack« sich nicht aus eigener Kraft von ihr herunterbewegen.

»Okay, warten Sie«, meinte Gesine nach kurzer Überlegung, »ich hoffe, das schmerzt Sie jetzt nicht zu doll, aber eine andere Lösung weiß ich gerade auch nicht.«

Gesine umarmte den auf ihr liegenden Mann – dass es ein Mann war, hatte sie an seinem Gewicht und vor allem an der Tonlage seines Gestöhnes bemerkt – spannte all ihre Muskeln an und begann sich und den Mann herumzuwälzen, bis sie oben lag. Dann rappelte sie sich langsam auf und wühlte in ihrer Umhängetasche herum, die sie wundersamerweise noch immer über der Schulter hängen hatte.

»Was machen Sie denn jetzt? Könnten Sie mir vielleicht helfen?«, kam es vom Boden her. Wie vorhin die umherhuschende Gestalt, meinte Gesine, die Stimme zu kennen, doch konnte sie sie ebenfalls nicht einordnen. Vielleicht lag es daran, dass der Mann sehr leise und voller Schmerzen gesprochen hatte. Gesine wollte es genauer wissen, obwohl sie eine ungefähre Ahnung hatte, um wen es sich hier handeln könnte: »Kennen wir uns?«

»Woher soll ich das wissen? Es ist dunkel und ich seh nichts. Ihre Stimme hab ich aber schon Mal gehört. Ist mir allerdings grad schnurzegal. Ich hab schlimme Schmerzen. Mein … mein Rücken tut höllisch weh. Ich hab das Gefühl, ich bin vom Sky Tower in der Höhenweg Arena 62 gestürzt. Ich … ich glaub, von alleine komme ich hier nicht weg. Irgendwas ist mit meinem Rücken. Könnten Sie bitte Hilfe rufen?«, kam es gepresst zwischen den Lippen des Mannes hervor.

Gerade wollte Gesine den Mund öffnen und aus vollem Hals um Hilfe schreien, da erst begriff sie, was der Mann meinte, und erklärte ihm: »Oh, dann haben Sie bestimmt ein Wirbelsäulentrauma. Damit ist wirklich nicht zu spaßen. Mein Onkel, der hatte das auch mal. Medizinische Hilfe wäre da wirklich gut, aber ich habe leider kein Handy dabei. Wissen Sie, das benutze ich nur für Notfälle, ansonsten mag ich die Dinger nicht besonders und deswegen liegt es meistens bei mir zu Hause. Sozusagen als Festnetzanschluss.«

»Das … das ist ein Notfall!«, entgegnete der Mann. »Nehmen Sie meins. Es steckt in meiner linken Jackentasche.«

»Ja gleich, ich muss nur … ah, da hab ich's!« Gesine zog ein Feuerzeug aus ihrer Tasche, machte es an und hielt es triumphierend in die Höhe. Sie begann es langsam hin und her zu schwenken, wie auf einem Konzert, und schaute begeistert in die Flamme. Erst nachdem sie ein weiteres Stöhnen vom Boden vernahm, senkte sie ihren Blick und die Hand mitsamt dem Feuerzeug auf den Daliegenden.

»Wusst ich's doch, dass Sie es sind!«, entfuhr es Gesine, woraufhin Anders Prang für einen kurzen Moment die Augen schloss.

Er öffnete sie zusammen mit seinem Mund wieder: »Können Sie jetzt endlich mein Handy nehmen und Hilfe holen?«

Gesine nickte erschrocken und beugte sich zu dem jungen Mann hinunter. Ihre Erfahrung hatte sie zwar über die Jahre gelehrt, dass Männer bei Krankheiten und Schmerzen gern mal übertrieben, aber das tat Anders Prang in diesem Fall hier definitiv nicht. Gesine konnte jetzt sehen, wie ihm die Schweißperlen von der Stirn rannen und sein schmerzverzerrtes Gesicht war käseweiß. Dummerweise lag der junge Mann genau auf der Jackentasche, in der sein Handy steckte. Um an das Telefon heranzukommen, musste Gesine ihn auf die Seite wälzen, was sie auch tat, nachdem sie das Feuerzeug beiseitegelegt hatte, woraufhin erst sein Schmerzgestöhne und dann die schlagartig einsetzende Stille die Dunkelheit durchschnitten. Gesine lief ein kleiner Schauer über den Rücken. Sie kam sich vor wie in der Geisterstadt eines alten Western, in dem es nur zwei Überlebende gibt, wobei es für den einen von beiden gar nicht gut aussieht. Schnell klaubte sie das Handy aus der Tasche und legte den jungen Mann vorsichtig wieder auf den Rücken.

»Tut mir leid, aber das musste sein«, hörte Gesine sich selber sagen, doch sie erhielt keine Antwort. Böses ahnend tastete sie schnell nach dem Feuerzeug, doch als sie das Anmachrädchen betätigte, verbrannte sie sich den Daumen und ließ das Feuerzeug reflexartig fallen.

»Mist aber auch«, fluchte sie vor sich hin und drückte einfach irgendwelche Tasten des Handys, sodass es wenigstens ein bisschen Licht spendete und sie den Stiefsohn von Meike Prang begutachten konnte. Den bewusstlosen Stiefsohn von Meike Prang, wie Gesine feststellen musste. In Ermangelung eines Spiegels hielt Gesine jetzt sicherheitshalber das Handydisplay dicht vor die Nasenlöcher des Daliegenden. Atmete er noch? Das musste sie schließlich wissen, wenn sie gleich professionelle Hilfe anfordern würde. Sie wollte langsam bis fünf zählen, dann schauen, ob das Display beschlagen war, und danach den Notarzt rufen. Sie kam nur bis drei, denn dann wurde sie von heftigem Gestöhne unterbrochen.

Matthias Prang schaute auf den erneut zusammengefundenen Marie-Suchtrupp in seinem Wohnzimmer und sah zum wiederholten Mal auf seine Uhr: »Anders ist zwar nie der Pünktlichste, trotzdem verstehe ich nicht, wo er bleibt. Heute ist das schließlich was anderes! Er hätte schon vor einer halben Stunde hier sein sollen, so wie wir alle! Meike, ruf ihn doch mal bitte an.«

»Oh, das hatte ich ganz vergessen zu sagen. Tut mir leid. Kurz bevor ihr alle wieder gekommen seid und du gerade in der Küche warst, Matthias, rief er an und sagte mir, dass er im Walter Peters Park nichts gefunden hat und noch mal zum Pietzmoor wollte, weil er meinte, zwei Paar Augen sähen mehr als eines«, informierte Meike Prang ihren Mann.

»Also, ich bezweifle, dass er da draußen jetzt im Dunkeln überhaupt etwas sehen wird. Und apropos zwei Augenpaare: Was ist denn mit dieser Kartenlegerin? Wollte die nicht auch herkommen?«, entgegnete Matthias Prang.

»Ja, du hast recht, auch Frau Schmitzmayer wollte wieder herkommen, aber ich dachte, wir hätten keine Uhrzeit mit ihr ausgemacht.«

»Also irgendwie hab ich kein gutes Gefühl«, runzelte Matthias Prang die Stirn.

»Du meinst, da ist was passiert? Etwas, das vielleicht mit Marie zu tun hat«, fragte seine Frau erschrocken.

»Schatz, ich weiß es nicht«, sagte Matthias Prang sanft, ging zu seiner Frau und nahm sie in den Arm. »Am besten wird es sein, ich fahre mal zum Pietzmoor. Vorher rufst du aber noch mal auf seinem Handy an, ja?«

Keine fünf Minuten später war Matthias Prang auf dem Weg zum Moor. Zu seiner Überraschung hatten sich die beiden Freunde von Anders angeboten, mitzukommen. Er hätte einfach nicht gedacht, dass sie sich Sorgen um Anders machen würden, doch als der nicht an sein Handy gegangen war, waren auch sie unruhig geworden.

Gesine freute sich über das Stöhnen, hieß das doch, dass Anders Prang nicht mehr bewusstlos war, obwohl er sich nach wie vor nicht regte. Zwar wunderte sie sich ein bisschen, dass das Stöhnen jetzt anders klang als eben noch, aber darüber wollte sie jetzt nicht nachgrübeln. Wozu auch, ein Krankenwagen musste so oder so gerufen werden.

Sie nahm das Handy von der Nase des jungen Mannes und drehte es zu sich, um die Notrufnummer einzugeben, doch in dem Moment, als sie auf das Display sah, erstarrte sie. Gesine selbst hatte noch ein uraltes Mobiltelefon, das sie fast ausschließlich zum Telefonieren nutzte. Nur ganz selten machte sie damit Fotos. Das hier in ihrer Hand war viel größer als ihres und hatte entsprechend auch ein größeres Display, und genau darauf stierte Gesine jetzt entgeistert. Wieder stöhnte Anders Prang, doch inzwischen wusste die selbst ernannte Ermittlerin, warum es nicht so klang wie vor seiner Bewusstlosigkeit: Es kam nicht von dem Verletzten, sondern aus Anders Prangs Handy! Und dieses Gestöhne war keinesfalls ein schmerz-, sondern ein lustvolles, wie unschwer zu erkennen war, denn vor Gesines Augen lief deutlich ein Pornofilm, und die beiden Hauptdarsteller waren Anders Prang und seine Stiefschwester Marie. Die sah allerdings weniger begeistert aus, dafür aber absolut unbeteiligt. Ihre Wimperntusche war zerlaufen und ihre Augen waren weit aufgerissen. Zunächst dachte Gesine, vor Angst, doch dann wurde ihr klar, dass Marie unter Drogen stand. Das junge Mädchen war in dem Film nicht nackt. Sie hatte eine Schuluniform an, dessen Bluse scheinbar aufgerissen worden war. Passend zu ihrer Kleidung lag sie auf einem kleinen Holztisch, während Anders sich an ihr brutal vergnügte und sie dabei mit einem Rohrstock schlug. Die ganze Szenerie ließ Gesine an das Pult- und Federkiel-Museum **63** denken. Ob dieser grausame Film in dem Schneverdinger Schulmuseum aufgenommen worden war? Sie kam nicht dazu, sich weiter darüber Gedanken zu machen, denn jetzt betraten zwei weitere junge Männer die Szene. Sie fingen ebenfalls an, Marie auf brutale Weise zu quälen – der eine würgte sie und der andere zog an ihren Haaren – und sie dabei zu missbrauchen. Gesine musste schlucken. Ihr war übel geworden. Schlimm genug, dass die drei jungen Männer so etwas machten, aber warum filmten sie es dann noch? Da nichts wackelte, nahm Gesine an, sie hatten die Kamera auf einem Stativ stehen. Oder war es von vorn herein das Handy gewesen? Konnte man mit einem Handy so lange filmen? Gesine kannte sich da nicht aus und im vorliegenden Fall war es ihr auch schnuppe. Gefilmt war gefilmt, womit auch immer.

Plötzlich wurde das Gestöhne von einem Klingelgeräusch unterbrochen und auf dem Display erschien die Anzeige *Zuhause*. Bis Gesine begriffen hatte, dass schlicht und ergreifend gerade jemand anrief, war es schon zu spät. Das Klingeln verstummte und der Film lief weiter. Was Gesine jetzt sah, ließ das Blut in ihren Adern gefrieren. Die jungen Männer ließen nahezu gleichzeitig und augenscheinlich höchst befriedigt von der inzwischen apathischen Marie ab. Während nun einer von ihnen auf die Kamera zuging, wahrscheinlich um sie auszuschalten, konnte man im Hintergrund sehen, wie Anders versuchte, seine Stiefschwester zum Aufstehen zu bringen. Hierfür zog er ihren rechten Arm lang, sodass ihr Oberkörper sich aufrichtete. Dabei sackte ihr der Kopf mit geöffneten, starren Augen auf die Brust.

»Ey, Marie, der Spaß ist zu Ende. Komm zu dir«, hörte Gesine den Film-Anders brüllen und dann: »Jungs, helft mir mal. Irgendwas hat die Schlampe.«

Der junge Mann, der auf die Kamera zuging, drehte unverrichteter Dinge wieder um und kommentierte: »Hast ihr wohl heute zu viele Drogen verpasst. Irgendwann musste es ja mal so weit kommen!« Sein anderer Kumpel gab Marie derweil abwechselnd auf die linke und rechte Wange Ohrfeigen, während Anders sie inzwischen im Rücken stützte, um sie aufrecht zu halten.

»Mann, Marie, hätten unsere Kunden eine Gummipuppe sehen wollen, hätten wir dich nicht gebraucht«, schimpfte Anders auf die 17-Jährige ein, dann plötzlich erstarrte er und ließ ihren Rücken abrupt los, sodass sie zurück auf die Tischplatte knallte. »Jungs, die ist tot!«

Wieder musste Gesine schlucken und sie begann um das Mädchen in dem Film, um Marie, die sie gar nicht kannte, zu weinen. Doch sie bemerkte ihre eigenen Tränen nicht, denn fassungslos sah und hörte sie zu, was weiter geschah. Außerdem fragte sie sich, warum Anders von »Kunden« gesprochen hatte, doch das sollte sie gleich erfahren, denn die drei Kumpel hatten vergessen, die Kamera auszuschalten, und auf diese Weise ihr perfides Gespräch unbeabsichtigt für die Nachwelt festgehalten.

Gesine erfuhr, dass die drei schon einige solcher Videos mit Marie gedreht hatten. Immer war Marie kurz vorher von ihrem Stiefbruder mit Drogen ruhig gestellt worden, darüber hinaus hatte er ihr gedroht. Aus Angst vor ihm hatte sie niemandem von dem, was ihr regelmäßig angetan wurde, erzählt. Die Videos lud Anders im Internet auf einem nur Insidern bekannten Portal für brutalste Sexfilme hoch. Wer sich eines ansehen wollte, musste dafür bezahlen, und die jungen Männer hatten sich bereits eine schöne Stange Geld damit verdient. Auch dieses letzte Video, für das sie in eines der leer stehenden Feriendorfhäuser eingebrochen waren, wollten sie wieder auf dem Sex-Portal einstellen. Hierfür würde Anders es in den nächsten Tagen zusammenschneiden und sich und seine Freunde durch eine bestimmte Technik unkenntlich machen. In der Hoffnung, dass niemand in den nächsten Tagen genau dieses Ferienhaus mieten würde, hatten die drei Männer die tote Marie erst mal dort versteckt. Sie wollten sie so lange hier liegen lassen, bis sich die Aufregung um Marie gelegt hatte. Sie ahnten, dass Suchtrupps die Heide, umliegende Waldgebiete und vor allem das Pietzmoor durchkämmen würden. Erst danach wollten die jungen Männer die Tote tatsächlich im Moor versenken.

Gesine musste nichts weiter hören, geschweige denn mehr sehen. Die Karten hatten also tatsächlich recht gehabt. Entschlossen drückte sie den Film auf dem Handydisplay weg und wählte die Nummer des Notrufs: »Ja, hier Gesine Schmitzmayer. Schmitzmayer mit tz und ay. Ich brauche einen Krankenwagen und schicken Sie bitte auch die Polizei gleich mit …«

Schneverdingen liegt nicht nur mitten im Naturpark Lüneburger Heide und zudem zentral im Städtedreieck Hannover, Bremen und Hamburg, sondern ist darüber hinaus staatlich anerkannter Luftkurort, für beste Erholung und Gesundheit. Und dabei wird dem Besucher kaum langweilig werden, denn Schneverdingen bietet eine Vielzahl an Unternehmungsmöglichkeiten.

51 Eben ist man noch in einem ruhigen Wohngebiet am nördlichen Stadtrand von Schneverdingen, und ein paar Schritte weiter steht man schon in einem der 32 Naturwunder des Naturpark Lüneburger Heide, im Landschaftsschutzgebiet Höpen, einer unverkennbaren Heidefläche mit allem, was dazu gehört: Wachholder, Birken, Bienenkörbe, Naturlehrpfade, Buchweizenfelder und natürlich Heidschnucken. Falls Sie keine Heidschnucken sehen: Im Schafstall beim Heide-Kiosk können Sie zwischen Ostern und Oktober täglich am Vormittag und frühen Abend den Schäfer beobachten, wie er seine Schnuckenherde aus- und eintreibt. Und wer lieber einen herrlichen Weitblick haben möchte, der wandert die 119 Meter des Höpenbergs hinauf.

52 Das Musikfestival HöpenAir findet regelmäßig Mitte Mai/Anfang Juni auf der Freilichtbühne Höpen (also mitten in der Heide) bei Schneverdingen statt. Bisher spielten Bands wie zum Beispiel Achim Reichel, Clowns & Helden, Extrabreit, Lotto King Karl und Torfrock.

53 Im wie ein Rondell angelegten, frei zugänglichen Schneverdinger Heidegarten im Höpen können Besucher rund 150 verschiedene Heidesorten bewundern, die zum Teil nicht nur in der Hauptblütezeit – im August/September – blühen, sondern auch in anderen Monaten des Jahres. Für einen Überblick aus der Vogelperspektive steht am Rande des Heidegartens ein Aussichtsturm. Lässt man seinen Blick etwas weiter schweifen, sieht man gleich hinter dem Heidegarten einen alten Schafstall, der inzwischen für Events wie Hochzeiten, Betriebsfeiern oder beispielweise Geburtstage zu mieten ist.

54 Der weitgehend steigungsfreie und komplett verkehrsfreie vom Namensgeber selbst eingeweihte Uwe Seeler Radweg liegt westlich von Schneverdingen, ist sechs Kilometer lang und eignet sich besonders für Familientouren.

55 Das Heimatmuseum De Theeshof (Hansahlener Dorfstraße 16, 29640 Schneverdingen) ist eine Hofanlage mit ursprünglich erhaltenen Gebäuden. Schon allein das Museumsgelände versetzt einen in eine andere Zeit. Wenn man dann jedoch noch durch die zugänglichen Räumlichkeiten schlendert, kann man sich endgültig in das frühere Hofleben hineindenken.

56 Das mystische Pietzmoor (Heberer Straße 100, 29640 Schneverdingen) mit einer Fläche von ca. 2,5 Quadratkilometern und einem Rundwanderweg von ca. fünf Kilometern, der auf Bohlenstegen entlang führt, ist aller Wahrscheinlichkeit nach um die 8.000 Jahre alt. Es zählt zu einem der 32 Naturwunder im Naturpark Lüneburger Heide. Hier lässt es sich gut zu jeder Jahreszeit entlangspazieren, denn im Pietzmoor hat jede Witterung ihre Reize. Dabei informieren zehn Tafeln auf dem sogenannten Moorerlebnisweg über die Entstehungsgeschichte des Pietzmoores und die dort angesiedelte Flora und Fauna. Wem eine Moorwanderung nicht reicht, der dehnt sie mit einer Wanderung durch die Heidelandschaft in der direkt gegenüberliegenden Osterheide aus. Vor dem Moor liegt übrigens ein kleines Feriendorf, das vor allem zur Saison sehr beliebt bei Familien ist.

57 Das Naturschutzgebiet Hügelgräberheide bei Langeloh ist etwa 27,5 Hektar groß und liegt südlich von Schneverdingen. Hier finden Sie ein typisches Bild der Heidelandschaft, mit Birken, Kiefern & Co. und sogar einem kleinen Heideweiher. Darüber hinaus sind hier natürlich die zahlreichen Hügelgräber zu sehen, die dem Gebiet seinen Namen einbrachten.

58 Das 416 Hektar große Obere Fintautal, ein weiteres Naturschutzgebiet im Norden von Schneverdingen und östlich vom Ort Fintel gelegen, ist von Wasser geprägt. So durchzieht die Fintau, ein ca. 18 Kilometer langer Fluss das Gebiet. Doch nicht nur das: Seit einigen Jahren führt die Fintau dank eines Wiederansiedlungsprojekts wieder Meerforellen und Lachse. Die Fintau entspringt in Eggersmühlen bei Wesseloh, einem Ortsteil von Schneverdingen, was ebenfalls einen Besuch wert ist, denn hier wurde die Fintau zu einem Damm gestaut – einstmals um die dortige historische und malerisch gelegene Wassermühle (Eggersmühlen 1, 29640 Schneverdingen) anzutreiben. Darüber hinaus verliefen über dem Damm der Postweg und Postkutschenverkehr nach Hamburg.

59 Ob Wandern per pedes oder auch per Pferd, Kutschfahrten oder Radtouren: das Gebiet Tütsberg bei Schneverdingen lädt mit seiner prächtigen Heidelandschaft dazu ein. Hier findet man Ruhe in herrlicher Natur – nicht umsonst führt hier der Jakobusweg durch. Rund um den Tütsberg sind Ackerflächen mit Buchweizen, Roggen oder zum Beispiel Sanhafer, also regionaltypischen Sorten, zu finden, aber auch Hügelgräber und ein Künstlerplatz aus vergangenen Zeiten. Wer ökologischen Landbau inklusive einer hier beheimateten Heidschnuckenherde mal aus der Nähe erleben möchte, dem empfiehlt sich der Hof Tütsberg (Hof Tütsberg, 29640 Schneverdingen/Heber), ein Gutshof aus dem 16. Jahrhundert mit Hotelbetrieb.

60 Der Walter Peters Park (Verdener Straße, 29640 Schneverdingen) liegt mitten in Schneverdingen, wie es sich für einen Stadtpark gehört, nahe des Stadtkerns. Teiche, weite Grünflächen und der farbenprächtige Königinnengarten – angelegt anlässlich des 1. Norddeutschen Königinnentreffens in 2008 – laden zum Verweilen ein. Falls das vor allem den Kindern langweilig wird, lockt der große Erlebnisspielplatz mit Spielwiese zum kräftigen Austoben oder zum Beispiel Fußballspielen.

61 Der Ort Ehrhorn ist zwar klein, aber oho! Bestehend aus mehreren über 350 Jahre alten Hofgebäuden, findet sich in einem die Waldzentrale, das Walderlebnis Ehrhorn (Ehrhorn 1, 29640 Schneverdingen), eingebettet in die Ehrhorner Dünen. Nach dem Motto *Wald erleben – Wald durchblicken – Wald fachlich begegnen*, werden hier Führungen für Groß und Klein angeboten, die jeweils mit Erlebnissen gekoppelt sind, wie zum Beispiel die Fledermausführungen. Auf dem 3,5 Kilometer langen Erlebnispfad kann man auch auf eigene Faust auf Entdeckungsreise gehen. Gegenüber liegt mit den verschiedensten Baum- und Straucharten ein Arboretum, eigens mit einem angelegten Barfuß- sowie einem Nachtblindpfad, die die Sinne für die Naturwahrnehmung schärfen.

62 Die Höhenweg Arena (Camp Reinsehlen 20, 29640) ist ein Kletterpark inmitten einer idyllischen Wald- und Heidelanschaft mit sechs Ebenen und über 180 frei wählbaren Aufgaben. Aufgrund der unterschiedlichen Schwierigkeitsstufen finden hier Geübte wie Ungeübte ihren gesicherten Kletterspaß. Außerdem gibt es hier einen Kletter- und Boulder-Quergang sowie vier Seilbahnen.

63 In dem zu Schneverdingen gehörenden Dorf Insel findet man das Pult- und Federkiel-Museum (Reinsehlener Weg 2, 29640 Schneverdingen), eine historische Volksschule, die zeigt, wie ein Klassenraum von anno dazumal aussah. Übrigens haben Kinder hier freien Eintritt, die in der Regel den Torfofen und den Rohrstock am eindrucksvollsten finden.

TEUFELSAUSTREIBUNG
EIN KURZKRIMI RUND UM AMELINGHAUSEN

Das erste Mal hatte Gesine Schmitzmayer auf dem Kronsberg **64** in der Kronsbergheide gestanden, als die damals 18-Jährige Jenny Elvers, später Jenny Elvers-Elbertzhagen, zur Heidekönigin gewählt worden war. Zwar hatte sie selbst nie Prinzessin gespielt, sondern vielmehr mit den Schnucken ihres Vaters *Wolf im Schafspelz*, aber dennoch hatte es Gesine bereits als junges Mädchen unheimlich fasziniert, dem ganzen Tamtam beizuwohnen und in all die begeisterten, staunenden und vor allem glücklichen Gesichter zu schauen. Seitdem versuchte sie, jedes Jahr bei der Wahl der Heidekönigin in Amelinghausen dabei zu sein. Manchmal, so wie dieses Jahr auch, schaffte sie es sogar, sich eine ganze Woche freizuschaufeln, sodass sie das komplette, einwöchige Amelinghausener Heideblütenfest **65** erleben konnte und nicht erst seinen – im wahrsten Sinne des Wortes – krönenden Abschluss mit der neu gewählten Heidekönigin.

Gesine sah auf ihre Armbanduhr. Gleich war es so weit. Dann würde aus den vielen hübschen Kandidatinnen die diesjährige Heidekönigin gewählt werden. Die Auserwählte würde gekrönt werden und von ihrer Vorgängerin aus dem letzten Jahr den Purpurmantel überreicht bekommen. Gesine fragte sich, wer die Krone wohl erhalten würde, tippte aber auf die Favoritin Anne Höpfner, mit ihrem leuchtend roten Haar und den strahlend grünen Augen. Wie es der Zufall wollte, kannte Gesine

Anne Höpfner entfernt. Im letzten Jahr hatte Gesine mit ihrem Frettchen Bert in die Praxis gemusst, in der die junge Frau als Tierarzthelferin arbeitete, weil Bert sich einen bösen Splitter in die Pfote getreten hatte.

Ebenso wie Gesine wohnte auch Rolf Matschek aufmerksam der Heideköniginnenwahl bei, und als feststand, dass es tatsächlich die Favoritin Anne Höpfner war, hätte er vor Glück Freudensprünge machen können, doch er riss sich am Riemen und hielt sich zurück, um ausnahmsweise mal nicht aufzufallen. Heute war das besser so, obwohl es ihn normalerweise nicht kümmerte. Bereits am Morgen, beim Plattdeutschen Gottesdienst hier oben auf dem Kronsberg inmitten der blühenden Heide, hatten ihn genügend Leute scheel von der Seite angeguckt. Gut, nicht die Touristen, sondern die Menschen aus dem Ort, mit denen er von Kindesbeinen an bekannt war. Einige von ihnen hatten sogar unverhohlen getuschelt, und er war sich hundertprozentig sicher, dass es dabei um ihn gegangen war. Natürlich wusste er, warum – er kannte das ja schon. Die Leute hielten ihn seit jeher für sonderlich, und seitdem seine Eltern kurz hintereinander gestorben waren, nur noch mehr. Aber auch das machte ihm nichts. Er hatte Gott und den kleinen, von den Eltern geerbten Schweinezuchtbetrieb, den er allein führte. Genauso wie seinen Haushalt. Ihn kümmerte es nicht, wie es bei ihm aussah, und es kümmerte ihn auch nicht, wie er selbst aussah. Kam es nicht einzig auf eine reine Seele an? Gott war sein bester Freund. Gerade jetzt, in der schwierigen Zeit. Und auch sein einziger. Er redete immer und überall mit ihm. Hielt Zwiesprache, das war ihm wichtig. Die Leute verstanden das aber nicht. Sie dachten, er führe Selbstgespräche, und wenn sie ihm auf der Straße begegneten, machten sie einen Bogen um ihn. Sollten sie doch. Rolf Matschek war niemandem Rechenschaft schuldig, außer seinem Herrn im Himmel, zu dem er jetzt aufblickte und murmelte: »Ich habe es dir versprochen. Heute um 16:00 Uhr wird die Ketzerin ihre gerechte Strafe bekommen.«

Gesine stand am Straßenrand und wartete wie die Menschen um sie herum auf die neu gewählte Heidekönigin, die sich gleich bei einem Festumzug durch Amelinghausen allen Schaulustigen in ihrer ganzen Pracht präsentieren würde. Gesine hatte sich ganz bewusst eine Warteposition gleich am Startpunkt des Festumzuges ausgesucht, der um 16:00 Uhr beginnen sollte. Auf diese Weise konnte Sie bereits den Festwagen der Königin erspähen und auch schon einmal einen Blick auf die anderen, liebevoll geschmückten Fest- und Motivwagen erhaschen, die dem der Königin folgen würden. Danach würden dann die Fußgruppen, Musik- und Spielmannszüge kommen, und hier wollte Gesine versuchen sich unterzumischen. Sie hatte sich extra zu diesem Zweck, weil sie meinte, das passte ganz gut, als Zigeunerin hergerichtet. Das war ihr mit ihrem langen schwarzen Haar nicht schwergefallen, und die Kleidung dazu hatte sie auch im Schrank, weil sie diesen Look generell mochte. Neben ihr stand ein Mann, von dem Gesine versuchte, etwas Abstand zu halten, weil er ziemlich streng roch. Gesine wurde den Gedanken nicht los, dass er geradewegs vom Lama-Trekking 66 kam und dabei den Tieren etwas zu Nahe gekommen war, doch sofort beschlich sie ein schlechtes Gewissen gegenüber allen Lamas der Welt. So unangenehm wie dieser Mann rochen die sicherlich nicht. Wann der sich wohl das letzte Mal gewaschen und seine Kleidung gewechselt hatte? Wahrscheinlich schlief er auch darin. Sie schüttelte sich, weil ihr beim Gedanken daran ein Schauer über den Rücken lief. Leider rückte er jedes Mal auf, wenn Gesine von ihm abrückte. Sie wusste, dass sie ihn kaum bitten konnte, ihr doch ein wenig Freiraum zu lassen, denn bei solchen Veranstaltungen wie dieser war es normal, dass die Leute drängelten und jeden ihnen zur Verfügung stehenden Platz für sich einnahmen. Auch woanders hingehen, war keine Möglichkeit, denn inzwischen war es um Gesine herum so voll geworden, dass sie sich wohl oder übel dem Dunst des Mannes aussetzen musste. Immerhin ist noch niemand erstunken und ich bin zwischen Heidschnucken aufgewachsen, tröstete Gesine sich selbst, hielt sich die Hand vor die Nase und atmete zusätzlich durch den Mund. Dann plötzlich hatte sie keine Zeit mehr, an den Geruch neben sich zu denken, denn es ging los: Der Festwagen der frisch gewählten Heidekönigin kam näher und Gesine winkte und jubelte ihr, wie die anderen Schaulustigen, fröhlich zu. Einige warfen sogar Blumen.

Es war aber auch ein schöner Anblick! Anne Höpfner war in ihren Purpurmantel gehüllt, strahlte über das ganze Gesicht und winkte unaufhörlich zurück. Um sie herum auf dem Kutschwagen verteilt saßen ebenso hübsch zurechtgemachte Kinder, die ebenfalls winkten. Das war wirklich Glanz und Gloria pur, wie im Märchen. Gesine hätte die ganze Welt umarmen können, selbst den Stinke-Peter neben sich, wie sie ihn bereits für sich getauft hatte. Weil sie es aber doch nicht so weit kommen lassen wollte, stieß sie ihn nur mit dem Ellenbogen an, wandte ihm den Kopf zu und sagte: »Ist sie nicht wunderschön?« Der Mann neben ihr gab keine Antwort, nicht einmal ein Nicken kam von ihm. Er murmelte wie zu sich selbst vor sich hin und war dabei vollkommen auf etwas in seiner Hand konzentriert, das für Gesine wie ein übergroßer Silvester-Böller aussah, den er jetzt mit einem Feuerzug an der Lunte entzündete. In einer fließenden Bewegung, die Gesine ihm nicht zugetraut hätte, hob er seinen Arm hoch und schmiss den brennenden Böller zielsicher auf die gerade direkt vorbeifahrende Anne Höpfner. Gesine selbst war so schockiert, dass sie augenblicklich erstarrte. Warum hatte der Mann das gemacht? Hatte er gerade ein Attentat auf die Heidekönigin verübt? Gesine schüttelte sich kurz und blickte sich in der Menge um. Niemand von den anderen Umstehenden schien gesehen zu haben, dass der Mann etwas geworfen hatte, und wenn, dann dachten sie wahrscheinlich, es sei eine besonders große Blume gewesen. Gerade in dem Moment, in dem Gesine den Mann zur Rede stellen wollte, gab es einen enormen Knall. Erschrocken wollten die Kutschpferde durchgehen und der Kutscher hatte alle Mühe, sie zum Stehen zu bringen. Auch die Kinder waren verstört, hielten sich die Ohren, einige weinten und sie sprangen allesamt vom Wagen ab. Anne Höpfner selbst war von ihrem Thron aufgesprungen und schaute sich verstört um. Keine Sekunde später stand sie auf ihrem Wagen in Flammen. Ihr Purpurmantel hatte Feuer gefangen. Anne versuchte, das Feuer mit den bloßen Händen zu löschen, doch da brannten bereits auch ihre Haare und sie stand lichterloh in Flammen. Kurz schoss Gesine die Eröffnungsveranstaltung des Heideblütenfestes am Lopausee **67** in den Kopf, die jedes Jahr unter dem gleichen Motto *Der See brennt* stattfand. Natürlich brannte der See nicht wirklich, doch schien es beim Höhepunkt der Auftaktveranstaltung so, wenn ein Feuerwerk über dem See entzündet wurde, das sich dann auf der Wasseroberfläche widerspiegelte.

Gesine drängte durch die in alle Richtungen schiebende Menge nach vorn zum Königinnen-Wagen, doch als sie und andere Helfer dort ankamen, war es längst zu spät. Das Feuer hatte bereits vom gesamten Körper der jungen Frau Besitz ergriffen, und auch der Wagen war inzwischen nahezu in Flammen aufgegangen – die Kinder, die vom Kutscher eilig abgespannten Pferde und der Kutscher selbst waren glücklicherweise verschont geblieben. Kurze Zeit später rückte die Feuerwehr an, damit das Feuer nicht auch noch auf die umliegenden Häuser, die sonnengetrockneten Felder und blühende Heide übergreifen konnte.

Kaum war Rolf Matschek bei sich zu Hause angekommen, schaltete er das kleine Transistorradio in der Küche an – sicherlich würde spätestens in den Nachrichten etwas zu dem spektakulären Ausklang des Heideblütenfestes gesagt werden, denn wie es am Ende ausgegangen war, wusste Rolf Matschek nicht. Er hatte lieber nicht darauf warten wollen, weil er gemerkt hatte, dass die Zigeunerin neben ihm seinen Wurf mitbekommen hatte. Bereits bei der Unruhe, die durch den Knall seines selbst gebauten

Böllers entstanden war, hatte er sich deswegen davongemacht. Mehr hätte er sowieso nicht ausrichten können. Von Weitem hatte er allerdings die auflodernden Flammen gesehen und war zufrieden gewesen. Sicherlich war die Hexe auf ihrem »königlichen« Scheiterhaufen verbrannt – Gott hatte schon dafür gesorgt – und gleich würde er die Bestätigung über das Radio bekommen. Er wusste, dass Anne Höpfner eine Hexe gewesen war. Er hatte sie schon vor längerer Zeit ein paarmal bei seinem sonntäglichen Spaziergang auf dem Sagenhaften Hünenweg **68** gesehen. Der Hünenweg mit seinen Stempelboxen für das Heide-Diplom **69** führte auch an der Oldendorfer Totenstatt **70** entlang, wo er sie wiederholt bei einem Opferritual, das sie geschickt als Picknick mit Freunden getarnt hatte, beobachten konnte. Er selbst suchte diese heidnischen Grabfelder, die er regelmäßig nur aus der Ferne betrachtete, auf, um sich in seinem rechten Glauben zu bekräftigen. Denn gerade hier, das hatte Rolf Matschek zufällig herausgefunden, fühlte er die Nähe zu Gott besonders stark. Dass Anne Höpfner die Oldendorfer Totenstatt aus dem gegensätzlichen Grund aufsuchte, nämlich um den toten Seelen ganz nach Heidenart zu opfern, wusste er bestimmt seit der Sache mit seiner Lieblings-Zuchtsau. Wie um sich selbst noch einmal zu bestätigen, heute das Richtige getan zu haben, schweiften seine Gedanken ab, zu dem Tag vor gut einem Monat. Da hatte er für seine Lieblings-Zuchtsau den Tierarzt kommen lassen müssen, weil er geglaubt hatte, dass sie eine schwere Kolik hatte. Der Tierarzt hatte tatsächlich eine schwere Darmentzündung festgestellt und der Sau ein Medikament gegeben, das schnell helfen sollte. Hatte es aber nicht getan. Rolf Matschek hatte ein weiteres Mal bei dem Tierarzt angerufen, jedoch nur Anne Höpfner erreicht, da ihr Chef gerade wegen eines gebrochenen Flügels in den Eulengarten **71** gefahren war. Allerdings hatte die Tierarzthelferin versprochen, sich zu kümmern. Was er nicht erwartet hatte, war, dass ihr Kümmern darin bestand, auf ihrem Weg nach Hause selbst bei ihm vorbeizuschauen. Anders als andere hatte sie nicht einmal die Nase über ihn gerümpft. Sie war sich auch nicht zu schade gewesen, die daliegende Sau zu streicheln und ihr Dinge ins Ohr zu flüstern, die er von der Stalltür aus nicht verstand. Schon das war irritierend gewesen, doch zuerst hatte er sich darüber gefreut. Als sie dann jedoch auf ihn zugekommen war, ihm ein Medikament in die Hand gedrückt und einen hohen Betrag Geld von ihm gefordert hatte – für die Bemühungen des Tierarztes, der am Mittag gerade mal zehn Minuten da gewesen war, und das Medikament, das sie sicherlich etliche Euro teurer gemacht hatte, um sich selbst den Überschuss einzustecken – fand er sie gar nicht mehr nett, sondern außerordentlich verschlagen. Wenn der Doktor ihm das Medikament gegeben hätte, wäre es irgendwie was anderes gewesen. So herum war es merkwürdig. Warum engagierte die Frau, die er bereits ein paarmal an der Oldendorfer Totenstatt gesehen hatte, sich so? Sie war schließlich nicht mehr, als eine kleine Helferin des eigentlichen Tierarztes. Dennoch hatte er widerstandslos gezahlt, seiner Sau das Medikament gegeben und am nächsten Morgen festgestellt, dass es ihr wieder gut ging. Genau das hatte ihn jedoch noch misstrauischer gemacht. Er hatte versucht, mit Gott darüber zu reden, doch der hatte ihm nur gesagt, dass er auf sich selbst und sein Gefühl vertrauen sollte. Das tat er dann auch. Nicht umsonst hatte seine Mutter ihn mit Amelinghausener Überlieferungen vertraut gemacht. Am häufigsten hatte sie ihm von den Hexenschwestern Barbara und Anneke Stehr erzählt, die Tiere und Menschen in Amelinghausen meist durch Besprechen krank gemacht und dann gegen eine hohe Bezahlung wieder geheilt hatten. Beiden wurde damals der Hexenprozess gemacht, und sie waren auf dem Scheiterhaufen verbrannt worden. Seine Mutter schloss bei diesen Erzählungen stets mit den Worten: »Hüte dich vor den Frauen! Vor allem wenn sie schön sind, haben sie sich meist dem Teufel verschrieben.« Anne Höpfner war schön. Schön gewesen! Und sie hatte leuchtend rotes Haar gehabt. Wie eine Hexe. Außerdem kam Anne dem Namen der einen Stehr-Schwester, Anneke, verdammt nahe. Ja, er war sicher – er hatte seine Aufgabe gut gemacht. Er hatte die Welt von einer Bösen gereinigt, wie ihm jetzt die Stimme des Radio-Nachrichtensprechers bestätigte: Anne Höpfner war noch vor Ort ihren schweren Verbrennungen erlegen!

Gesine saß auf dem ungemachten Bettsofa in ihrem Wohnmobil und hatte ihre beiden Frettchen Ernie und Bert auf dem Schoß, die sie geistesabwesend streichelte. Noch immer ließ der grausige Anblick der lichterloh in Flammen stehenden Anne Höpfner sie nicht los. Und sie war sich sicher, dass alles seinen Anfang mit dem Wurfgeschoss von diesem Stinke-Peter genommen hatte. Normalerweise müsste sie zur Polizei marschieren und ihre

Vermutung dort erzählen, doch so war Gesine nicht. Sie war sich zwar sicher, was den Stinke-Peter anging, aber eben nicht hundertprozentig. Und Unschuldige anschwärzen, davon hielt Gesine gar nichts. Außerdem ermittelte sie lieber auf eigene Faust und wollte gleich damit anfangen. Hinzu kam, dass sie aus Erfahrung wusste, dass die Amelinghausener Polizeistation in der Soltauer Straße nur stundenweise besetzt war, und jetzt war vermutlich sowieso niemand da, denn die wenigen verfügbaren Kräfte waren mit Sicherheit alle am Ort des Geschehens. Dort, wo Anne Höpfner auf ihrem Wagen verbrannt war. Ob wohl Kommissar Henning Ludolf aus Hannover gerufen worden war? Gesines heimliche Liebe? Mit solch einem Attentat wurde bestimmt nicht allein die örtliche Polizei betraut. Schon allein wegen der Presse nicht, für die gerade jetzt im Sommerloch so eine schreckliche Sache sicherlich willkommen war. Gesine verzog angewidert ihren Mund. Sie konnte sich lebhaft vorstellen, wie die Presse das Leben von Anne Höpfner ausschlachten und ihr spektakuläres Ende für sich nutzen würde, um die Leser für sich zu gewinnen.

Gesine nahm Ernie in ihre rechte Hand, Bert in die linke, erhob sich langsam von ihrem Bettsofa und setzte die beiden in ihren Käfig. Sofort ging der Protest los. »Jungs, nun macht mal nicht so ein Gezeter«, schimpfte sie liebevoll mit ihren Frettchen und wandte sich ab, um zu gehen. Dann fiel ihr noch etwas ein und über die Schulter hinweg rief sie den beiden Frettchen zu: »Ich versprech euch, wenn das hier zu Ende ist, machen wir noch mal zum Abschluss einen schönen Spaziergang zur Schwindequelle **72**. Die mögt ihr doch so gern, okay?«

Sofort war es ruhig im Frettchenkäfig, was Gesine überrascht mit »Geht doch!« kommentierte. Dann kämmte sie kurz ihre Haare, raffte den langen Zigeunerrock, griff sich ihre große Umhängetasche vom Boden und verließ das Wohnmobil, das sie liebevoll Mobilé getauft hatte. Andere Leute gaben ihren Häusern schließlich auch Namen, wie Villa Sonnenschein oder Kunterbunt oder so. Und da das Wohnmobil ihr Haus war – zugegebenermaßen auf Rädern – nannte sie es eben Mobilé, wie diese Dinger, die man sich an die Decke hängt und die einem ebenso ein Gefühl von Geborgenheit geben, obwohl sie sich auch immer wieder bewegen. So hatte sich das Gesine damals, als sie ihr Mobilé mit einer echten Flasche Champagner auf den Namen getauft hatte, überlegt.

Sie wusste selbst noch nicht genau, wohin sie gehen wollte. Irgendwohin, wo Leute waren, sodass sie unauffällig etwas über diesen Stinke-Peter in Erfahrung bringen konnte. Ihr Weg führte sie an HPs Kurioseum **73** vorbei, und eine Weile später fand Gesine sich vor Grätsch's Gasthaus **74** wieder. Da hatten ihre Füße sie doch tatsächlich automatisch dorthin getragen, wo sich die Menschen nach besonderen Ereignissen zusammenfanden, um sich gegenseitig mit Detailinformationen zu versorgen – selbst oder gerade, wenn es ein solch schreckliches Ereignis war wie das heutige. Gesine atmete einmal tief durch und drückte die schwere Gasthaustür auf. Dann marschierte sie schnurstracks in die voll besetzte Gaststube, wo sie sogleich mit einem großen Hallo empfangen wurde, was sie zu einem breiten, glücklichen Grinsen veranlasste. Es erleichterte doch manches, wenn man in einem Ort bereits bekannt war. Das hatte sie ihrem Beruf zu verdanken. Als fahrende Putzfrau lag es in der Natur der Sache, dass man herumkam. So hatte sie auch in Amelinghausen schon so manches Mal in Pensionen, Hotels oder bei Privatpersonen für eine Weile ausgeholfen. Auch hier, in Grätsch's Gasthaus hatte sie im letzten Jahr zwei Wochen lang alles zum Glänzen gebracht, weil eine der Hilfen im Urlaub gewesen war und die zweite Kraft sich die Hand verstaucht hatte. Während dieser Zeit hatte sie nicht nur die Gastwirte gut kennengelernt, sondern auch viele Stammgäste, und alle ließen es sich nicht nehmen, Gesine ihre Version von dem schrecklichen Ende des diesjährigen Heideblütenfestes zu erzählen. Während Gesine dem einen und dem anderen zuhörte und so ganz nebenbei versuchte herauszufinden, aus welchem Motiv heraus jemand ein Attentat auf Anne Höpfner verüben könnte, ging die Tür des Gasthauses auf und Gesine traute ihren Augen kaum: Herein kam der Stinke-Peter!

Rolf Matschek sah die Zigeunerin sofort, und er sah auch, dass sie ihn bemerkt hatte. Er hatte zwar mit dem Auflauf in Grätsch's Gasthaus gerechnet, aber nicht mit dieser Frau, die nicht aus Amelinghausen kam. Das wusste er genau. Kurz schloss er die Augen und bat den Herrn murmelnd um Hilfe. Was sollte er jetzt machen? Eigentlich war er hier, um etwas zu essen. Seit seine Mutter nicht mehr für ihn kochte, ging er an Feiertagen regelmäßig aus. Und heute war definitiv ein Feiertag für ihn, den er sich nicht von der Zigeunerin verderben lassen wollte. Wenn er aber hierbliebe, könnte er zu viel Aufmerksamkeit bei dem fremden Weibsstück erregen. Vielleicht würde sie es sogar zum Anlass nehmen, mit anderen über ihn zu sprechen – an ihrem Tisch saßen nur Amelinghausener. Wenn er jetzt allerdings auf dem Absatz kehrtmachte, könnte das ebenfalls merkwürdig aussehen. Mitten in diese Überlegungen hinein knurrte Rolf Matscheks Magen und sogleich erhellte sich seine Miene. Das war das Zeichen seines Herrn! Er stieß ein raues »Danke« aus und setzte sich an einen freien Platz, weit genug entfernt von der Zigeunerin, aber doch so nah, dass er sie im Auge behalten konnte. Kurz darauf bestellte er sich ein Heide Pils und dazu einen Heidschnuckenbraten. Während des Essens ließen ihn die Gedanken an die Zigeunerin nicht los. Er wusste, dass sie eine Gefahr für ihn bedeutete, und er wusste um die Verbindung von Zigeunern mit dem Teufel. Nach drei weiteren Bieren hatte er einen Entschluss gefasst: Er würde auch diesem Weibsstück den Teufel austreiben und sich darüber hinaus von ihr befreien.

Als der Stinke-Peter zahlte und das Gasthaus verließ, zahlte auch Gesine und folgte dem Mann – von dem sie inzwischen wusste, dass er Rolf Matschek hieß, aber von allen nur *Matsche* genannt wurde –, wie sie hoffte, unauffällig auf die Soltauer Straße hinaus.

Gesine hatte Glück. Rolf Matschek war zu Fuß unterwegs, genau wie sie. Wäre es anders gewesen, hätte sie vielleicht ihr Vorhaben fallen gelassen, jetzt aber fühlte sie sich eher bestärkt und folgte ihm in einem gebührenden Abstand die Straßen entlang. Er drehte sich kein einziges Mal um und machte Gesine die Verfolgung auf diese Weise leicht. Eine genaue Vorstellung davon, was sie mit ihrer Verfolgung eigentlich bezweckte, hatte sie nicht. Sie hoffte, das würde sich irgendwie ergeben. Vielleicht würde sie etwas Interessantes beobachten können, und wenn nicht, hatte sie eben einen netten Abendspaziergang gemacht. Je länger sie jedoch ging, desto schwerer wurde Gesine ihre Umhängetasche, und sie musste sie ständig von einer Schulter auf die andere hängen. Sie wunderte sich über das Gewicht, hatte sie doch eigentlich nicht viel darin, noch nicht einmal ein Portemonnaie, da sie wegen Taschendieben ihr Geld vorhin für das Heideblütenfest in einen Brustbeutel gesteckt hatte, den sie noch immer trug. Sie hätte also ihre große Umhängetasche sowieso nicht mitzunehmen brauchen, aber vorhin hatte sie sie einfach aus der Routine heraus gegriffen.

Gerade als sie in der Tasche nachschauen wollte, was darin so schwer war, bog Rolf Matschek in einen kleinen Stichweg ein, sodass Gesine ihn nicht mehr sehen konnte. Sicherheitshalber begann sie ihren Schritt zu beschleunigen, da sie wusste, dass hinter diesem Stichweg neben einer kleinen Straße auch ein Waldstück lag, in das verschiedene Wege hineinführten, und sie wollte den Mann nicht verlieren. Zudem wurde es langsam schummrig und hier, am Rande von Amelinghausen, beleuchteten nur vereinzelt Straßenlaternen die Wege. Im Wald würde das gar nicht mehr der Fall sein.

Im Stichweg angekommen, sah sie Matschek gerade noch nach rechts in die angrenzende Straße einbiegen. Sie ging in einen Laufschritt über, für den sie ihren langen Rock raffen musste. An der Abbiegung blieb sie einigermaßen außer Atem stehen, um vorsichtig um die Ecke zu spähen und nach Matschek Ausschau zu halten, der gerade die Tür zu einem Haus auf der gegenüberliegenden Straßenseite aufschloss. Das Haus stand auf einem kleinen Hof und daneben war ein Stall, der aussah, als würde er den nächsten Sturm nicht überleben. Nachdem Matschek im Haus verschwunden war, zählte Gesine innerlich bis 50, dann setzte sie sich auf leisen Sohlen in Gang, um den überschaubaren Matschek-Hof auszukundschaften.

Zunächst schlich sie um das Wohnhaus herum und luscherte in die kleinen Sprossenfenster hinein, um zu schauen, ob sie Matschek irgendwo entdeckte. Zu ihrem Vorteil hatte er in den wenigen Räumen des Untergeschosses Licht gemacht und auch keine Gardinen vor den Fenstern, sodass sie im Inneren alles gut sehen konnte. Was oder besser wen sie nirgendwo sah, war jedoch Rolf Matschek. Dann hat er sich vielleicht oben kurz hingelegt, dachte Gesine, die im ersten Stockwerk das Schlafzimmer vermutete und sich die Daumen drückte, dass sie mit ihrer Vermutung recht hatte, denn so konnte sie noch ein bisschen weiter auf dem Hof herumstöbern. Sie war sich zwar nicht sicher, wie Miss Marple, ihr absolutes Detektivinnenvorbild, das finden würde, und an Henning Ludolf wollte sie erst gar nicht denken, aber manchmal musste man eben das tun, was einem die Gunst der Stunde ermöglichte, auch wenn es nicht erlaubt war … Mit diesem Gedanken huschte Gesine zu dem kleinen Stallgebäude hinüber und schob sich durch die Tür. Hier drinnen war es dunkel, trotz des Schummerlichtes, das durch die Ritzen der Stallwand hindurchfand, dennoch wurde die selbst ernannte Ermittlerin sofort von aufgeregtem Quieken begrüßt und sie schloss haarscharf, dass sie in einem Schweinstall gelandet war. Das bestätigten ihr dann auch zuerst ihre Nase und dann ihre Augen, nachdem sie sich an die Lichtverhältnisse gewöhnt hatten. Vorsichtig ging Gesine auf den Schweinekoben zu, legte ihren Zeigefinger auf ihre vollen Lippen und machte »Pschhhhhhhhhhhhhhhhttttttt«, doch es half nichts. Die Schweine schienen sich zu sehr über ihre Gesellschaft zu freuen. Gesine hoffte zumindest, dass es Freude war. Mit Schweinen kannte sie sich nicht so gut aus. Sie ging noch ein Stückchen näher an die intelligenten Tiere heran, doch plötzlich fühlte sie keinen Boden mehr unter den Füßen. Irgendetwas hatte sie gepackt und schmiss sie nun mitten in die Schweineherde. Das veranlasste den Schweinechor, zu einem noch lauteren Quieken überzugehen, worüber Gesine jedoch nicht nachdenken konnte, da sie nun unsanft auf den Stallboden gedrückt wurde. Über ihr erschien das zu einer Fratze verzerrte Gesicht von Rolf Matschek, der ihr seinen üblen Atem ins Gesicht pustete, während er immer und immer wieder sagte: »Hab ich dich, du Ketzerin. Jetzt treib ich dir den Teufel aus!«

Gesine schlug das Herz bis zum Hals und sie versuchte sich aus Leibeskräften zu wehren, doch Rolf-Matschek war stark und drückte ihre Arme mit Leichtigkeit nach unten. Auch Tritte mit den Beinen misslangen, da sie sich dummerweise in Gesines langem schwarzen Rock verheddert hatten. Dann bleibt mir wohl nur noch meine Lieblingswaffe, das Reden, dachte Gesine und machte schon den Mund auf, als Rolf Matschek wie von der Tarantel gestochen hochfuhr und wie ein Verrückter auf sein Hinterteil einschlug – begleitet vom Quieken seiner Schweine. Gesine fragte sich nicht, womit sie dieses Glück verdient hatte. Sie dachte nur bei sich, dass Rolf Matschek sich nicht nur wie ein Verrückter aufführte, sondern höchstwahrscheinlich wirklich irre war, während sie schnell ihre Beine aus dem Rock entwirrte, sich hochrappelte und nach einer Mistgabel griff, die an der Wand hing. Damit trat sie auf den noch immer auf sich selbst einschlagenden Mann zu und drängte ihn in die Ecke, wobei sie einen kurzen Blick auf sein Hinterteil erhaschen konnte. Ihr fielen fast die Augen aus, bei dem, was sie sah: Ernie und Bert hatten sich je in einer der Hinterbacken von Rolf Matschek festgebissen! Ihre beiden Frettchen hatten sie gerettet! Gesine wurde warm ums Herz und für einen Augenblick vergaß sie die Gefahr, die immer noch von Rolf Matschek ausging.

»Ja, was macht ihr beiden denn hier?« fragte sie ganz gerührt. »Dafür gibt es nachher aber eine extra Leckerei! Wie seid ihr denn hierhergekommen? Seid ihr mir etwa gefolgt? Ihr könnt ihn jetzt loslassen, ich hab ihn im Griff. Danke, meine Süßen.«

Tatsächlich ließen die beiden Frettchen von Rolf Matschek ab und huschten dicht hintereinander zu Gesines Umhängetasche, die im Heu lag, und krochen hinein. Jetzt wusste Gesine, warum die Tasche auf dem Weg hierher so schwer gewesen war. Ernie und Bert hatten sich darin versteckt. Und jetzt erinnerte sie sich auch: Sie hatte vorhin in der Eile in ihrem Mobilé vergessen, den Frettchenkäfig ordentlich zu schließen. Das hatten die Racker gleich genutzt, um schnell in ihre Tasche zu schlüpfen! Gesine musste schmunzeln, wurde aber von

Rolf Matschek unterbrochen, der verwirrt und zugleich entsetzt fragte: »Wem lächelst du zu, Besessene? Deinem Herrn und Gebieter, dem Satan? Hast du die Furien auf mich gehetzt und sie jetzt abgerufen? So etwas kann nur eine wahre Hexe. Und was ist mit meinen Schweinen? Hast du sie etwa auch so verzaubert wie die andere? Bist du auch eine Wiedergeburt einer der Stehr-Schwestern?«

Gesine wusste überhaupt nicht, wovon der Mann sprach, dennoch antwortete sie auf gut Glück und nahm dabei die Wortbrocken zu Hilfe, die er ihr geliefert hatte: »Ja, das bin ich. Eine der Schwestern, wie … wie Anne Höpfner. Und mein Herr ist der Satan! Und jetzt antworte mir: Hast du das Attentat auf Anne ausgeübt und sie verbrennen lassen?«

»Ja, natürlich, das musste ich tun! Wie du es selbst gerade sagst: Sie war eine Braut des Teufels, genau wie du!«, antwortete der Mann, und aus seinen Worten klang Stolz heraus. Dann schloss er die Augen, hob seinen Kopf und begann etwas zu murmeln, das für Gesine unverständlich war. Sie spürte, dass im Moment keine Gefahr mehr von dem Mann ausging, der jetzt auch noch angefangen hatte, sich hin und her zu wiegen. Ohne ihn aus den Augen zu lassen, schlich sie zu der Wand, an der auch die Mistgabel gehangen hatte, und nahm ein Hanfseil herunter, mit dem sie Rolf Matschek fesselte, ohne dass er Widerstand leistete. Dann verließ sie kopfschüttelnd, die Tasche mit ihren beiden Lieblingen darin eng an sich gedrückt, den Stall, um Hilfe zu holen.

»Die Krone der Heide«, den staatlich anerkannten Erholungsort Amelinghausen, findet man in einer Talsenke im Osten der Lüneburger Heide. Der typische Heideort, in dem sich zahlreiche denkmalgeschützte und geschichtsträchtige Gebäude befinden, ist auf jeden Fall einen Besuch wert. Genauso wie die schöne, sagenumwobene Umgebung, in der es ebenfalls einiges zu entdecken gibt.

64 Der Kronsberg ist die Erhebung in der Kronsbergheide, auf der alljährlich die Heidekönigin von Amelinghausen gewählt und gekrönt wird. Doch auch sonst ist die Kronsbergheide, die sich kurz vor dem Amelinghausener Ortseingang befindet, ein schönes, kleines Erholungsgebiet, durch das zum Beispiel der Königinnen-Weg und der Sagenhafter-Hünen-Weg – beides ausgezeichnete Premiumwanderwege – führen. Übrigens gibt es noch einen dritten Premiumwanderweg bei Amelinghausen, den Heide-Panorama-Weg.

65 Das alljährlich im August stattfindende, eine volle Woche andauernde Heideblütenfest zählt zu einem der größten Volksfeste des Landkreises Lüneburg. Für die Bewohner der Region ist es das jährliche Highlight und für Gäste ein guter Grund, gerade in dieser Zeit in und um Amelinghausen herum ihren Urlaub zu verbringen. Von der Eröffnung am Lopausee, über den verkaufsoffenen Sonntag, zahlreiche Kinderaktivitäten, Bühnenshows sowie

der Kür des Heidebocks bis hin zur Wahl der Heidekönigin auf dem Kronsberg und dem anschlie-
ßenden Festumzug am letzten Tag ist dies ein Fest
für Jung und Alt.

66 Sind Sie schon einmal mit einem Lama zusammen
gewandert? Von Zwei-Stunden Touren bis hin zu
Mehrtagestouren inklusive Übernachtung und
Verpflegung haben Sie hier die Gelegenheit zum
Lama-Trekking (Anfragen in der Tourist-Information, Marktstraße 1, 21385 Amelinghausen). Während Sie im wahrsten Sinne unbeschwert durch die
Heide marschieren und die Natur genießen, trägt
ihr persönliches Lama gern ihre Lasten. Vor allem
auch beim Wandern mit Kindern ist das ein Riesen-
spaß, denn Lamas sind so sanftmütig, die hat man
gern als Wegbegleiter.

67 Der Lopausee mit der Lopau als Quellbach (die zu
einem der 32 Naturwunder im Naturpark Lüneburger Heide zählt) und der ihn umgebende Lopaupark
stehen für aktive Erholung. Aufgrund der guten
Wasserqualität lädt der See sowohl zum Schwimmen als auch zum Angeln ein. Und wer sich weniger wie ein Fisch im Wasser fühlen möchte, sondern viel mehr als Tarzan oder Jane, der besucht
den Hochseilgarten im Lopaupark. Für den kulinarischen Genuss bei herrlichem Blick sorgen die
Cafés rund um den See.

68 Der Sagenhafte Hünenweg ist einer der drei Premiumwanderwege in der Heide bei Amelinghausen. Die anderen beiden sind der Königinnen-Weg und der Heide-Panorama-Weg. Bestehend aus zwei Teilrouten mit insgesamt ca. 13 Kilometern Länge ist der Sagenhafte Hünenweg ein herrlicher Wanderweg, auf dem es neben Fauna und Flora auch einige sagenumwobene und historische Plätze zu entdecken gibt. Zum Beispiel den sagenhaften Goldschatz am Zusammenfluss von Lopau und Luhe, die Oldendorfer Totenstatt, die verschlungenen Pfade des letzten Raubritters der Lüneburger Heide (Moritz von Zahrenhusen) oder des edlen Robin Hood der Lüneburger Heide (Wildschütz Hans Eidig) oder aber das Marxener Paradies, in dem es noch Mai- und Lindwürmer geben soll.

69 Wer die faszinierenden Heidesagen und -märchen am Ort ihres Geschehens kennenlernen und gleichzeitig die Lüneburger Heide entdecken möchte, der sollte das Heidediplom (Unterlagen in der Tourist-Information, Marktstraße 1, 21385 Amelinghausen) absolvieren. Hierfür erwandern Sie die Heide rund um Amelinghausen auf dem Königinnen-Weg, dem Sagenhaften Hünenweg und dem Heide-Panorama-Weg und legen so ganz nebenbei Ihre »Prüfung« ab, denn auf den einzelnen Wegen kommen Sie an je fünf Stempelboxen vorbei, die Ihnen viel Interessantes, Fantastisches und Wissenswertes zu »erzählen« haben und an denen Sie sich zudem je ein Heidediplomkästchen abstempeln können.

70 Die Oldendorfer Totenstatt, eine historische Grab-
gruppe am Sagenhaften Hünenweg gelegen, zählt zu
einem der 32 Naturwunder im Naturpark Lüneburger Heide und ist eines der fünf, die um Amelinghausen herum besucht werden können. Die anderen
vier sind die Schwindelquelle, das Marxener Paradies, die Rehrhofer Heide und das Steingrab Raven.
Die Oldendorfer Totenstatt besteht aus vier Groß-
steingräbern sowie vier Grabhügeln und ist ein gut
erhaltenes Zeitzeugnis.

71 Der private Eulengarten (Finkenweg 18, 21385 Amelinghausen) von Rolf Nobel heißt zu festgelegten
Zeiten auch gern Besucher willkommen. In einer
etwa 90-minütigen Führung und manches Mal in
Begleitung von Kranichen, Enten und Gänsen, können die verschiedensten Eulen- und Taggreifarten
kennengelernt und bewundert werden. Den schönen
Abschluss bildet ein Blick in die Aufzuchtstation.

72 Bereits seit 1936 unter Naturschutz stehend, ist die
zu den 32 Naturwundern im Naturpark Lünebur-
ger Heide zählende Schwindequelle (Zur Schwindequelle, 21388 Soderstorf) Niedersachsens wasser-
reichste Quelle nach der Rhumequelle im Harz. Die
Schwindequelle liegt in der Schwindebecker Heide
bei Amelinghausen, durch die auch der Heide-Panorama-Weg führt. Am Quelltopf kann man perfekt verfolgen, wie die 60 Liter pro Sekunde aus dem
Sandgrund hervorkommen – ein wunderschönes
Naturschauspiel.

73 Das private kleine Muesum, HP's Kuriseum (Eulen-
kamp 10, 21385 Amelinghausen), stellt dank der
Sammelleidenschaft des Besitzers alle möglichen
Kuriositäten aus. *Hauptsache ausgefallen* lautet das
Motto. Hier können Groß und Klein nach vorhe-
riger Vereinbarung auf jeden Fall ihrer Entdecker-
laune freien Lauf lassen.

74 Grätsch's Gasthaus (Soltauer Straße 3, 21385 Amelinghausen) ist die älteste, noch in Betrieb befind-
liche Gaststätte im Ort. Bereits seit Anfang des 17.
Jahrhunderts wird hier ausgeschenkt. Heute beherbergt das Gasthaus ein Hotel, eine Gaststube, ein
Restaurant – bekannt für seine regionaltypischen
Spezialitäten – sowie einen Veranstaltungsraum und
eine Sommerterrasse.

RABENSCHWARZ
EIN KURZKRIMI RUND UM BISPINGEN

Gesine Schmitzmayer steuerte ihr Mobilé über die vom nächtlichen Regen noch immer feuchte Straße. Nur noch wenige Meter, dann hatte sie ihr Ziel erreicht: Den Wohnmobil-Parkplatz in Bispingen-Oberhaverbeck. Sie hatte eine gute Uhrzeit gewählt, es war später Vormittag. Der Zeitpunkt, an dem die meisten Wohnmobilcamper – zumindest wenn sie nicht über ein Moped oder eine andere mobile Möglichkeit verfügten – mit ihrem Wohnmobil unterwegs waren. Am ganz frühen Morgen waren die Parkplätze voll, denn da schliefen die meisten noch oder starteten gerade langsam in die Planung des Ferientages. Und ab dem frühen Nachmittag füllten sich die Parkplätze ebenfalls wieder.

Gesine sah sich in Ruhe um und wählte schließlich einen schattigen Platz am Rande des großen Parkplatzes. Perfekt! Hier konnte sie es einige Zeit aushalten, und genau das hatte sie auch vor. Aus diesem Grunde gönnte sie sich diesmal sogar den Luxus eines kostenpflichtigen Abstellplatzes, der ihr im Gegenzug auch Strom und Wasseranschluss bot. Sie hatte vor, mindestens zwei Wochen in der Bispinger Heide zu bleiben. Es gab hier so viele tolle Sachen, die sie schon längst mal gemacht haben wollte, doch schon lange hatte ihr Job sie nicht mehr in diese Gegend verschlagen. Oder wenn, dann im tiefsten Winter, was nicht wirklich nach ihrem Geschmack war. Als Gesine nun vor einigen Wochen in der Landeszeitung eine Stellenanzeige des Landschaftsparks Iserhatsche 75 entdeckt hatte, war die Entscheidung schnell gefallen: Diesen Job musste sie haben! Gesucht wurde eine Aushilfskraft in den Sommerwochen, in denen in Iserhatsche neben dem normalen Betrieb zusätzlich sehr viele Hochzeiten stattfanden. Sie hatte allen erdenklichen Charme aufgewendet – was in Gesines Fall eine wirklich beträchtliche Menge sein konnte – und spontan dort angerufen. Danach hatte sie die gewünschten Bewerbungsunterlagen hingeschickt. Nur zwei Tage später hatte der Besitzer von Iserhatsche höchstpersönlich bei ihr angerufen und ihr den Job zugesagt, mit den Worten: »Sie scheinen mir bekennend verrückt zu sein und darum passen Sie gut hierher!« Gesine war von dieser positiven Rückmeldung und vor allem der eher ungewöhnlichen Begründung mehr als überrascht gewesen. Okay – möglicherweise hatte sie bei den erfragten Referenzen ein kleines bisschen übertrieben … Aber das tat doch wohl jeder, oder? Nur das mit dem »verrückt« konnte sie nicht ganz einordnen. Sie war verrückt, eindeutig, zumindest weit mehr als der Durchschnitt, doch normalerweise war das bei der Jobsuche für Gesine eher ein Handicap … Schließlich hatte sie die Grübelei gelassen und sich einfach über die Zusage gefreut. Sie würde diesen offensichtlich etwas anderen Arbeitgeber einfach mal in Augenschein nehmen. Es ging ja hier auch nur um einen Aushilfsjob für ein paar Wochen und nicht um eine Lebensanstellung. Gesine schüttelte den Kopf bei dem Gedanken daran. Ein und derselbe Job ein ganzes Leben lang, bei immer demselben Arbeitgeber, mit so ziemlich immer den gleichen Kollegen – furchtbar! Nie

hatte sie sich so etwas vorstellen können. Eine Zeit lang
hatte sie es versucht, aber es war ihr immer schlechter
damit gegangen. Irgendwann hatte sie dann Nägel mit
Köpfen gemacht, spontan Job und Wohnung gekündigt,
alles zusammengekratzt, was sie gespart hatte, und sich
ihr Mobilé gekauft. Eigentlich hatte sie geplant, nur eine
Weile herumzureisen, um sich selbst oder »ihren Weg«
zu finden. Doch mit der Zeit hatte sie gemerkt, dass in
ihrem Fall zumindest momentan der Weg das Ziel war,
wie es so schön hieß. Von den Jobs als Putzfrau konnte
sie leben, denn sie brauchte nicht viel und war genügsam.
Das Mobilé war bezahlt und so musste sie nur für Sprit,
Lebensmittel, Versicherung und ab und an eine Stell-
platzgebühr aufkommen. Okay, wirklich abgesichert
war sie nicht, wenn sie mal alt war, aber darüber würde
sie sich Gedanken machen, wenn es so weit war. Und
wer wusste schon, ob sie überhaupt wirklich alt werden würde? Bei all den Verbrechen in dieser Welt, die sie
schon erlebt hatte, zweifelte sie so manches Mal daran.
Und für Gesine war das ein Grund mehr, ihr Leben so
zu führen, wie es ihr gefiel, solange es eben funktio-
nierte und sie niemandem auf der Tasche liegen musste.

Wenige Stunden später hatte Gesine sich häuslich nieder-
gelassen: Sie hatte ein paar Vorräte im Ort besorgt, den
Parkplatz, den sie ergattert hatte, für zwei Wochen im
Voraus bezahlt und damit gesichert, alles in die Schränke
geräumt, das Bettsofa im Mobilé gemütlich hergerichtet, sodass sie es nicht ständig auf- und zuklappen
musste, und sich mit einem Glas Prosecco in die offene
Tür gesetzt. Da sie einen Parkplatz am Rand gewählt

hatte, konnte sie anstatt auf das Blech eines parkenden Wagens in die freie Landschaft schauen. Wenn sie wollte, könnte sie hier sogar ihren kleinen Campingstuhl aufbauen, den sie schon parat gestellt hatte. Sie war mal wieder angekommen und freute sich auf die bevorstehenden Wochen in der Bispinger Heide. Neben ihr lag eine Liste mit den Dingen, die sie während ihres Aufenthaltes machen wollte. Zum Beispiel wollte sie unbedingt mal Kart-Fahren! Das große Ralf Schuhmacher Kartcenter **76** lag in unmittelbarer Nähe und sie würde bestimmt einen passenden Tag dafür finden. In Iserhatsche würde sie ja ohnehin viel Zeit verbringen, die Besichtigung dort würde sie also einfach an einem passenden Tag an die Arbeitszeit anhängen. Einen ganzen Tag wollte sie unbedingt im Center Parcs Bispinger Heide **77** verbringen. Zwischen Palmen und Sandstrand Cocktails schlürfen, sich beim Anblick gestresster Familien ausgiebig über ihre Unabhängigkeit freuen, sich beim Betrachten verliebter Pärchen kurzzeitig ihrer zeitweiligen Einsamkeit bewusst sein und natürlich ein Foto machen. Aus diesem Foto würde sie eine Postkarte basteln, die sie an die liebe Cousine Annette schicken würde. Gesine schmunzelte bei dem Gedanken daran schon jetzt. Die in der Gegend oft angebotenen Kutschfahrten **78** würde sie vermutlich auslassen, denn das kannte sie bestens aus ihrem Heimatdorf. Fest auf ihrem Plan stand allerdings Das verrückte Haus **79**, über das sie einen Artikel gelesen hatte und das sie unbedingt einmal bestaunen wollte. Es schien ihr genauso verrückt zu sein wie sie selbst. Als sie vorhin im Ort beim Einkaufen gewesen war, hatte sie sich außerdem ein paar Broschüren aus dem Tourismusbüro

geholt, die sie jetzt zuerst einmal oberflächlich durch-
blätterte. Ihr Blick blieb an einer lustigen Eule hängen,
die einen kleinen Prospekt zierte, und sie mit den gelben Augen direkt anzusehen schien. *Greifvogel-Gehege
Bispingen* **80**, las Gesine und schrieb den Namen mit auf
ihre Liste. Auch das würde sie sich nicht entgehen lassen!

Am nächsten Morgen startete Gesine schon früh in den
Tag. Sie hatte beschlossen, bereits einige Stunden vor ihrem
Dienstantritt am Nachmittag loszufahren, um sich vorher in Ruhe ein Bild von Iserhatsche zu machen. Sie hatte
noch ein kleines bisschen recherchiert, um gut vorbereitet
dort anzukommen. Dabei hatte sie erst die Ausmaße des
Anwesens erkannt, auf dem sie in den nächsten Wochen
ihre Arbeit verrichten sollte. Offensichtlich hatte sich hier
ein ehemaliger Maler und Lackierer geradezu selbst ver-
wirklicht. Wie sie gelesen hatte, bezeichnete er sich inzwischen selbst als »Visionär« und die Bilder von Iserhatsche
hatten dieser Betitelung durchaus recht gegeben. Der Park
umfasste 23 Hektar und beherbergte diverse Gebäude und
Gebilde, deren Vergleich in der Presse mit Schloss Neu-
schwanstein durchaus nachvollziehbar schien. Nun hatte
Gesine eine ungefähre Ahnung, warum ihr neuer Chef
offensichtlich ein Faible für »Verrücktes« hatte.

Pünktlich zur Öffnung des Parks kam Gesine gemeinsam
mit einer nicht unerheblichen Menge an Touristen in Iserhatsche an. Sie reihte sich in die Besucherschlange ein und
bezahlte an der Kasse ein normales Besucherticket, denn
sie wollte erst einmal einen neutralen Eindruck machen
und auch erhalten, ohne sich bereits als neue Aushilfs-

kraft vorzustellen. Kurz entschlossen entschied sie sich für eine Führung durch Iserhatsche, die ungefähr zwei Stunden dauerte, und ihr das neue Arbeitsumfeld umfassend präsentierte. Gesine war mehr als beeindruckt. Da hatte jemand wirklich seine Träume in die Natur gebaut! Nur zu gern würde sie hier die nächsten Wochen verbringen – hier passte sie her. Fürs Erste hatte sie genug gesehen und erfragte sich deswegen an der Information den Weg zum Büro, um den offiziellen Teil zu erledigen. Dort angelangt, empfing die Mitarbeiterin, die offensichtlich für das Personal zuständig war, sie fröhlich: »Ach, Sie sind also Frau Schmitzmayer! Mein Chef hat sie mir schon angekündigt. Sie müssen bei ihm irgendwie einen Nerv getroffen haben.«

Gesine lächelte nur freundlich, denn sie war von dieser Auskunft doch überrascht und wollte den Job in diesem Paradies nicht durch eine unbedachte Bemerkung dazu riskieren.

»Wir würden Sie gern an verschiedenen Stellen einsetzen, sozusagen als Springerin«, erklärte die junge Frau, »ich hoffe, das wäre Ihnen recht?«

Gesine nickte und sagte knapp: »Sicher, sehr gern, ich … ich bin für alles offen.« Sie hatte irgendwo mal gelesen, dass eine solche Aussage sich gegenüber dem Arbeitgeber gut machte.

»Wunderbar«, erwiderte die junge Frau, offenbar etwas irritiert von Gesines zurückhaltender Art. »Dann starten Sie heute in unserem Sala del Monte im Montagnetto. Dort findet demnächst eine exklusive Trauung statt und zuvor müsste er noch mal auf Hochglanz gebracht werden.« Sie griff zu einem Schlüsselbund, setzte ein Schild mit der Aufschrift *Bin gleich zurück* auf den Schreibtisch und strahlte Gesine an: »Kommen Sie, Frau Schmitzmayer, ich bringe Sie hin!«

Seit einer Stunde staubwedelte und wischte Gesine inzwischen fleißig herum. Obwohl … das mit dem Fleiß fiel ihr schwer, denn sie war von den Räumlichkeiten so beeindruckt, dass sie sich immer wieder beim Betrachten der Details erwischte, die sie eigentlich zum Glänzen bringen sollte. Sie gab sich selbst einen Ruck und ermahnte sich zu mehr Tempo. Schließlich wollte sie genau diesen Arbeitsplatz gern mindestens für die veranschlagte Zeit behalten. Vielleicht wäre das sogar ein Ort, an dem sie es länger aushalten konnte. Doch dafür musste sie sich auch bewähren! Voller Motivation und mit einem glücklichen Gesicht schwang sie den Staubwedel, polierte Holzstühle und -tische und befreite auch die verstecktesten Ecken von Krümeln oder Reis. Anfangs hatte Gesine sich über die auffällig vielen Reiskörner gewundert, die hier in den hintersten Winkeln zum Vorschein kamen, bis ihr wieder einfiel, dass sie sich in einem Trausaal befand. Klar, hier wurden vermutlich am laufenden Band frischvermählte Paare nach altem Brauch mit Reiskörnern beworfen.

Gerade wollte Gesine sich für einen kurzen Augenblick der Träumerei von einer feierlichen Hochzeit in diesem Prunksaal hingeben, als eine zornige Stimme die Stille zerriss.

»Hören Sie, ich feiere hier nächste Woche meine Hochzeit und lasse mich das verdammt noch mal eine Menge Geld kosten«, hörte Gesine eine männliche Stimme durch das offene Fenster dringen. »Und ich bin mir sicher, dass

Sie auf mein Geld nicht unbedingt verzichten wollen. Da kann ich doch wohl erwarten, dass hier alles genau so abläuft, wie ich es will!«

»Herr von Wildering, bitte«, vernahm Gesine nun eine zweite, diesmal weibliche Stimme. »Wir tun wirklich alles, um ihre Wünsche zu erfüllen, bitte glauben Sie mir. Aber für diese … nun ja … ausgefallenen Wünsche hätten wir mehr Zeit gebraucht. Hätten Sie uns damals, bei der Buchung des Trausaals …«

Der Mann unterbrach ihren Erklärungsversuch und fiel ihr barsch ins Wort: »Hätte, könnte, wollte … ich dachte, auch hier sei der Gast der König. Sie können nur froh sein, dass meine Verlobte auf diesen Ort für die Trauung aus irgendwelchen mir unverständlichen romantischen Gründen besteht. Nur ihr zuliebe lasse ich diesen erbärmlich schlechten Service über mich ergehen.«

»Noch einmal, Herr von Wildering«, versuchte die junge Frau es erneut, »wir werden alles tun, was in unserer Macht steht. Ich werde meinen Chef umgehend informieren und sehen, was wir noch machen können. Ich bin sicher, Sie und Ihre Verlobte werden bei Ihrer Trauung sehr zufrieden sein.«

»Das glaube ich erst, wenn ich es sehe beziehungsweise höre. Und falls nicht – glauben Sie mir, Sie wollen sich gar nicht vorstellen, was Ihnen und diesem … diesem verschrobenen Märchenpark dann blüht. Guten Tag!«

Gesine hörte sich schnell entfernende Schritte, fest wie die eines Mannes. Kurz darauf vernahm sie leichtere Tritte im Kiesbett, die sich in eine andere Richtung davonmachten. Schnell öffnete sie die Tür des Saales ein Stück und spähte hinaus. Sie konnte nur noch den Rücken einer schmalen Frau in einem engen Kostüm ausmachen, bevor es wieder gänzlich still war.

Oh ha, dachte Gesine, dann muss ich wohl noch mal extragründlich polieren, wenn der hier nächste Woche heiratet. Von Wildering … das klingt ja schon total eingebildet! Verärgert über so viel Unhöflichkeit und Arroganz schnappte sie sich den Staubwedel und putzte weiter, bis sie sicher war, dass sie kein Fleckchen übersehen hatte und der ganze Saal in voller Pracht erstrahlte.

Gesine streckte sich auf dem Bett ihres Mobilés, zog den bunt geblümten Vorhang ein kleines Stück zur Seite und blinzelte sofort, als die Sonne ihr ins Gesicht strahlte. Das versprach wieder ein herrlicher Tag zu werden! Eine ganze Woche war sie nun schon hier und fuhr täglich in den Landschaftspark. Zweimal bereits hatte sie außer der Reihe eine Sonderschicht angenommen, weil andere Aushilfen krank geworden waren. Schon lange hatte Gesine nicht mehr so viel Spaß an einer Arbeitsstelle gehabt. Der Job war abwechslungsreich – sie hatte neben den eigentlichen Putzaufgaben sogar schon im Café als Kellnerin ausgeholfen –, die meisten Kollegen waren unheimlich nett und obendrein war sie nach wie vor jeden Tag aufs Neue beeindruckt von Iserhatsche. Bisher hatte sie kaum etwas von ihrer Besichtigungs-Liste zu anderen interessanten Stätten abhaken können, dabei waren diese privaten Erlebnisse der eigentliche Grund für ihren Aufenthalt in Bispingen gewesen. Doch nachdem dieser Job vom ersten Tag an genau gepasst hatte, bedauerte Gesine es in keinster Weise. Im Gegenteil: Sie hatte vor, bei nächster Gelegenheit im Personalbüro zu fragen, ob sie eventuell länger in Iserhatsche arbeiten könnte. Dann hätte sie umso mehr Geld in der Tasche und könnte am Ende noch eine Ferienwoche anhängen mit ausreichend Zeit zum Kartfahren oder Entspannen. Vorerst freute sie sich jeden Morgen beim Aufwachen wieder auf diesen spannenden Job. Ihren obersten Chef, den Mann, der sich all diese Herrlichkeiten auf Iserhatsche ausgedacht hatte, hatte Gesine bisher nur ein einziges Mal persönlich sprechen können. Nicht, dass er auf seinem Besitz nicht präsent war, ganz im Gegenteil. Aber er war so darauf erpicht, in das Geschehen eingebunden zu sein, dass es kaum möglich war, ihn einmal allein zu erwischen. Nichtsdestoweniger hatte Gesine es immer wieder versucht, und vor zwei Tagen war es ihr gelungen, ihn beim Kuchenservieren im ansässigen Café auf ein paar Worte für sich zu haben. In ihren Augen hatte die Chemie sofort gestimmt. Nicht, dass er ihr Typ gewesen wäre, dafür war er ihr vielleicht auch ein paar Jährchen zu alt. Aber seine Visionen und seine Begeisterungsfähigkeit, vielleicht auch einfach seine unbestreitbare Verrücktheit, hatten es ihr sofort angetan. Irgendwie hatte sie einen Seelenverwandten in ihm gesehen. Mit dem strahlendsten Lächeln und glücklicherweise an diesem Tag in ihrem Lieblingskleid unterwegs – ein barockes, für die sommerlichen Temperaturen viel zu schweres rotes Samtkleid mit verschnörkelten, goldenen Bordüren – hatte Gesine ihn um eine persönliche Führung durch sein Reich gebeten. Und er hatte zugesagt! Okay, es war eher eine recht unverbindliche Zusage gewesen, mit den Worten »Frau Schmitzmayer, für Sie kann ich

das bestimmt irgendwann mal irgendwie dazwischen-
schieben« oder so ähnlich. Aber immerhin, ein erster
Schritt war getan und sie hatte nun die Möglichkeit, ihn
beizeiten an dieses »Versprechen« zu erinnern.

Heute wollte sie wieder sehr früh losfahren, obwohl
sie erst ab mittags arbeiten musste. Die Anlage war so
unglaublich groß, dass man unmöglich alles auf einmal
ansehen konnte. Und wenn sie schon die Gelegenheit
hatte, den Park täglich zu bestaunen, weil sie als Mitarbeiterin nun keinen Eintritt mehr bezahlen musste,
wollte sie sich nichts davon entgehen lassen. Für diesen Vormittag hatte sie sich den Barockgarten vorgenommen, in dessen Mittelpunkt der Ebereschen-Eisen-
Glocken-Baum stand. Ihr Chef hatte auch dieses riesige
Kunstwerk von acht Metern Höhe, bestückt mit einigen
goldenen Blättern sowie Wurzeln und zahlreichen Glocken, eigens nach seinen Vorstellungen erbauen lassen.

Zwei Stunden später trat Gesine – noch rund zwanzig
Minuten vor der offiziellen Öffnung des Parks – durch
den Personaleingang. Sie brachte ihre persönlichen Sachen
in den Personalraum und machte sich dann direkt auf
den Weg zum Barockgarten. Plötzlich hallte ein gellen-
der Schrei durch die noch menschenleere Anlage. Gesine
beschleunigte ihre Schritte. Der Schrei war direkt aus dem
Barockgarten gekommen, da war sie sich sicher, denn sie
war nicht mehr weit davon entfernt. Als sie dort ankam,
sah sie eine junge Kollegin vor dem Glockenbaum knien.
Gesine hatte sie bereits ein paarmal getroffen, sie gehörte
zum Service-Personal des Cafés. Die junge Frau zitterte
am ganzen Körper und sah Gesine starr vor Schreck entgegen. Zur gleichen Zeit kamen ein paar weitere Mit-

arbeiter auf den Baum zugelaufen, vermutlich ebenso wie Gesine aufgeschreckt durch den panischen Schrei. Plötzlich riss einer der männlichen Kollegen den Arm nach oben und ließ nur ein gequältes »Oh mein Gott« verlauten, bevor er sich die andere Hand vor den Mund presste. Gesine folgte seinem Arm mit ihrem Blick und blieb abrupt stehen. Sie hatte in ihrem Leben schon einiges gesehen, doch das verschlug selbst ihr den Atem. Weit oben am Glocken-Baum hing ein Mensch, genauer gesagt ein Mann. Als Gesine sich überwand und dichter herantrat, wurde erst das gesamte Ausmaß erkennbar: Der Mann hing an einem Seil, dessen Ende ihm um den Hals geschlungen war. Man hätte von einem tragischen Selbstmord ausgehen können, doch Gesines erfahrener Miss-Marple-Blick erkannte sofort, dass es sich um einen Mord handeln musste. Der Mann hatte Würgemale am Hals, da war sich Gesine ganz sicher, auch wenn die Leiche weit über ihr hing und sie das Ganze nicht aus nächster Nähe begutachten konnte. Doch sie schaute schließlich nicht umsonst so viele Krimis. Was jedoch am grausigsten war: Der Mann hatte keine Augen! Stattdessen klafften dort zwei blutige, tiefe Löcher und doch schien der Erhängte einen anzustarren.

Die in der Zwischenzeit recht zahlreich gewordenen, umstehenden Mitarbeiter von Iserhatsche erbrachen sich reihenweise in die Büsche und auf die Wiese. Gesine behielt jedoch einen klaren Kopf und hatte auch einen recht starken Magen und so wurde ihr bewusst, dass offenbar noch niemand den Chef oder aber die Polizei informiert hatte. Während alle noch mit sich selbst und ihrem Schrecken beschäftigt waren, machte sie unauffällig ein paar Fotos vom Tatort mit ihrem Handy – normalerweise schleppte sie es nicht gern mit sich herum, doch hier im Park hatte sie es immer dabei, falls jemand aus dem Personalbüro anrief, um ihr mitzuteilen, wo sie als Nächstes eingesetzt werden würde. Nicht, dass sie jemals auf die Idee käme, derartige Fotos an die Presse zu geben oder ähnliches, aber man wusste schließlich nie, ob die Polizei später nicht irgendetwas übersah und möglicherweise die Hilfe einer aufmerksamen Zeugin benötigte. Dann trat Gesine ein paar Schritte vor und wandte sich an die Kollegen: »Wir müssen den Chef informieren. Und die Polizei! Eigentlich würde ich auch sagen, wir müssen den Mann da runterholen, falls er noch lebt, aber …«, sie räusperte sich, »das ist in diesem Fall wohl ausgeschlossen.« Einige der Kollegen nahmen sie gar nicht wahr, andere sahen sie leicht irritiert an. Die junge Frau aus der Personalabteilung, die Gesine am ersten Tag so nett empfangen hatte, fand als Erste ihre Stimme wieder. »Sie haben völlig recht, Frau Schmitzmayer, natürlich. Ich … ich werde versuchen, den Chef zu finden. Können Sie inzwischen die Polizei verständigen?«

Gesine nickte stumm und sah der jungen Frau nach, die in Richtung der Jagdvilla davonstolperte. Nicht zum ersten Mal in ihrem Leben tippte sie dann die Nummer der Polizei.

»Wer von den Anwesenden ist Frau Gesine Schmitzmayer?«, fragte eine knappe halbe Stunde später eine klare, tiefe Stimme in die Gruppe der Mitarbeiter. Gesine trat vor und sagte: »Das bin ich, ich bin Gesine Schmitz-mayer. Schmitzmayer mit ay und tz!«

»Sie haben uns dann also verständigt«, erwiderte der Kommissar, der sich als Hauptkommissar Diekmann vorgestellt hatte. Seine Kollegen in den weißen Schutz-anzügen waren bereits dabei, die Leiche vom Eisenbaum zu holen, während er selbst sowie ein deutlich jüngerer Kollege mit der Befragung begannen.

»Kennen Sie den Toten?«, fragte der Kommissar an Gesine gewandt, die insgeheim gehofft hatte, dass ihre heimliche Liebe, Kommissar Henning Ludolf aus der Landeshauptstadt Hannover, den Fall übernehmen würde. Aber das konnte ja noch kommen, wenn die hier erst sahen, wie grausig die Leiche zugerichtet war.

»Nein«, antwortete sie wahrheitsgemäß. »Ich habe keine Ahnung, wer das ist. Ich bin ja auch nur dazuge-kommen, nachdem die Frau so geschrien hat.« Gesine zeigte dabei möglichst diskret auf die junge Kollegin, die sich inzwischen zwar ein wenig beruhigt hatte, aber immer noch stark zitterte. Eine andere Kollegin trat auf Gesine und den Kommissar zu. Gesine hatte sie auf dem Gelände zwar das ein oder andere Mal gesehen, jedoch noch nie mit ihr gesprochen. Auch ihren Namen kannte sie nicht, doch als die Frau zu reden begann, kam Gesine ihre Stimme sehr bekannt vor.

»Entschuldigen Sie bitte, Herr Kommissar, wenn ich mich einmische«, begann die junge Frau und sah sowohl den Angesprochenen als auch Gesine entschuldigend an. »Ich kann Ihnen sagen, um wen es sich bei der Lei-che handelt.«

Überrascht sah Kommissar Diekmann auf: »Ach, tatsächlich? Na, dann schießen Sie mal los.« Gesine fand den flapsigen Ton des Kommissars mehr als unangebracht in einer solchen Situation und wunderte sich wieder einmal darüber, wie vielen Polizisten das nötige Fingerspitzengefühl oder aber eine Portion guten Benehmens fehlte.

»Es handelt sich um Claudius von Wildering«, hörte Gesine die Kollegin sagen, und sofort wusste sie, woher ihr die Stimme bekannt vorkam. Diese Frau hatte von der Leiche, natürlich als sie noch keine Leiche war, vor nur einer Woche eine heftige Abreibung erhalten. Und zwar vor dem Fenster des Trausaals, in dem Gesine sauber gemacht hatte!

»Dann wollte der Mann ja heute heiraten, oder?«, fuhr es aus Gesine heraus und sowohl der Kommissar als auch die Kollegin sahen sie irritiert an. Es dauerte eine Weile, bis Gesine die Umstände erklärt hatte. Wenn sie aufgeregt war, redete sie schneller, als sie dachte und dann musste sie sich oft selbst korrigieren. Und aufgeregt war sie inzwischen, denn sie witterte einen Fall, in dem sie endlich mal wieder ein bisschen Miss Marple spielen konnte.

Die Kollegin war wenig begeistert, dass Gesine so offenherzig über den Streit mit Claudius von Wildering berichtete, und versuchte, die Situation zu entschärfen: »Na ja, wissen Sie, Herr Kommissar, es gibt einfach ab und zu auch mal schwierigere Kunden und Gäste. Sicher gehörte Herr von Wildering zu eben diesen, doch ich fand das durchaus verständlich. Schließlich ging es hier um seine Hochzeit. Und das ist wahrlich nicht irgendeine Hochzeit!«

Gesine war verwundert, dass die Kollegin die Situation so herunterspielte, denn schließlich hatte von Wildering sie sehr deutlich beschimpft und beleidigt. Wollte sie nichts Schlechtes über einen Toten sagen? Oder war sie tatsächlich so unempfindlich? Gesine wollte später noch einmal darüber nachdenken und lauschte vorerst der Erklärung der Kollegin zu der opulent geplanten Hochzeit von Claudius von Wildering, einem von Haus aus vermögenden jungen Rechtsanwalt, mit Saskia van Hooven, einer ebenfalls steinreichen Reederstochter aus den Niederlanden.

»Hat denn eigentlich schon jemand die Braut informiert?«, konnte sich Gesine nicht verkneifen und erntete dafür einen bösen Blick des Kommissars. Okay – wenn sie hier noch ansatzweise mit ermitteln wollte, dann musste sie sich jetzt zurückhalten! So fragte sie den Kommissar so höflich wie möglich, ob er sie noch bräuchte, da sie sich sonst gern um ein paar der jüngeren Kolleginnen kümmern würde, die den Anblick der Leiche nicht so gut verdaut hätten wie sie selbst. Nach Angabe ihrer Personalien durfte sie gehen. Nicht zum ersten Mal dachte Gesine daran, wie klug es gewesen war, einen festen Wohnsitz unter der Adresse ihres Vaters anzumelden. Nicht nur bei der permanenten Jobsuche wäre die Aussage, keinen festen Wohnsitz zu haben, ein absolutes Manko. In dieser Situation wäre sie vermutlich sofort unangenehm aufgefallen. Noch unangenehmer, als sowieso schon … Sie entfernte sich und sah sich in Ruhe um. Die uniformierten Polizisten hatten inzwischen den gesamten Barockgarten mit gestreiftem Flatterband großräumig abgesperrt, und dahinter tummelten sich wie üblich die ersten Schaulustigen. Die Öffnung des Parks hatte bereits stattgefunden, bevor die Polizei eingetroffen war, und man hatte sich mit den Beamten darauf einigen können, dass die Anlage bis auf den Barockgarten geöffnet bleiben durfte. Eventuelle Spuren waren durch die ersten Besucher ohnehin längst zerstört oder verfälscht.

»Die arme Braut!«, hörte Gesine kurze Zeit darauf eine Kollegin sagen, die mit einigen anderen in einer kleinen Gruppe zusammenstand. »Das wäre eine absolute Traumhochzeit geworden! Es sollte sogar während der Zeremonie ein Falke dabei sein, der nach der Trauung über dem Brautpaar kreisen sollte. Die von Wilderings haben da ausdrücklich drauf bestanden und waren wütend, als es danach aussah, dass es nicht klappen würde«, wusste die junge Kollegin zu erzählen. »Ich selbst musste mich um die ganze Organisation kümmern, und das in letzter Minute! Typisch reiche Schnösel! Nur weil in ihrem Familienwappen ein Falke auftaucht. Oh mein Gott, da fällt mir überhaupt ein: Dem Mann vom Greifvogel-Gehege muss ich unbedingt Bescheid sagen, dass er nicht kommen muss!« Gesine machte sich schnell ein paar Notizen in dem kleinen Büchlein, das sie für solche Zwecke immer bei sich trug, bevor sie weiter umherstrich, um möglicherweise noch mehr Informationen sammeln zu können.

»Chef«, hörte sie den jungen Kollegen des Kommissars plötzlich rufen. »Chef, ich hab da 'ne wichtige Info – glaub ich jedenfalls.«

»Was ist denn, Hellberg? Schießen Sie schon los«, hörte Gesine den Kommissar antworten und schüttelte den Kopf ob der Einfallslosigkeit des unsympathischen Kommissars. Ging es bei dem denn immer nur ums

Schießen? Es gelang ihr, unauffällig näher an die Kommissare heranzutreten.

»Chef«, erklärte der junge Mann namens Hellberg, »soeben haben wir eine Meldung erhalten, dass im Greifvogel-Gehege, hier in Bispingen, ein irre großer Rabe abhandengekommen ist.«

»Ja und?«, antwortete Hauptkommissar Diekmann barsch, »das hier ist ja wohl wichtiger, oder meinen Sie nicht?«

»Na ja, schon …«, druckste der jüngere der beiden verunsichert herum, »ich mein ja nur, also wegen der … der fehlenden Augen. Finden Sie nicht, dass das irgendwie aussieht, als wenn ein Vogel die ausgehackt hat?«

Der Hauptkommissar lief rot an und Gesine musste sich ein lautes, schadenfrohes Lachen sehr verkneifen.

»Ähm, ach so, das meinen Sie, Hellberg«, ruderte Diekmann pikiert zurück. »Ja, da kann natürlich tatsächlich ein Zusammenhang vorliegen. Ich persönlich glaub das jetzt zwar nicht, doch um Gottes willen überprüfen Sie das halt. Aber erst, wenn Sie hier mit allen Zeugenbefragungen fertig sind.«

Das war Gesines Stichwort. Ihr Einsatz war gefragt! Kurz entschlossen sah sie sich nach der Kollegin aus dem Personalbüro um, die vorhin losgelaufen war, um den Chef zu informieren. Sie entdeckte die Kollegin schließlich in einer kleinen Gruppe und trat auf sie zu.

»Entschuldigen Sie bitte, Frau Strietzel«, begann Gesine vorsichtig und versuchte dabei, einen möglichst leidenden Tonfall verlauten zu lassen. »Es tut mir leid, aber ich glaub, mir schlägt die ganze Situation hier nun doch etwas auf den Magen …«

Wie erhofft, brauchte sie gar nicht weiterzureden, die Kollegin fiel ihr bereits ins Wort: »Kein Problem, Frau Schmitzmayer, Sie waren ja auch eine der Ersten hier am … am Tatort und haben trotzdem als so ziemlich Einzige einen klaren Kopf behalten. So wie es aussieht, wird das Montagnetto heute ohnehin geschlossen bleiben, da kann ich ausnahmsweise auf Sie verzichten. Fahren Sie nach Hause und ruhen Sie sich aus, meine Liebe!«

Erfreut, dass ihr Plan geklappt hatte, drehte Gesine sich um und verließ das Iserhatsche-Gelände. Wohlweißlich darauf achtend, dass sie einen erschöpften Eindruck machte, solange man sie noch sehen konnte. Erst zwei Biegungen weiter beschleunigte sie ihren Schritt, bis sie einigermaßen außer Atem an ihrem Mobilé ankam. Aus dem großen Handschuhfach suchte sie den Prospekt vom Greifvogel-Gehege hervor und studierte die Anfahrtskizze, bevor sie sich direkt auf den Weg dorthin machte.

»Verdammt«, schimpfte Gesine leise vor sich hin, als sie vor dem Eingang des Greifvogel-Geheges stand. »Warum hab ich da nicht im Prospekt schon drauf geachtet!« Ein großes Schild verkündete, dass es täglich nur eine Führung gab, und zwar immer um 15:00 Uhr. Es war aber gerade erst Mittagszeit und Gesine stand wahrlich nicht der Sinn danach, hier – mitten im Wald – nun mehrere Stunden zu vertrödeln. Nachdem sie einen Augenblick überlegt hatte, griff sie zu ihrem Handy, dass sie nach wie vor in ihrer Tasche hatte, und betrachtete erneut das hölzerne Schild. Eine Chance hatte sie noch … Sie wählte die Nummer und bereits nach dem zweiten Klingeln meldete sich eine Frau.

»Schönen guten Tag, mein Name ist Gesine Schmitz-mayer. Ich ... ich komme im Auftrag von ... also ...«, Gesine druckste kurz herum, denn sie wollte auf keinen Fall zu dreist lügen, was sie aber täte, wenn sie behauptete, jemand habe ihr einen konkreten Auftrag erteilt. Sie setzte neu an: »Entschuldigung, ich bin ein bisschen durch den Wind. Also: Sie oder einer Ihrer Mitarbeiter sollte heute bei uns auf Iserhatsche mit einem Falken bei einer Trauung zugegen sein. Ist das richtig?«

Die Frau am anderen Ende der Leitung räusperte sich kurz und erwiderte dann knapp: »Ja, das ist wohl richtig. Auch wenn mir persönlich derartige Aktionen überhaupt nicht gefallen. Das tut den Vögeln nicht unbedingt gut. Aber ich habe mich breitschlagen lassen, weil ich Ihrem Chef noch einen Gefallen schuldig war und weil Herr Kunzendorf sich dazu bereit erklärt hat.«

»Nun«, warf Gesine vorsichtig dazwischen, »dann wird es Sie vermutlich eher freuen, wenn ich Ihnen mitteile, dass die besagte Trauung leider nicht stattfinden kann.«

»Ach, na das nenn ich doch mal einen glücklichen Zufall«, freute sich die Frau tatsächlich unverhohlen. »Darf ich fragen, wer mir dieses Glück beschert?«

Gesine überlegte kurz, wie sie es nun am geschicktesten anstellen sollte. »Also wissen Sie, das ist ehrlich gesagt eine etwas delikate Angelegenheit. Ich würde sie Ihnen gern kurz erläutern, aber nicht am Telefon. Ich stehe bereits bei Ihnen am Eingangstor ... Wäre es vielleicht möglich, dass sie mich kurz reinlassen, damit wir die Angelegenheit klären können?«

Einen Moment lang war es still in der Leitung. Dann

erklang die kratzige, aber nicht unfreundliche Stimme: »Das passt mir zwar gerade nicht wirklich in den Kram, aber na gut. Warten Sie bitte, es dauert ein paar Minuten, dann bin ich bei Ihnen.« Bevor Gesine erwidern konnte, dass sie gern ins Gehege wolle, war die Verbindung beendet. Rund fünf Minuten später erschien eine Frau mittleren Alters in einem bunten Dirndl an der Pforte, die in den Wald hineinführte. »Guten Tag. Sie sind Frau Schmitzmayer?« Gesine nickte. »Dann kommen Sie mal mit.«

Nach wenigen Metern auf dem Waldweg war Gesine klar, warum sie so lange hatte warten müssen. Der Weg führte einige hundert Meter in den Wald hinein, wo dann auf einmal ein großes Wohnhaus zu sehen war. Anstatt auf Greifvogel-Käfige stieß Gesine zuerst auf ein großes geschlossenes Gehege, in dem sich Kaninchen, Meerschweinchen und ähnliches Kleingetier tummelte.

»Wissen Sie, junge Frau«, unterbrach die Betreiberin des Geheges die Stille, »mir passt die Absage tatsächlich gut. Mir ist nämlich ein Vogel ausgebüxt und damit hab ich genug um die Ohren. Ein prachtvoller, zahmer Kolkrabe, eines meiner liebsten Tiere hier. Und ausgerechnet heute hat mein Mitarbeiter Herr Kunzendorf sich krank gemeldet. Er ist so eine Art Ziehvater des Raben. Und obendrein hätte er heute mit dem Falken nach Iserhatsche fahren sollen. Ich hätte also jetzt diese unselige Falkengeschichte selbst übernehmen müssen und parallel hätte ich nach unserem Raben suchen müssen. So kann ich mich ganz auf eine Sache konzentrieren.« Gesine hörte gespannt zu. »Aber nun sagen Sie mir doch mal, warum die Trauung ausfällt? Der Bräutigam war doch so scharf auf diese ganz pompöse Kiste. Was hat der für einen Aufstand veranstaltet. Wie hieß der noch gleich ... von Weil... von ...«

»Von Wildering, Claudius von Wildering«, half Gesine ihr auf die Sprünge. »Und eben dieser Herr von Wildering ist heute Morgen in Iserhatsche tot aufgefunden worden. Ermordet.«

»Ach du liebes Bisschen«, sagte die Frau, wirkte dabei aber sehr gefasst. »Und, weiß man schon, wer es war?«

»Nein«, gab Gesine wahrheitsgemäß an und fuhr dann fort: »Aber sagen Sie – mich interessiert das trotzdem ... –, dürfte ich den Falken vielleicht ausnahmsweise mal anschauen? Wissen Sie, ich sehe das genauso wie Sie: Solche Tiere sind nicht dafür da, für ein paar Emporkömmlinge als Pausenspaß zu agieren.«

Die ältere Frau warf Gesine einen kurzen, prüfenden Blick zu. »Na gut, ausnahmsweise, weil sie sich nun extra den Weg hier heraus gemacht haben.« Gesine folgte der Frau tiefer in den Wald hinein, wo sie schon bald die ersten Vögel entdeckte. Vor allem Käuzchen und Eulen konnte sie erkennen, in allen nur erdenklichen Größen. Gebannt blieb Gesine vor einem riesigen Uhu stehen, der den Kopf hin und her drehte und sie aus großen gelben Augen ansah, genauso wie auf dem Prospekt.

»Was für ein tolles Tier!«, sagte Gesine ehrlich begeistert.

Die Betreiberin des Geheges schien erfreut über so viel Interesse. »Sie können ihn gern mal streicheln, wenn Sie möchten!«

Irritiert sah Gesine sich um. »Den Uhu? Streicheln? Oh je, ich glaub, das trau ich mich nicht.« Beim Wort

»trau« fiel Gesine plötzlich wieder ein, warum sie eigentlich hergekommen war. »Sagen Sie, wie kann es denn eigentlich passieren, dass so ein Rabe einfach verschwindet? Wenn ich das hier richtig sehe, leben Ihre Vögel zwar nicht in Käfigen, liegen aber dafür an einer langen Leine.«

»Ja, das ist richtig. Diese ›Leinen‹ sind aber so lang, dass die Tiere fliegen und sich frei bewegen können. Aber unser Kolkrabe hüpft hier tatsächlich ab und zu ganz frei herum. Wie gesagt, Herr Kunzendorf hat ihn per Hand aufgezogen, der Rabe gehört quasi zur Familie. Und die beiden, also der Rabe und Herr Kunzendorf, die haben sich einfach gefunden. Ich glaube, es gab Zeiten, die hätte der Kollege Kunzendorf nicht durchgestanden, wenn er sich nicht so sehr für dieses wunderbare Tier verantwortlich gefühlt hätte …« Wenig später ergänzte sie: »Aber ich will nicht aus dem Nähkästchen plaudern, darum sind Sie ja schließlich nicht hier.«

Schnell wandte Gesine ein: »Könnten Sie mir vielleicht den kompletten Namen von Ihrem Kollegen nennen? Wir würden uns gern bei ihm persönlich bedanken, dass er es übernommen hätte, unseren Gast zufriedenzustellen.«

»Martin. Martin Kunzendorf«, kam spontan die Antwort. »Ich kann Ihnen aber nicht sagen, wann er wieder da ist. Vorerst hat er sich nur für heute krank gemeldet.«

»Das macht nichts«, antwortete Gesine leichthin. »Ich kann Sie ja noch mal anrufen und nachfragen, wenn wir so weit sind.« Sie sah sich um. »Und wo ist jetzt der Falke?«

Auf dem Weg zurück zum Parkplatz gingen Gesine die verschiedensten Gedanken durch den Kopf. Leider fand sich darunter auch immer wieder das Bild des toten Claudius von Wildering – wahrlich nichts, was sie sich allzu oft vor Augen führen wollte, aber es passierte einfach. Allmählich merkte sie tatsächlich, dass ihr die ganze Sache auf den Magen schlug. Als sie auf die Uhr im Armaturenbrett sah, besann sie sich aber eines Besseren: Sie hatte den ganzen Tag noch nichts gegessen! Sie hatte einfach nur Hunger! Auf dem Stellplatz angekommen, griff Gesine in den Vorratsschrank, dessen Inhalt sie dringend auffüllen musste, falls sie noch länger bleiben würde. Sie entschied sich für zwei Scheiben Brot mit Nutella, etwas Süßes konnte jetzt sicher nicht schaden. Die dick bestrichenen Brote legte sie auf einen Teller, schnappte sich ihr kleines Notizbuch sowie ihren Laptop und verzog sich damit auf die Bettcouch. Sie hatte zwar über den Tag alles Mögliche notiert, aber bisher ergab nichts davon wirklich einen Zusammenhang. Hatte ihr kriminalistisches Gespür sie komplett verlassen? Sonst hatte sie nach einem halben Tag zumindest schon einen ersten Verdacht, aber diesmal … Der Tote war ein absolut unsympathischer Typ, der hatte bestimmt eine Menge Feinde oder zumindest Leute, die ihn nicht leiden konnten. Aber bisher war Gesine keiner davon über den Weg gelaufen, außer eventuell ihrer Kollegin, aber daran wollte sie nicht denken. Sie hatte auch keine Möglichkeit gesehen, mit der Braut in Kontakt zu treten, die nun Witwe war, bevor sie überhaupt geheiratet hatte. Wenn der Täter aus von Wilderings Privatleben kam, würde Gesine kaum eine Chance haben, als würdige Nachfolgerin Miss Marples zu punkten. Aber sie würde am kommenden Tag auf Iserhatsche einfach wieder Augen und Ohren offen halten und schauen, ob sich neue Informationen aufschnappen ließen. Sie klappte den Laptop auf. Bis dahin würde sie einfach noch ein bisschen online recherchieren.

Am nächsten Morgen sprang Gesine förmlich aus dem Bett. Diesmal aber nicht, weil sie so dringend zu ihrem Job wollte, sondern weil sie so früh wie möglich Kommissar Diekmann aufsuchen wollte. Am gestrigen Abend hatte sie ihn auf dem Kommissariat nicht mehr erreichen können, aber sie brannte darauf, ihn zu treffen. Auch wenn sie ihn überhaupt nicht mochte – er war jetzt der Einzige, der ihre Erkenntnisse nutzen konnte. Sie zog ein paar pinke Jeans und eine orange-rot-geringelte Bluse aus dem kleinen Einbauschrank, band ein farblich passendes Samtband in die langen schwarzen Haare und steuerte schon wenige Minuten später das Mobilé auf den Parkplatz der Polizei.

Zwei Wochen später war Gesine noch immer in Bispingen und arbeitete weiterhin fast täglich im Landschaftspark Iserhatsche. Vier Wochen würden noch folgen, von denen die letzte als Urlaubswoche geplant war. Eine weitere Verlängerung war nicht möglich, denn die Hochsaison ging allmählich zu Ende und der Bedarf an Aushilfskräften damit zurück. Doch man hatte Gesine versprochen, sich bei ihr zu melden, falls mal wieder eine »besonders flexible und fleißige Kraft« auf Iserhatsche gebraucht wurde. Sogar eine Festanstellung hatte man ihr schmackhaft machen wollen, doch das kam – selbst hier – für Gesine dann doch nach wie vor nicht infrage.

Sie würde die letzten Wochen genießen und es sich dann noch einige Tage rundum gut gehen lassen. Das hatte sie sich allemal verdient. Allerdings kribbelte es schon wieder – sie musste bald weiterziehen. Ihre Aufgabe hatte sie vollends erfüllt, zumindest sahen das ihre lieb gewonnenen Kollegen so. Nicht ganz so begeistert war Kommissar Diekmann, als in der örtlichen Presse zu lesen war, dass eine *fahrende Putzkraft mit Miss Marple-Gen* der Polizei maßgeblich bei der Lösung des Falles Iserhatsche geholfen hatte. Abstreiten konnte er es allerdings auch nicht.

Als Gesine sich am Abend des Mordes mit dem Laptop auf ihre Bettcouch gelümmelt hatte, hatte sie einfach alle Namen, die ihr am Tage untergekommen waren, gegoogelt. Über die Braut hatte sie nicht viel herausbekommen, außer, dass sie bereits jetzt im Geld schwamm, ganz zu schweigen davon, dass sie als einziges Kind einmal die erfolgreiche Reederei des Vaters erben würde. Hier hatte Gesine nicht den Ansatz eines Motivs gefunden. Über Claudius von Wildering gab es da schon deutlich mehr zu lesen. Als Sohn eines betuchten Richters war er mit dem goldenen Löffel auf die Welt gekommen und hatte Zeit seines jungen Lebens allen gezeigt, dass er sich zu Größerem berufen fühlte und sich das in der Regel kaufen konnte. Er hatte mit mäßigem Erfolg sein Jura-Studium beendet und war durch die Verbindungen seines Vaters schnell in einer namhaften Kanzlei untergekommen. So weit alles nicht übermäßig sympathisch, aber auch nicht verwerflich. Gestolpert war Gesine über einen kleinen, alten Zeitungsartikel, der von einem Unfall berichtete. Ein gewisser Claudius v. W. hatte sich mit mehreren ebenso trinkfreudigen Kumpanen hinter das Steuer seines nagelneuen Sportwagens gesetzt und einen schweren Unfall verursacht. Eine Frau – Sabine K. – war damals schwer verletzt worden und unheilbar erblindet. Auch das hatte Gesine nicht weitergebracht. Als sie gerade überlegt hatte, sich bald schlafen zu legen, hatte sie den letzten Namen auf ihrer Liste bei Google eingetippt: Martin Kunzendorf. Und hier hatte sie endlich den gesuchten Zusammenhang gefunden. Martin Kunzendorf, der Ziehvater des zahmen Kolkraben, war häufig in der Presse zu finden. Es galt als einmalig, dass jemand es geschafft hatte, einem Kolkraben so detaillierte Kunststückchen beizubringen. Umso trauriger sei es, so stand zu lesen, dass seine geliebte Frau Sabine dies nicht mehr mit ansehen konnte, seit sie nach einem Unfall erblindet sei.

Diesen Hinweis und von Wilderings Unfall hatte Hauptkommissar Diekmann nicht ignorieren können, und noch am selben Tag hatten seine Kollegen und er Martin Kunzendorf samt seinem Raben in seinem kleinen Bungalow aufgespürt und vernommen. Der verzweifelte Mann hatte schnell gestanden. Er habe es nicht mehr aushalten können, seine Frau täglich so unglücklich zu erleben, nachdem sie einmal so viele gemeinsame Pläne für die Zukunft geschmiedet hatten. Doch am schlimmsten daran sei für ihn gewesen, dass der schuldige Autofahrer, Claudius von Wildering, so gut wie straffrei davongekommen sei. Neben dem Umstand, dass von Wildering noch minderjährig gewesen war, hatte Kunzendorf dies den weitreichenden Kontakten der Familie von Wilderings zugeschrieben. Mit dieser Ungerechtigkeit habe er nie abschließen können. Und dann war eines Tages der schicksalhafte Moment eingetreten, dass ausgerechnet dieser arrogante Schnösel, dieser Verbrecher, einen Falken für seine Hochzeit forderte, und er, Martin Kunzendorf, diesen Falken beaufsichtigte. Kunzendorf hatte nicht viel Zeit gehabt, seine Tat zu planen, und den Falken konnte er für seine Idee nicht einsetzen. So hatte er den jungen Mann unter einem Vorwand am Abend vor der Hochzeit kurz vor Schließung des Anwesens noch nach Iserhatsche gelockt und ihn in einem abgelegenen Stück des Parks erwürgt. Anschließend hatte er ihn am Glockenbaum aufgehängt. Weniger, um den Eindruck eines Selbstmords vorzutäuschen, sondern eher um von Wildering vor aller Welt bloßzustellen. Im Anschluss war es ein Leichtes gewesen, seinen geliebten Raben dazu zu bringen, der Leiche die Augen auszuhacken. Das Tier folgte ihm aufs Wort und Kunzendorf hatte die Augen mit einer bestimmten Creme bestrichen, die der Rabe seit Jahren als Gaumenschmaus empfand …

Bereits in frühgeschichtlicher Zeit haben sich die Menschen das Gebiet bei Bispingen ausgesucht, um hier zu leben. Das zeigen zahlreiche historische Funde. Kein Wunder: Das typische Heidedorf Bispingen und die Region darum herum locken auch heute noch zahlreiche Besucher an, was sicherlich am Erholungswert in schönster Natur bei gleichzeitigem Erlebniswert in einem der vielen umliegenden und einzigartigen Freizeitparks bzw. -einrichtungen liegt.

75 Der 23 Hektar große Landschaftspark Iserhatsche (Nöllestraße 40, 29646 Bispingen) unterliegt einer ständigen Veränderung, da immer wieder eine Sehenswürdigkeit hinzukommt oder erweitert wird. Was stets gleich bleibt, ist seine erstaunliche Einzigartigkeit. Deswegen hört sich »Landschaftspark« auch viel zu normal an, denn Iserhatsche beheimatet die skurrilsten Überraschungen. Auch Märchenpark trifft es nicht, vielleicht Fantasieland? Vom künstlichen Berg, über eine Grotte und eine Arche bis hin zu künstlichen Seen, einem philosophischen Sprücheparcour, einem Baum, der Volkslieder spielt, einer Jagdvilla und unvorstellbar viel mehr, muss man Iserhatsche einfach gesehen haben, da es sich kaum mit Worten beschreiben lässt.

76 Das Ralf Schuhmacher Kartcenter (Horstfeldweg 5, 29646 Bispingen) ist mehr als Kartfahren. Es beher-

bergt neben einer Kartbahn ebenso ein Bowling-
center, einen Bogenschießbereich und darüber hinaus auch Festräume für besondere Anlässe sowie
Tagungsräume, da neben Freizeit-Besuchern auch
viele Unternehmen dieses besondere Center zur
Mitarbeitermotivation oder Kundenbindung mit
Spaßfaktor besuchen.

77 Das Center Parcs Bispinger Heide (Töpinger Straße
69, 29646 Bispingen) ist ein Ferienpark für Familien. Wer will, kann hier seinen Urlaub verbringen,
ohne das Center Parcs Bispinger Heide ein einziges
Mal zu verlassen. Hier gibt es auf 90 Hektar im tro-
pischen Ambiente Geschäfte, Restaurants und jede
Menge Unterhaltung. Die Wasserwelt Aqua Mundo
lässt vor allem Kinderherzen höher schlagen, während das Wellness Center Nature & Spa gern von
den Erwachsenen aufgesucht wird. Um die Ferien-
häuser herum lassen sich weitere Aktivitäten finden,
wie Bogenschießen, Wildwassersurfen oder Tauch-
spaß.

78 Mindestens eine Kutschfahrt (über den Verkehrsver-
ein Bispingen: Borsteler Straße 6, 29646 Bispingen)
gehört zu einem Aufenthalt in der Lüneburger Heide
dazu, ganz gleich ob man nur für eine Tagestour hier
ist oder für einen mehrtägigen Urlaub. Meist kann
man wählen, ob die Kutsche einen als »Pferde-Taxi«
von A nach B bringt, ob man eine geführte Rund-
tour per Kutsche bucht oder sich sogar stunden-
bis tageweise durch die Heidelandschaft kutschie-

ren lässt. Gern zeigen Ihnen die geprüften Kutscher die schönsten Plätze »ihrer« Heide.

79 Das verrückte Haus (Horstfeldweg 1, 29646 Bispingen) entführt Sie in eine verdrehte Welt, denn es steht auf dem Kopf. Deswegen steht auch seine Inneneinrichtung in insgesamt neun Räumen verteilt auf zwei Etagen auf dem Kopf. Haben Sie so etwas schon einmal gesehen? Es ist, als würden Sie im Handstand durch die Welt laufen. Und weil Das verrückte Haus zusätzlich noch eine Neigung hat, bringt es auf lustige Weise den Gleichgewichtssinn durcheinander. Hört sich schräg an, oder? Ist es auch!

80 Das Greifvogel-Gehege Bispingen (An der Bundesstraße 209, 29646 Bispingen) liegt umgeben von Wald und Heide und ist das Zuhause von Adlern, Falken, Habichten, Bussarden und Eulen. Hier sind die etwa 90-minütigen Führungen durch das Gehege ein echtes Erlebnis, wobei sie dabei durchaus mal mit den Tieren auf Tuchfühlung gehen können.

IM NAMEN DER KUNST
EIN KURZKRIMI RUND UM UELZEN

Gesine Schmitzmayer saß in der Bahn. Sie war nicht mehr mit der Bahn gefahren, seit … ja, seit sie ihr Mobilé besaß! Sie zippelte an ihren Haarspitzen herum, was sie automatisch und fast unbewusst tat, wenn sie sich nicht wohlfühlte. Und beim Bahnfahren fühlte sie sich definitiv nicht wohl! Doch diesmal hatte es sich nicht vermeiden lassen. Nach dem für sie ungewohnt langen Aufenthalt in Bispingen hatte ihr geliebtes Vehikel ein paar Zicken gemacht und nach einem Blick in ihre alten Kalender – sie hatte sich angewöhnt, die Kalenderblätter ihres Timers aufzuheben, um immer mal wieder »zurückblicken« zu können – war ihr aufgefallen, dass das Mobilé dringend mal wieder eine Inspektion nötig hatte. Solche Dinge waren für Gesine eigentlich überflüssig und die Kosten dafür taten ihr weh, oder besser gesagt ihrem schmalen Geldbeutel. Doch da ihr Mobilé nicht nur fahrbarer Untersatz, sondern zugleich ihr Zuhause war, war eine zumindest sporadische technische Kontrolle unabdingbar. Und so saß sie jetzt in der Bahn, um zu ihrem nächsten Job zu gelangen …

Ihren nächsten Job hatte Gesine in Uelzen. Hildegard Pregat, bei der sie ab und an Haus und Hund hütete, hatte ihr diese kurzzeitige Arbeitsstelle vermittelt. Eine sehr gute Bekannte von Frau Pregat – eine freischaffende Künstlerin aus Uelzen – wollte mehrere Monate in Spanien verbringen, um sich neue Inspirationen zu verschaffen. Während dieser Zeit sollte ihre großzügige Atelierwohnung in Uelzen ab dem nächsten Ersten untervermietet werden. Während die Pregats sich für ihre Freundin um die Untervermietung kümmerten, sollte Gesine im Vorwege noch mal alles ordentlich und sauber herrichten. Drei bis fünf Tage hatten sie gemeinsam dafür zu einem einträglichen Festpreis veranschlagt und während dieser Zeit konnte Gesine auch in der Wohnung übernachten. Normalerweise hätte sie diese Option gar nicht in Erwägung gezogen, denn sie fühlte sich in ihren eigenen vier Wänden – auch wenn diese auf Rädern standen – einfach am allerwohlsten. Doch nun hatte sie die Gunst der Stunde genutzt, ihr etwas geschwächtes Vehikel zu einem Bekannten nach Lüneburg gebracht, der in seiner kleinen Werkstatt alles zu einem erschwinglichen Preis wieder auf Vordermann brachte, und sich dort direkt in den Zug nach Uelzen gesetzt. Vorher hatte sie ihre innig geliebten Tiere – die zwei Frettchen und die beiden Kanarienvögel – zu ihrem Vater gebracht, der sich bereit erklärt hatte, für die wenigen Tage die Lieblinge seiner Tochter in Obhut zu nehmen.

»Nächster Halt Uelzen«, ertönte es nun auch schon aus dem Lautsprecher des Metronom-Zuges und Gesine raffte ihre Taschen zusammen. Es war ihr schwergefallen, zu entscheiden, was sie für die paar Tage alles aus dem Mobilé ausräumen und mitnehmen sollte. Am Ende waren eine große Reisetasche, ein geräumiger Rucksack und ein knallbunter Jutebeutel zusammengekommen, die Gesine nun aus dem Gepäckfach zerrte und sich damit bepackt in Richtung Tür bewegte.

Fünf Minuten später stand sie bereits auf dem fast

schon berühmten Hundertwasser-Bahnhof 81, der offiziell zu den zehn schönsten Bahnhöfen der Welt gezählt wurde. Gesine stellte ihre Taschen auf einer Bank ab und atmete tief durch. Nicht, dass die Luft auf einem Bahnsteig zwingend frisch und gut war, doch sie war einfach froh, dem stickigen, miefigen Bahnabteil entkommen zu sein.

Nun war sie also in Uelzen. Erst ein einziges kurzes Mal hatte ein Putzjob sie bisher in diese Stadt geführt, und damals hatte sie so viel arbeiten müssen, dass sie vom Drumherum kaum etwas gesehen hatte. Da sie sich diesmal die Arbeitszeit komplett frei gestalten konnte, sollte das nun ganz anders aussehen, denn wie sie wusste, hatte Uelzen eine ganze Menge zu bieten, vor allem kulturell, was ganz nach Gesines Geschmack war. Entspannt schlenderte sie in Richtung Hauptausgang. Es war noch recht früh am Morgen und nachdem die Berufspendler bereits abgefahren waren, hielt sich das Aufkommen an Bahnreisenden in Grenzen. Doch in einiger Entfernung konnte Gesine schon von Weitem eine Menschentraube ausmachen. Was mochte dort los sein? Vielleicht einfach nur eine Führung durch den künstlerisch gestalteten Bahnhof? Oder vielleicht ein paar Musiker, die sich hier ein paar Euros verdienten? Die fahrende Putzfrau wollte es genauer wissen, ihre ausgeprägte Neugier siegte wieder einmal, und so lenkte sie ihre Schritte zu der Menschenansammlung. Als sie näher kam, konnte sie eine Absperrung aus rot-weiß-gestreiftem Plastikband erkennen, wie die Polizei sie oft benutzte, um einen Tatort abzusperren. Gesines Herz pochte schneller. Ihr Miss Marple-Instinkt ließ sie vermuten, dass hier etwas passiert war – vielleicht wurde sie gebraucht! Sie wurschtelte sich ungeniert durch die Menschenmenge, was mit den drei ausladenden Taschen nicht ganz einfach war und bei den Umstehenden für lautstarken Ärger sorgte, doch das interessierte Gesine nicht sonderlich. Sie musste wissen, was hier los war! Als sie endlich so weit nach vorn durchgedrungen war, dass sie etwas sehen konnte, blieb ihr für einen kurzen Moment die Luft weg: Ihr Instinkt hatte sie nicht getäuscht – hier war ein Mord geschehen! Gesines Augen tasteten Stück für Stück den Tatort und das Geschehen ab, was aufgrund der ungewöhnlichen Farben- und Formenvielfalt in diesem Gebäude gar nicht so einfach war. Mehrere Polizisten bemühten sich, die Schaulustigen hinter der Absperrung zu halten. Zwei Personen in den obligatorischen weißen Schutzanzügen, die Gesine schon so oft gesehen hatte, verrichteten ihre Arbeit – die Spurensicherung! Eine junge Frau in Uniform befragte ein paar der Umstehenden und ein Mann, von dem Gesine bisher nur den Rücken sehen konnte, kniete am Boden. Irgendwie kam ihr dieser Rücken bekannt vor … In diesem Moment stand der Mann auf und drehte sich leicht zur Seite: Es war Kommissar Henning Ludolf aus Hannover! Gesines Herz begann zu rasen und sie fühlte förmlich, wie sie errötete. Zum Glück sah er nicht in ihre Richtung. Obwohl – wenn Gesine ehrlich zu sich selbst war, wusste sie nicht einmal, ob Henning Ludolf sie erkennen würde. Schließlich war ihre letzte Begegnung schon lange Zeit her … Gesine riss sich selbst aus ihren Träumen und mahnte sich zur Vernunft. Wenn Henning Ludolf, der Mann, in den sie seit Langem heimlich verliebt war, extra aus Hannover nach Uelzen gekommen war, dann musste das hier ein größerer Fall sein! Sie versuchte, sich wieder auf das Geschehen zu konzentrieren, auch wenn ihr Blick immer mal wieder zu Henning Ludolf abdriftete. Nachdem der Kommissar sich erhoben hatte, konnte Gesine endlich Genaueres erkennen. Auf dem Boden lag eine tote Frau. Sie war nackt und doch wieder nicht, denn sie war am ganzen Körper bemalt. »Bodypainting« nannte man so was wohl, Gesine hatte mal einen Bericht darüber im Fernsehen geguckt. Es hatte einen Moment gedauert, bis sie die Frau wirklich »gesehen« hatte, denn die Bemalung des Körpers war exakt dem Hintergrund angepasst. Für jemanden, der den Hundertwasserbahnhof nicht kannte, mochte das einfach klingen, zum Beispiel ein grau bemalter Körper vor einer Betonwand oder aber ein mit roten Klinkern bemalter vor einer Steinmauer. In diesem Fall war das jedoch eine ganz andere Größenordnung. Im Innenbereich des Uelzener Bahnhofs fanden sich zahlreiche Säulen in den schillerndsten Farben und wildesten Mustern. So gut wie nichts schien hier gerade zu sein. Gesine war sich aus der Entfernung, die sie einhalten musste, nicht sicher, ob die Leiche der Frau vor einer dieser Säulen lag – eigentlich musste man hier sagen drapiert war – oder ob sie sogar irgendwie daran befestigt war. In jedem Fall passte die Bemalung des nackten Körpers absolut genau in den bunt gemusterten Hintergrund, sodass der Leichnam aus der Entfernung vermutlich gar nicht auffallen würde. Gesine staunte noch immer: Wenn es nicht so tragisch wäre, müsste man hier eigentlich von einem ganz großen Kunstwerk sprechen. In ihrem krimigeübten Kopf ratterte es wie wild. Welcher Mörder machte sich eine solche Mühe und ging gleichzeitig ein solches Risiko ein? Schließlich musste es gedauert haben, die Leiche genauso zu platzieren, dass alles akkurat passte. Auf keinen Fall konnte er die Leiche erst nach dem Ablegen bemalt haben, das hätte er zeitlich niemals unbemerkt schaffen können. Der Täter musste die Frau also vorher bemalt haben. Als Henning Ludolf wieder in Gesines Blickfeld geriet, musste sie lächeln. Bestimmt gingen ihrem Schwarm gerade ganz genau dieselben Gedanken durch seinen schönen, grau melierten Kopf … Gerade noch rechtzeitig dachte die Putzfrau daran, ihr Handy aus dem Rucksack zu kramen. Wie gut, dass sie es zwangsläufig dabei hatte, während es normalerweise in ihrem Mobilé gelegen hätte. So unauffällig wie möglich machte sie zwei Fotos von der Leiche, denn prinzipiell schien ihr das schon sehr pietätlos. Doch ihre kriminalistische Erfahrung hatte sie gelehrt, dass ein Foto vom Tatort im Nachhinein sehr hilfreich beim »Ermitteln« sein konnte. Und in einem Fall wie diesem sicher ganz besonders. Direkt nachdem die Kamera ihres Handys zum zweiten Mal »Klick« gemacht hatte, wurde der Leichnam von zwei Männern in einen Leichensack gelegt und zum Abtransport vorbereitet. Im gleichen Moment wurden nun die Uniformierten strenger und drängten alle Schaulustigen inklusive Gesine, den Bahnhof zu verlassen. Sie wollte vor Henning Ludolf keinesfalls in Ungnade fallen und ihm – wenn überhaupt – negativ auffallen, darum fügte sie sich und verschwand durch den Ausgang des Gebäudes in Richtung Innenstadt.

Die Wohnung lag mitten in der Einkaufszone von Uelzen, was Gesine sehr freute, da sie hier auch ohne Mobilé alle nötigen Besorgungen ohne großen Aufwand würde erledigen können. »Wow!«, entfuhr es ihr, als sie das geräumige Dachgeschoss-Loft mitten in der Uelzener Innenstadt betreten hatte. Nachdem Gesine ihre wenigen Habseligkeiten ausgepackt und in einer kleinen, leeren Kommode verstaut hatte, sah sie sich in aller Ruhe die Atelierwohnung an, die für die nächsten Tage ihr Zuhause sein würde. In einer so großen Wohnung hatte sie noch nie gewohnt, und sie konnte sich auch nicht vorstellen, sich etwas Derartiges jemals leisten zu können. Nicht, dass sie sich das unbedingt wünschen würde – sie fühlte sich auf engem, kuscheligem Raum wie in ihrem Mobilé absolut wohl. Aber interessant würde es schon sein, ein paar Tage Freiraum zu schnuppern. Das einzige Zimmer der Wohnung, das eine Tür besaß, war das Bad, alles andere ging offen ineinander über. Große Fensterflächen und sogar zwei Dachfenster fluteten das gesamte Loft mit Sonnenlicht, von dem es an diesem spätsommerlichen Tag eine ganze Menge gab. Die Einrichtung war zwar modern, aber eher schlicht, was sich Gesine in einer Künstlerwohnung ganz anders vorgestellt hatte, doch nach einigen Minuten wurde ihr der Grund dafür klar: Die vielen großflächigen Bilder an den Wänden, die ein Meer von Farben widergaben, kamen gerade durch die Schlichtheit des Umfelds viel besser zur Geltung. Es waren sehr abstrakte Bilder, in denen Gesine nur selten etwas zu erkennen glaubte, aber irgendwie gefielen sie ihr. So also lebte eine Künstlerin ... Ob der künstlerisch begabte Mörder der Frau am Bahnhof ein vergleichbares Leben führte? Sofort wanderten Gesines Gedanken auch wieder zu Henning Ludolf und gleichzeitig zu den wenigen Klamotten, die sie für ihren Aufenthalt mitgenommen hatte. Falls sie »ihren« Kommissar hier treffen sollte, wollte sie unbedingt gut aussehen und sie war nicht sicher, ob sie etwas Passendes für einen solchen Anlass dabei hatte. Vielleicht würde sie sich einfach mal wieder ein neues Outfit gönnen und einen Teil des Verdienstes hier in Uelzen dafür investieren. Möglicherweise war das ja eine Art Investition in die Zukunft … Gesine beendete sowohl ihre Träumerei als auch den Rundgang durch die Wohnung. Als Erstes würde sie jetzt in den Supermarkt gehen, den sie auf dem Weg schräg gegenüber entdeckt hatte, und den Kühlschrank für die nächsten Tage füllen.

Kommissar Henning Ludolf saß an einem kleinen Schreibtisch, den man ihm in der Uelzener Dienststelle zur Verfügung gestellt hatte, damit er von hier aus die Ermittlungen in dem Mord am Bahnhof leiten konnte. Am sehr frühen Morgen hatte er einen Anruf erhalten, dass er nach Uelzen fahren müsse, weil dort ein Mord passiert sei. Als er um kurz nach 4 Uhr früh in seinen Dienstwagen gestiegen war, hatte er sich noch darüber geärgert, warum er ganz aus Hannover dorthin fahren musste, denn er hätte gern ein paar Stunden länger geschlafen. Am Tatort angekommen, war dieser Frust jedoch schnell vergessen gewesen, denn hier handelte es sich definitiv um keinen normalen Mordfall, sondern um etwas Spezielles, und Henning Ludolf liebte Herausforderungen, zumindest in beruflicher Hinsicht. Abgesehen von der Besonderheit der Leiche, die er vorgefunden hatte, war ihm am Tatort noch etwas anderes aufgefallen. In der Menge der Schaulustigen hatte er eine Frau entdeckt, die er kannte: Gesine Schmitzmayer. Es war schon eine ganze Weile her, dass er bei einer seiner Ermittlungen mit ihr zu tun gehabt hatte. Wenn er sich recht erinnerte, war sie eine wichtige Zeugin gewesen. Woran er sich auf jeden Fall erinnerte, war, dass sie anders war als die meisten Frauen, die er sonst kennenlernte. Ziemlich schräg, aber irgendwie auch recht beeindruckend. Was für ein merkwürdiger Zufall, dachte der Kommissar, dass ich sie jetzt hier in Uelzen treffe. Er glaubte sich zu entsinnen, dass sie damals als eine Art fahrende Putzfrau gearbeitet hatte und sich eigentlich nie länger als ein paar Wochen an ein und demselben Ort aufhielt. Ob sie dieser ungewöhnlichen Tätigkeit noch immer nachging? Oder lebte sie vielleicht inzwischen hier in Uelzen? Henning Ludolf schüttelte den Kopf und schalt sich selbst. Anstatt über diese zugegeben interessante Frau nachzudenken, sollte er sich um seinen neuen Fall kümmern. Der würde seine ganze Aufmerksamkeit in Anspruch nehmen, denn eines war klar: Hier war kein normaler Mörder am Start, sondern … In diesem Moment klingelt sein Handy und er erkannte die Nummer des Pathologen aus Hannover, zu dem die Bahnhofsleiche geschafft worden war.

Als Gesine mit einem prall gefüllten Rucksack und dem ebenfalls vollgepackten Jutebeutel wieder an dem Wohnhaus ankam, in dem sich die Atelierwohnung befand, waren fast drei Stunden vergangen. Auf dem Weg zum Supermarkt hatte sie sich zu einem kleinen Bummel verleiten lassen. Bei den Boutiquen hatte sie es bei einem jeweiligen Blick ins Schaufenster belassen und sich einen Überblick verschafft, ob es hier überhaupt etwas für ihren doch etwas ungewöhnlichen Geschmack geben konnte. Im Anschluss hatte sie in einer kleinen Buchhandlung ein bisschen gestöbert und sich einen neuen Krimi gegönnt. Dann hatte sie sich genauer angesehen, was ihr auf dem Weg vom Bahnhof zur Wohnung aufgefallen war: Den Weg der Steine **82**. Besonders angetan hatte es ihr der 14. Stein, der sogenannte Stein des kosmischen Pferdes und allein diese Steinskulptur der Künstlerin Dagmar Glemme hatte sie sicher eine Viertelstunde lang intensiv bewundert. Das war eine Art von Kunst, die Gesine besonders gefiel: Bunt, groß und einfach irgendwie anders. Bei diesem Gedanken hatte die Putzfrau schmunzeln müssen, denn vermutlich wären das genau die Worte, die sie nennen würde, wenn sie sich selbst beschreiben müsste. Sie war noch einmal bewusst mit der Hand den Stein entlanggefahren und hatte die blaue Flanke des Pferdekörpers gestreichelt, bevor sie sich davon trennte. Im historischen Stadtkern von Uelzen **83** war sie auf die imposante St. Marien-Kirche **84** gestoßen. Die wollte sie sich allerdings erst an einem der nächsten Tage in Ruhe ansehen. Umso gezielter war sie dann auf eine Bronzefigur zugeschritten. Den Uhlenköper **85** kannte sie noch von ihrem letzten Besuch in Uelzen und sie hatte sich schon damals vorgenommen, ihn auf jeden Fall wieder aufzusuchen, wenn sie jemals erneut nach Uelzen kommen sollte. Gesine hatte wie beim ersten Mal, als sie hier gewesen war, die Augen geschlossen und das Goldstück in den Händen des Uhlenköpers gerieben, denn es hieß, das solle Glück bringen. So etwas konnte sich Gesine nicht entgehen lassen.

Gut gelaunt und voller Tatendrang stand Gesine nun in der Eingangstür des großen Wohnhauses und überlegte, ob sie aufgrund der schweren Einkäufe den Fahrstuhl nutzen oder doch über die Treppe ins Dachgeschoss laufen sollte. Nach kurzem Zögern entschied sie sich für die Treppe. Ein bisschen Bewegung schadete schließlich nie. Sie summte die Melodie einer ihrer Lieblingsschlager vor sich hin, der ihr seit dem Morgen wie ein Ohrwurm nicht mehr aus dem Kopf ging: »Es fährt ein Zug, nach Nirgendwo …« Als sie im zweiten von vier Geschossen ankam, hörte sie Stimmen aus einer offen stehenden Wohnung.

»Wir werden wiederkommen müssen, wenn die Spurensicherung hier durch ist«, sagte eine männliche Stimme.

»Okay, Chef, dann informiere ich die Kollegen entsprechend«, antwortete eine Frau. »Bei dem Chaos hier werden die eine Weile brauchen, bis sie durch sind.«

Gesine huschte schnell an der offenen Tür vorbei, jedoch nicht, ohne einen flüchtigen Blick auf das Namensschild an der Tür zu werfen. *Sonja Marquardt – Künstlerin* stand dort in geschwungener Handschrift. Offenbar wohnten in diesem Haus mehrere Künstler. Was mochte dort passiert sein, dass die Spurensicherung angefordert wurde – ein Einbruch? Sofort bereute Gesine, dass sie ihr Mobilé nicht dabei hatte und in der Wohnung einer Fremden schlafen musste. Möglicherweise waren hier gerade Kunstdiebe auf Raubzug und glaubten, auch in der Wohnung im Dachgeschoss fündig zu werden. Nicht auszudenken, wenn jemand nachts in die Wohnung kam, während sie selbst dort, nichts

Böses ahnend, selig träumte! Gesine stellte ihre Taschen auf dem Flur der nächsten Etage ab und schlich vorsichtig wieder ein paar Stufen zurück, bis sie den Eingang der offen stehenden Wohnung im Blickfeld hatte. Genau in diesem Moment trat auch schon jemand aus der Wohnung heraus: Es war Kommissar Henning Ludolf! Schnell lehnte sie sich wieder zurück, damit sie von unten nicht gesehen werden konnte.

»Haben Sie den Laptop von Frau Marquardt eingepackt?«, hörte sie Ludolf fragen.

»Ja, Chef, und den Terminkalender auch«, antwortete wieder die Frauenstimme. »Ich werde mich gleich auf der Dienststelle dransetzen, um zu sehen, ob irgendwas Brauchbares drinsteht. Im besten Fall hatte Frau Marquardt ja sogar einen Termin mit ihrem Mörder.«

Gesine stockte der Atem – Mörder? Hatte hier etwa die tote Frau vom Bahnhof gelebt? Sie hörte, wie die Tür der Wohnung verschlossen wurde. Wenig später entfernten sich Schritte und die schwere Haustür im Erdgeschoss rastete ein. Mit den Einkäufen erneut bepackt, stieg sie die letzten Stufen hinauf ins Loft, wo sie schnell alles in die Küche räumte. Dann sah sie sich um und überlegte: Sollte sie anfangen, ihren Job zu machen, für den sie hier war, oder sollte sie vielleicht erst mal recherchieren? Da sie quasi eine Nachbarin der Ermordeten war, war es da nicht geradezu ihre Pflicht, die Ermittlungen der Polizei zu unterstützen? Entschlossen holte Gesine ihre Reisetasche hervor, die sie unter das Bett geschoben hatte, nachdem sie ihre Kleider entnommen und in die Kommode geräumt hatte. Sie öffnete sämtliche Innenfächer und das große Reisverschlussfach an der Seite, doch das, was sie suchte, war nicht da: ihr Laptop. Dann fiel ihr mit Schrecken ein, dass sie es tatsächlich im Mobilé liegen gelassen hatte. Ihre Lieblingsstiefel, die für die sommerlichen Temperaturen eigentlich viel zu dick gefüttert waren, hatten unbedingt mitgemusst. Als sie nicht mehr in die bereits gut gefüllte Reisetasche gepasst hatten und Gesine auch keine vierte Tasche mitschleppen wollte, hatte sie das Laptop rausgeholt und die Stiefel dafür reingestopft. Wie hatte sie auch damit rechnen können, dass sie in Uelzen erneut einem Verbrechen begegnete? Frustriert schob sie die Tasche wieder unter das Bett und überlegte, was sie nun tun könnte. Ihr Handy war so alt, dass es noch nicht internetfähig war, es konnte – von der Telefonfunktion abgesehen – gerade einmal Fotos machen. Normalerweise hatte Gesine damit auch nicht das geringste Problem, denn sie fand den ganzen Handykult maßlos übertrieben, aber in diesem Moment bereute sie, dass sie nicht etwas mehr mit der Zeit ging, was solche technischen Entwicklungen betraf.

Plötzlich kam ihr ein Gedanke: Hatte sie nicht vorhin bei ihrem Rundgang durch die Wohnung einen Bildschirm gesehen? Sie stand auf und blickte sich um. Tatsächlich, auf einem großen Schreibtisch an einem der Fenster stand ein Computerbildschirm und darunter ein Rechner. Nur kurz zögerte Gesine, ob sie es wagen durfte, den Computer zu benutzen. Dann redete sie sich selbst gut zu, dass die Besitzerin der Wohnung den Computer wohl kaum hier stehen gelassen hätte, wenn sich darauf wichtige persönliche Daten befanden oder Ähnliches. Schließlich sollte die Wohnung möbliert vermietet werden, und ob nun ein späterer Untermieter das Ding benutzte oder sie selbst schon jetzt … Gesine schüttelte die letzten Zweifel ab und schaltete den Rechner ein.

Kommissar Henning Ludolf biss hungrig in den üppig gefüllten Croque, den ihm die junge Kollegin, die man ihm für die Ermittlungen an die Seite gestellt hatte, mitgebracht hatte. Seit er in aller Herrgottsfrühe aufgestanden war, hatte er noch nichts gegessen, und wenn er Hunger hatte, wurde er zusehends ungenießbarer. Fastfood war zwar nicht wirklich nach seinem Geschmack, aber bei seinem Job ging es manchmal einfach nicht anders. Schon gar nicht, wenn er in eine andere Stadt beordert wurde, um dort die Ermittlungen zu übernehmen. Auch wenn er erst seit ein paar Stunden vor Ort war, wurmte es ihn, dass er noch keine kleinste Spur hatte. Dieser Fall war nicht nur sehr sonderbar, sondern schien obendrein knifflig zu werden. Über die Jahre hatte er ein Gespür dafür entwickelt und sein Instinkt täuschte ihn selten. Bisher wusste er nur, dass es sich bei der Toten vom Bahnhof um eine freischaffende Künstlerin aus Uelzen handelte. Ihm selbst war der Name – Sonja Marquardt – zuvor noch nie untergekommen, weltberühmt schien sie also eher nicht gewesen zu sein. Das hatte auch der Besuch ihrer Wohnung bestätigt, die er in Augenschein genommen hatte, nachdem ein Ladeninhaber im Bahnhofsgebäude den Polizeibeamten mitgeteilt hatte, dass er die Frau kannte, und ihnen den Namen genannt hatte. Die Wohnung lag in einem mehrstöckigen Haus, das von außen recht chic und modern wirkte. Die Wohnung von Sonja Marquardt war jedoch relativ klein, hätte längst eine Renovierung nötig gehabt und wirkte insgesamt vor allem chaotisch und überfüllt.

Typisch Künstler, war der erste Gedanke des Kommissars gewesen, als er versucht hatte, sich zwischen all den Farben, Leinwänden, Pinseln und Kartons ein Bild der Bewohnerin zu machen. Laut Aussage des Hausmeisters hatte die Künstlerin die Wohnung vor ungefähr acht Jahren angemietet und seitdem dort gelebt und gearbeitet. Der ältere Herr hatte nicht die beste Meinung von Sonja Marquardt. Ab und zu habe er sie aufgesucht, um nötige Kleinreparaturen vorzunehmen, wie einen tropfenden Wasserhahn. Ihm sei sie immer extrem unbeholfen und weltfremd vorgekommen, hatte er gesagt und ebenfalls den Ausspruch »typisch Künstler eben« verwendet. Er sei zwar einiges gewohnt, zumal in dem Wohnhaus noch zwei weitere Künstler lebten, doch diese Mieterin sei ganz klar die schlimmste gewesen. Sie habe sich für etwas Besseres gehalten, gab sich immer als die berühmte Künstlerin, doch er selbst habe nie erlebt, dass sie große Erfolge gefeiert hätte, hatte der Hausmeister erklärt. Ludolf nahm die Aussage zwar ernst, würde sich aber auf jeden Fall noch ein paar weitere Meinungen über die Tote einholen müssen, um ein korrektes Bild zu bekommen. Die Art, wie die Tote am Bahnhof abgelegt worden war, ließ in seinen Augen auf ein persönliches Motiv schließen. Gleichzeitig musste es aber mit der Kunstszene zu tun haben, schließlich war sie in einer Form bemalt worden, die auch beim Mörder ein nicht gerade geringes künstlerisches Talent erforderte. Sie mussten das Umfeld von Sonja Marquardt durchleuchten, um weiterzukommen, es sei denn, es meldete sich doch noch ein Zeuge, der in der Nacht etwas beobachtet hatte. Ludolf hatte auf mögliche Überwachungskameras am Bahnhof spekuliert, doch bei der Überprüfung war herausgekommen, dass dort zwar Kameras liefen, aber genau die Stelle, an der die Tote aufgefunden worden war, in einem toten Winkel lag. Auch hier kamen sie also nicht weiter. Es führte nur zu einer weiteren Frage, nämlich ob der Täter den toten Winkel der Kamera kannte oder ob es sich um einen unglücklichen Zufall handelte. Das einzig Konkrete hatte bisher die Rechtsmedizin geliefert, die dem Kommissar mitgeteilt hatte, dass es sich bei der Todesursache mit hoher Wahrscheinlichkeit um eine Vergiftung handelte. Was für ein Gift es genau war, würden aber erst weitere Untersuchungen hervorbringen. Und ohne den Namen des Giftes zu kennen, konnte Ludolf auch in dieser Richtung nicht ermitteln. Momentan blieb ihm nichts anderes übrig, als abzuwarten, was für Informationen die Kollegin aus dem Laptop oder dem Timer der Toten herausholen konnte.

Gesine hatte Glück: Der Zugang zum Rechner der Wohnungsinhaberin war nicht durch ein Passwort verschlüsselt. So ging sie ins Internet, rief die Suchmaschine auf und gab als Erstes den Namen Sonja Marquardt ein. 312.000 Einträge spuckte die Maschine aus, doch bereits nach der groben Übersicht der ersten Ergebnisse war Gesine klar, dass dies vor allem daran lag, dass sowohl der Vor- als auch der Nachname so gängig waren. Die Auswahl war nicht gut gefiltert. Also setzte sie hinter den Namen im Eingabefeld der Suchmaske noch die Begriffe »Uelzen« und »Künstlerin«. Nun sah das Ergebnis schon deutlich klarer aus. Gesine konnte anhand der Einträge schnell erkennen, dass Sonja Marquardt zwar innerhalb Uelzens einige Ausstellungen veranstaltet und es auch hier und da mal in die örtliche Presse geschafft hatte, doch darüber hinaus nicht allzu erfolgreich gewesen zu sein schien. Oft waren Ausstellungen wie zum Beispiel in der örtlichen Bankfiliale oder im Seniorenheim, zwar in der Presse angekündigt worden, eine Nachberichterstattung konnte die Putzfrau aber so gut wie nie finden. Gesine holte sich ihr kleines Notizbuch, das sie eingesteckt hatte, und machte sich einen ersten Vermerk zu ihren Ermittlungen: *Kann nicht um Geld gegangen sein! Muss privates Motiv für den Mord geben.* Als sie immer wieder auf bereits bekannte Inhalte stieß und nicht recht weiterwusste, schnappte sich Gesine aus der Küche eine Tüte Chips und überlegte, wie sie nun vorgehen sollte. Dann fiel ihr wieder ein, dass sie ja gerade selbst in einer Künstlerwohnung logierte und sie über deren Besitzerin auch überhaupt nichts wusste. Also gab sie den Namen »Tatjana Belko« ein und wurde mit einer extrem großen Flut an Ergebnissen überschüttet. Puh, dachte Gesine, das ist aber schon ein ganz anderes Kaliber. Hildegard Pregat hatte gar nicht erwähnt, dass ihre Freundin derart erfolgreich und fast schon eine Berühmtheit war! Sie hatte ebenfalls in Uelzen und Umgebung ausgestellt, doch anstatt der kurzen und neutralen Ankündigungen fanden sich hierzu vor Begeisterung überschäumende und mit Bildern gespickte Presseberichte, sowohl regional als auch in großen überregionalen Tageszeitungen. Ein Bericht über eine Ausstellung in Schloss Holdenstedt **86** beeindruckte Gesine besonders. Diese Ausstellung lief sogar noch aktuell. Im Hinterkopf vermerkte die Putzfrau, dass sie während ihres Aufenthaltes versuchen würde, sich sowohl das Schloss als auch die Ausstellung ihrer indirekten Auftraggeberin anzuschauen. Auch die Künstlerin selbst war des Öfteren abgebildet, und die Frau gefiel Gesine auf Anhieb: Eine gepflegte Dame, vielleicht Mitte 50, mit einer fröhlichen und jugendlichen Ausstrahlung, die sogar von den Fotos übersprang. In einem weiteren Bericht ging es um eine Ausstellung im Uelzener Rathaus, die der Bürgermeister eröffnet hatte, und in der er von »dem Stolz unserer Stadt« sprach, als er Tatjana Belko gratulierte. Drumherum standen zahlreiche Besucher der Ausstellungseröffnung und klatschten. Dabei fiel Gesine eine Person ins Auge, die nicht applaudierte und eher grimmig dreinschaute. Das war doch … Schnell öffnete sie ein neues Fenster der Suchmaschine und gab erneut die Begriffe »Sonja-Marquardt-Uelzen-Künstlerin« ein, bevor sie auf den Suchfilter »Bilder« klickte. Sie hatte sich nicht getäuscht: Die grimmige Person auf dem Foto war Sonja Marquardt! In Gesine erwachte spätestens jetzt das Miss Marple-Fieber. Das konnte doch kein Zufall sein! Was für eine Verbindung gab es zwischen den beiden Künstlerinnen? Hatte die eher minder erfolgreiche Tote der nahezu berühmten Nachbarin den Erfolg geneidet? Doch das hätte dann ein Mordmotiv in umgekehrter Form erbracht … Noch eine ganze weitere Stunde versuchte Gesine, mehr herauszubekommen, doch sie fand nichts, das ihr neue Aufschlüsse erbrachte. Allmählich wurden ihre Augen müde vom ungewohnten Starren auf den Bildschirm und in ihrem Kopf schwirrte alles durcheinander. Sie brauchte dringend eine Pause! Nach einem Blick aus dem Fenster entschied die quirlige Putzfrau, dass sie das herrliche Wetter nutzen sollte. Sie wusste, dass es in der Umgebung zahlreiche Bademöglichkeiten gab, wie zum Beispiel den Oldenstädter See **87**, das NaturFreiBad Uelzen-Westerweyhe **88** oder das Badeland Uelzen **89**, was eigentlich nur BADUE genannt wurde. Gerade hatte sie sich für das Naturbad entschieden, als ihr einfiel, dass sie keine Badesachen mitgenommen hatte. Nie wieder ohne mein Mobilé!, schwor sie sich, bevor sie überlegte, was sie stattdessen machen konnte. Da der Computer noch lief, ging sie auf die Tourismusseite von Uelzen, um dort nach einer Alternative zu suchen. Vielleicht ein Besuch der Schleusengruppe Uelzen **90**? Nein, das war nicht das Richtige, um den Kopf freizubekommen. Gerade, als Gesine schon resigniert aufgeben wollte, stieß sie auf das Wildgatter im Stadtforst **91**. Das war genau das, wonach ihr jetzt der Sinn stand!

»Chef, ich hab mir jetzt den Laptop angesehen und auch den Timer.«

»Und, was ist dabei herausgekommen?« Erwartungsvoll sah Kommissar Henning Ludolf seine junge Kollegin an.

»Leider nichts«, gestand sie missmutig. »Die komplette Festplatte des Laptops ist gelöscht worden. Ich komme an die Daten nicht mehr ran. Soll ich das Ding zur Kriminaltechnischen Untersuchung geben?«

»Ja, machen Sie das«, antwortete der Kommissar. »Vielleicht haben die eine Chance, aber das wird dauern. Heute bringt uns das nicht mehr weiter. Und was ist mit dem Timer?«

»Auch nichts. Ein paar eigene Ausstellungstermine sind vermerkt, aber eher spärlich. Außerdem hat sie einige Vernissagen und Ausstellungen von anderen

Künstlern vermerkt, zum Beispiel von Tatjana Belko«, erklärte die junge Polizistin.

»Von wem?«, fragte Ludolf nach.

»Tatjana Belko ist ebenfalls eine Künstlerin hier aus Uelzen. Im Vergleich zu der Toten ist sie aber auch außerhalb Niedersachsens inzwischen sehr gefragt und fast schon eine kleine Berühmtheit für Uelzen«, erklärte sie beinahe ein wenig stolz.

»Aha«, antwortete Ludolf mürrisch. »Also ich kenn die nicht, aber das muss ja nichts heißen. Obwohl, ich glaube den Namen habe ich schon mal gelesen oder gehört.« Er sah die Kollegin an. »Meinen Sie, dass die Belko was mit unserem Fall zu tun haben könnte? Dann sollten wir sie vorladen. Irgendwo müssen wir ja mal anfangen.«

»Nein, Chef – das kann ich mir nicht vorstellen. Also, ich kenne die Belko … na ja, flüchtig zumindest. Das ist eine total nette Frau.«

Ludolf schüttelte den Kopf. »Meinen Sie ernsthaft, dass nicht auch nette Menschen zu Mördern werden können? Den Zahn können Sie sich ziehen, das werden Sie auch noch lernen.«

Die Kollegin errötete und antwortete etwas trotzig: »So hab ich das natürlich nicht gemeint, aber vorstellen kann ich mir das trotzdem nicht. Die Belko hat doch bereits Erfolg, was soll die denn für ein Problem mit der Marquardt gehabt haben, die war keinerlei Konkurrenz für sie.« Ein kurzes Lächeln huschte über ihr Gesicht, bevor sie mit selbstsicherer Stimme ergänzte: »Außerdem weiß ich zufällig, dass Tatjana Belko schon seit einer Woche in Spanien ist! Sie kann es also gar nicht gewesen sein.«

Am frühen Abend kehrte Gesine gut gelaunt und entspannt zurück in ihr derzeitiges Zuhause. Der kleine
Ausflug ins Wildgatter hatte ihr gutgetan. Was ihre
Ermittlungen anging, war sie zwar nicht weitergekom-
men, aber das hatte sie beim Anblick der vielen süßen
Tiere fast vergessen. Aber natürlich eben nur fast. Ein
paar Gedanken hatte sie sich schon noch gemacht und ein
paar Stichworte in ihr Notizbuch eingetragen. Die wollte
sie am Abend bei Google eingeben und schauen, ob es
sie vielleicht weiterbringen würde. Auf dem Weg durch
die Stadt hatte sie noch der Ratsweinhandlung **92** einen
kurzen Besuch abgestattet. In der historischen Weinhandlung, die zu den ältesten in Mitteleuropa zählte,
hatte sie zwei gute Flaschen Wein erstanden. Eine für die
Pregats als Dankeschön für die Jobvermittlung und eine
für ihren Vater, der ihre Tiere für sie hütete. Eine dritte,
nicht ganz so gute, hatte sie für sich selbst mitgenommen.
Damit würde sie es sich heute Abend gemütlich machen,
und morgen würde sie dann die Wohnung auf Vordermann bringen. Voller Tatendrang öffnete Gesine nun
die schwere Eingangstür des Wohnhauses. Beim Betreten des Hausflurs fielen ihr die Briefkästen ins Auge und
sie bemerkte, dass sie den Briefkasten von Tatjana Belko
noch nicht geleert hatte, worum Hildegard Pregat sie
gebeten hatte. Sie nahm das Schlüsselbund, das sie noch
in der Hand hielt, suchte nach dem passenden Schlüssel und öffnete den Blechkasten, der den Namen ihrer
Auftraggeberin trug. Ein ganzer Batzen an Umschlägen
und Zeitungen fiel ihr entgegen. Sie stopfte alles in die
Tasche, in der sie die Weinflaschen transportierte, und
schloss den Briefkasten wieder ab. Diesmal überlegte sie

erst gar nicht, ob sie den Fahrstuhl benutzen sollte, sondern stieg sofort die Treppenstufen hinauf. Vor der Wohnung der ermordeten Sonja Marquardt traf sie auf einen mürrisch dreinschauenden älteren Mann.

»Guten Abend«, grüßte sie freundlich und verlangsamte ihren Schritt.

»Keine Ahnung, was an dem gut sein soll, junge Frau«, antwortete der Alte gereizt. »Oder wollen Sie vielleicht eine möblierte Wohnung mieten?«

Gesine sah ihn verwundert an. »Entschuldigung, ich verstehe nicht ganz …«

»Na, hier – die Wohnung hier!« Der Mann zeigte auf die Wohnung von Sonja Marquardt. »Die Verwaltung will die Wohnung nach Möglichkeit zum nächsten Ersten neu vermieten. Die kommt ja jetzt nicht wieder, die Marquardt.« Er schüttelte den Kopf. »Die hat aber keinen, also keinen Mann, keine Kinder, gar nichts. Also auch keinen, der sich drum kümmert, dass die Wohnung leer geräumt wird und renoviert und so, Sie wissen schon. Und da ich hier der Hausmeister bin, bleibt das mal wieder alles an mir hängen. Als ob ich mit dieser Künstlertante zu Lebzeiten nicht schon genug Nervereien gehabt hätte.« Er zeigte auf das Siegel der Polizei. »Und hier – selbst wenn ich wollte, ich könnte ja noch nicht mal anfangen mit aufräumen, weil die Polizei mit ihren Untersuchungen noch nicht …« In diesem Moment klingelte sein Handy und er zog es aus der Tasche seines typischen Hausmeisterkittels. »Krötzke, ja bitte?«, meldete der Hausmeister sich und runzelte die Stirn. »Okay, ja – verstehe – na immerhin, ich hab schon gedacht … Ja, besten Dank.« Er beendete das Gespräch und ließ das Handy zurück in den Kittel gleiten, während er sich wieder Gesine zuwandte. »Also das Problem hat sich schon mal erledigt, das war gerade die Polizei. Die sind mit ihrer Spurensicherung, oder wie das da heißt, fertig. Das Siegel kann ab und ich kann den Krempel von der Marquardt zusammenpacken. Vielleicht hole ich am besten einen Entrümpler.« Plötzlich sah er Gesine von oben bis unten an, stemmte die Hände in die Hüften und sagte barsch: »Aber sagen Sie mal, wer sind Sie denn überhaupt? Was erzähl ich Ihnen das alles, ich hab sie hier ja noch nie gesehen in dem Haus!«

Freundlich reichte Gesine ihm die Hand: »Mein Name ist Gesine Schmitzmayer, mit tz und ay, guten Tag, Herr Krötzke, wenn ich Ihren Namen richtig verstanden habe?« Sie hatte eine spontane Idee, aber dafür musste sie den mürrischen Alten auf ihre Seite bekommen. »Das ist ja wirklich eine Schande, dass die Hausverwaltung all die viele Arbeit einfach Ihnen aufs Auge drückt«, sagte sie mit großen Augen, deren Wirkung auf zumindest ältere Herren ihr durchaus bekannt war. »Bestimmt tragen Sie als Hausmeister hier doch ohnehin schon furchtbar viel Verantwortung, oder?« Das hatte ins Schwarze getroffen, das Gesicht des Hausmeisters entspannte sich deutlich und er zog geschmeichelt seinen schmutzigen Kittel zurecht. Gesine wollte ihm erst gar keine Zeit zum Überlegen geben. »Wissen Sie was, Herr Krötzke, ich würde Ihnen gern helfen. Also ich arbeite momentan für die Frau Belko von oben. Dort werde ich ein paar Tage ebenfalls für eine gewisse Grundordnung sorgen, ich bin da nämlich sozusagen vom Fach.« Sie schmunzelte über sich selbst – diese Formulierung musste sie sich unbedingt merken, das klang auf jeden Fall besser als »ich bin nämlich Putzfrau«. Sie setzte wieder einen besonders freundlichen Blick auf, bevor sie anbot: »Wenn Sie möchten, könnte ich zumindest das Verpacken des Besitzes von Frau Marquardt übernehmen. Dann hätten Sie es danach nur noch mit der Renovierung zu tun, und das kann ein starker Mann wie Sie ja ohnehin viel besser als ich.« Wenn Gesine sich nicht täuschte, errötete der Alte jetzt fast ein bisschen. Okay, übertreiben musste sie es ja nun auch nicht. »Natürlich müsste ich meine Arbeit in Rechnung stellen, ein Profi kostet auch. Aber wir werden uns da bestimmt einig, meinen Sie nicht? Derartige Fremdkosten übernimmt sicher die Verwaltung, oder irre ich mich?«

»Ja, … nein, also ich meine …«, druckste der Hausmeister herum. »Also, ja das wäre schon gut, wenn Sie als Fachfrau das machen. Sie könnten dann auch eigentlich schon morgen anfangen.«

»Ach, lieber Herr Krötzke, am besten geben Sie mir den Schlüssel für die Wohnung schon jetzt mit. Falls ich dann am Abend noch etwas Zeit habe, werde ich mir da schon mal ein erstes Bild von der Lage machen. Das erleichtert die eigentliche Arbeit sehr.« Gesine schenkte dem Alten ein charmantes Lächeln, als er ihr wortlos, aber mit einem intensiven Blick in ihren Ausschnitt den Schlüssel für die Wohnung überreichte.

»Gut, Frau … Frau Schmitzmayer, richtig?«, säuselte der Alte ein wenig verunsichert. »Dann gebe ich Ihnen mal meine Karte mit meiner Telefonnummer. Sie können aber auch gern jederzeit nach unten kommen, ganz unten links, da ist meine Wohnung. Ich muss ja schließlich auf dem Laufenden bleiben.« Mit diesen Worten drehte er sich um und schlurfte die Treppe hinunter.

Gesine brachte eilig den Wein nach oben ins Loft, schnappte sich ihr Notizbuch und ging sofort wieder nach unten. Mit einem etwas klopfenden Herzen riss sie das Siegel auf, das die Wohnung von Sonja Marquardt verschloss. Dann sperrte sie die Tür auf und betrat den Flur. Auch hier rutschte ihr, wie vorher in der Atelierwohnung von Tatjana Belko, ein »Wow« heraus, doch hatte es hier einen anderen Grund. Die kleine und dunkle Wohnung war komplett überladen. Überall standen Leinwände herum, teils bemalt, teils unbenutzt, einige sogar zerschnitten. Eine riesige Holzplatte, die auf zwei einfachen Holzböcken lag, war vollgestellt mit Farben, Lösungsmitteln und großen Gläsern, aus denen zahlreiche Pinsel herausragten. Was für ein Chaos! Wie hatte die Frau hier bloß malen können? Gesine überlegte, wie sie am besten vorgehen sollte. Es war nicht wirklich ihre Absicht, hier die kompletten Aufräumarbeiten zu übernehmen, schon gar nicht, nachdem sie nun sah, wie viel Arbeit das bedeuten würde. Da müsste schon ein sehr überragender Lohn winken. Doch für ihre Ermittlungen war der Schlüssel in ihrer Hand Gold wert. Auch wenn Gesine wusste, dass die Polizei bereits hier gewesen war, Laptop und Timer mitgenommen und vermutlich ansonsten nichts Brauchbares gefunden hatte – es wäre nicht das erste Mal, dass jemand anderes eine Spur entdeckte, die den Berufsermittlern entgangen war. Das hatte sie schon in zahlreichen Krimis gesehen. Sie würde jetzt ganz systematisch Zimmer für Zimmer durchforsten und war optimistisch, eine wichtige Spur zu entdecken.

Frustriert und außerdem ziemlich erschöpft betrat Gesine um kurz vor 22 Uhr das geräumige Loft. Sie hatte – zumindest kam es ihr so vor – jeden einzelnen Quadratzentimeter der Wohnung von Sonja Marquardt nach möglichen Spuren durchsucht. Nichts, absolut gar nichts hatte sie gefunden, das ihr einen Hinweis auf den Mörder geliefert hätte. Und nun hatte sie keine Lust mehr. Jetzt war es höchste Zeit für das geplante Gläschen Rotwein und anstelle eigener Ermittlungen würde sie eben einen Krimi im Fernsehen anschauen. Sie machte es sich auf dem großen Ledersofa bequem, schenkte sich ein Glas voll und legte ein paar Cracker daneben. Lustlos begann sie, den Poststapel durchzublättern, den sie aus dem Briefkasten geholt hatte, um Zeitungen und eindeutige Werbesendungen direkt auszusortieren, wie Hildegard Pregat es ihr aufgetragen hatte. Den Rest sollte sie bei ihrer Abreise in der Küche deponieren, damit die Pregats es mitnehmen und weiterschicken konnten. Plötzlich stutzte sie. In ihrer Hand hielt sie einen dicken braunen Umschlag, der nicht frankiert und per Hand beschrieben war. *An Tatjana Belko – du hast gewonnen!* stand auf der einen Seite. Anstelle des Absenders fand Gesine lediglich die Buchstaben *SoMa* auf der Rückseite. Sie hatte diese Buchstabenkombination heute schon in verschiedensten Varianten gesehen, es war ganz eindeutig die Signatur, die Sonja Marquardt für ihre Bilder benutzt hatte. Gesine bekam Herzklopfen. Nur kurz überlegte sie, ob sie es wagen durfte, diesen Umschlag zu öffnen, dann war sie sich sicher, dass es richtig war, und begann vorsichtig, das braune Papier aufzureißen. Als sie den Inhalt herauszog, hielt sie unter anderem einige Blätter Papier mit Fotos in der Hand, die genau die Stelle des Uelzener Bahnhofs zeigten, an der Sonja Marquardts Leiche gefunden worden war. Was konnte das bedeuten? Gesine blätterte aufgeregt weiter. Immer wieder Aufnahmen der Säule und der Wand, zum Teil sehr nah herangezoomt und detailliert aufgenommen. Die einzelnen Fotos waren mit Markierungen und Zahlen versehen, denen Gesine jedoch keinerlei logische Erklärung zuordnen konnte. Erst als sie das beiliegende Notizbuch aufklappte, darin eine Art Tagebuch erkannte und die letzten Einträge studierte, sah sie die Lösung des Falles klar vor ihren Augen – sie hatte die Mörderin überführt!

Als Kommissar Henning Ludolf am nächsten Morgen unausgeschlafen und nicht gerade gut gelaunt auf der Dienststelle in Uelzen eintraf, sah er schon von Weitem eine Frau mit langen schwarzen Haaren und einem langem bunten Rock auf der Besucherbank sitzen, die im Eingangsbereich bereitstand. Also hatte er sich gestern Morgen am Bahnhof nicht getäuscht – Gesine Schmitzmayer war hier in Uelzen! Aber was wollte sie auf dem Polizeirevier? Als er näher kam, sprang sie auf, errötete, wie er zu erkennen glaubte, und sprach ihn ernst an: »Guten Morgen, Herr Kommissar, Sie erinnern sich vermutlich nicht an mich. Mein Name ist Gesine Schmitzmayer ...«

Der Kommissar fiel ihr ins Wort und sagte lächelnd: »Schmitzmayer mit tz und ay, doch, doch, ich erinnere mich an Sie. Was kann ich für Sie tun?«

Gesine fiel aus allen Wolken, als sie registrierte, dass

»ihr« Kommissar sich an sie erinnerte, doch schnell riss sie sich zusammen. Heute war sie aus einem anderen Grund hier! Für ihre Schwärmerei war, so leid es ihr tat, im Moment nicht der richtige Augenblick. Sie sah Henning Ludolf direkt in die Augen und sagte mit einigermaßen fester Stimme: »Ich möchte eine Aussage zum Tod von Sonja Marquardt machen, Herr Kommissar!«

Henning Ludolf lehnte sich zurück und schüttelte ungläubig den Kopf. Bereits zum zweiten Mal war er auf diese ungewöhnliche Frau gestoßen, und erneut hatte sie seinen Fall aufgeklärt. Na ja, oder zumindest maßgeblich dazu beigetragen. Zusammen mit ihrem Aussehen, das ihn ein wenig an eine – durchaus nicht unattraktive – Zigeunerin erinnerte, wurde ihm bei dem Gedanken daran fast ein wenig mulmig. Aber eigentlich war das egal. Er brauchte jetzt nur noch seinen offiziellen Bericht zu beenden, und dann konnte er wieder zurück nach Hannover fahren. Allein dafür war er ihr dankbar. Ohne die Hilfe von Gesine Schmitzmayer hätte es deutlich länger gedauert, die Lösung in diesem Fall herauszufinden. Denn die Erklärung hatte in der Post von Tatjana Belko gesteckt, die sie erst sehr viel später, wenn überhaupt, erhalten hätten, wenn die fahrende Putzfrau nicht vor Ort gewesen wäre. Als Gesine Schmitzmayer ihre Aussage mit den Worten begonnen hatte: »Hier hat es gar keinen Mord gegeben«, hatte er die Vernehmung zuerst fast abgebrochen. Doch zum Glück hatte sie es schnell erklären können. Sonja Marquardt war tatsächlich nicht ermordet worden – sie hatte sich selbst umgebracht! Und diesen Suizid hatte sie nach allen Regeln der Kunst geplant und inszeniert. Aus den Tagebuchaufzeichnungen war deutlich geworden, dass sie die Tat monatelang vorbereitet hatte. Nur so war es ihr gelungen, den eigenen Körper dermaßen perfekt zu bemalen, dass er mit dem von ihr gewählten Hintergrund förmlich verschwamm. Getötet hatte sie sich mit einem Gift. Sie hatte sogar den Namen des Giftes aufgeschrieben und die Gerichtsmedizin hatte es bereits bestätigt. Die Wirkung dieses Giftes trat nicht sofort ein und hatte ihr nach der Einnahme genügend Spielraum gelassen, sich zu einer gezielt gewählten Zeit, in der der Bahnhof in der Regel menschenleer war, selbst in der Nacht am Bahnhof zu drapieren, um bald darauf zu sterben. Die Tagebuchaufzeichnungen waren eindeutig und obendrein mit Fotos versehen, die die diversen Versuche der Selbstbemalung dokumentierten, bis es am Ende perfekt gewesen war. Sonja Marquardt hatte mit ihrem Tod erreicht, was ihr zu Lebzeiten nie gelungen war: Sie hatte ein Kunstwerk geschaffen, das für große Aufmerksamkeit sorgen und das niemand so schnell vergessen würde. In Tatjana Belko hatte sie jahrelang eine Konkurrentin gesehen, die ihr die Chance auf jeglichen Erfolg genommen hatte, als sie ebenfalls nach Uelzen gezogen war. Im Tagebuch hatte sie dazu in großen, dramatischen Buchstaben hinterlassen: *Uelzen ist zu klein für zwei Königinnen der Kunst!* Darum hatte sie die Dokumente an ihre Nachbarin geschickt – diese sollte sich lebenslang schuldig fühlen.

Henning Ludolf beendete den Bericht und klappte den Aktendeckel zu. Als er seine Sachen zusammenräumte, um nach Haus zu fahren, dachte er kopfschüttelnd: Künstler eben …

Uelzen ist eine einzige Kunstgalerie unter freiem Him-
mel – architektonisch wie bildnerisch –, von der das
Stadtbild prägenden Fachwerk- und norddeutschen
Bachsteingotikarchitektur bis hin zum bunten Hundert-
wasser-Bahnhof. Und zu Weihnachten wird dazu auch
noch das Rathaus in einen Adventskalender verwandelt.
Abends treffen sich hier die Uelzener, warten auf das Öff-
nen der Fenster und singen gemeinsam. Wenn das nicht
alles zusammengenommen von einem enormen kreati-
ven Potenzial zeugt …

81 Im Rahmen der Weltausstellung Expo 2000 wurde
der Uelzener Bahnhof zum Hundertwasser-Bahnhof Uelzen (Friedensreich-Hundertwasser-Platz 1,
29525 Uelzen) nach Plänen des gleichnamigen
Künstlers und Architekten umgestaltet. Seitdem ist
der Bahnhof, der eines der letzten Projekte Hun-
dertwassers war und auf dessen Dächern zudem die
größte dachintegrierte Fotovoltaikanlage Niedersachsens umweltfreundlichen Strom erzeugt, Tou-
ristenmagnet schlechthin.

82 Der Weg der Steine führt vom Hundertwasser-
Bahnhof Uelzen bis hinein in die Innenstadt und
wurde von der Künstlerin Dagmar Glemme gestal-
tet, die einen besonderen Bezug zu Uelzen hat, da
sie hier zur Schule gegangen ist. Der Weg der Steine
besteht aus 21 bis zu 3,50 Metern hohen und von
der Künstlerin bemalten Felsskulpturen, die jede

ihre eigene »mythologisch-fabelhafte« Geschichte erzählen und alle 50 bis 100 Meter zu finden sind.

83 Wie in so vielen anderen Städten hat auch in Uelzen der Zweite Weltkrieg einiges des historischen Stadtkerns zerstört. Dennoch kann man sich hier noch immer an Backsteingiebeln, hübschen Fachwerkhäusern und zum Teil reicher Ornamentik erfreuen. Auch das Mitte des 10. Jahrhunderts erbaute ehemalige Kloster Oldenstadt, das älteste Gebäude der Stadt und am gegenüberliegenden Ufer des Elbe-Seiten-Kanals gelegen, ist gut erhalten.

84 Die mächtige dreischiffige St. Marien-Kirche (Pastorenstraße 4, 29525 Uelzen) mit einem 86 Meter hohen Kirchturm wurde ab 1292 erbaut und ist die Heimat der größten Orgel der Lüneburger Heide. Neben sakralen Kunstschätzen ist in dem gotischen Backsteinbau in einer Wandnische im Eingangsbereich das Goldene Schiff zu finden, das Wahrzeichen Uelzens.

85 Der Uhlenköper (Pastorenstraße 4, 29525 Uelzen), ein bronzenes Denkmal, das nach einer Sage entstand, steht neben der St. Marien-Kirche. Auffallend ist, wie blank das Goldstück in den Händen der einen Figur ist, allerdings ist das auch kein Wunder, gilt der Uhlenköper doch als Glücksbringer und in Uelzen sagt man: »Reibt man das Goldstück, hat man immer genug Geld in der Tasche«. Also, nichts wie hin!

86 Schloss Holdenstedt (Schloßstraße 4, 29525 Uelzen) ist heute der Sitz des Heimatmuseums Uelzen. So werden hier archäologische und stadtgeschichtliche Themen behandelt und darüber hinaus auch Exponate aus der Zeit der Renaissance bis hin zum Jugendstil gezeigt, wie zum Beispiel die größte Gebrauchs- und Prunkgläsersammlung Norddeutschlands, die Gläsersammlung Röver, die alle Glasformen vom 17. bis 20. Jahrhunderts präsentiert. Das Schloss selbst wurde zu Beginn des 18. Jahrhunderts von einem Lüneburger Adligen als Herrenhaus auf den Resten einer Wasserburg erbaut. Beeindruckend sind vor allem die vom Florentiner Carlo Francesco Tagliata gearbeiteten Stukkaturen. Darüber hinaus finden im Schloss wechselnde Ausstellungen statt sowie das Klassikfestival Holdenstedter Schlosswochen. Man kann sich hier auch trauen lassen, wenn man sich denn traut … Der das Schloss umgebende, nach englischem Stil angelegte Park ist ebenfalls einen Spaziergang wert – hier findet man Ruhe und fühlt sich wie eine edle Dame beziehungsweise ein Edelmann.

87 Am Oldenstädter See (Oldenstädter See, 29525 Uelzen) können Sie nicht nur schwimmen oder es sich am Badestrand gemütlich machen, Sie haben außerdem die Möglichkeit, in einem extra ausgewiesenen Bereich zu surfen. Für das leibliche Wohl sorgt ein Kiosk oder Sie bringen sich selbst etwas mit. Wie wäre es mit Grillzeug? Am See befindet sich ein Grillplatz mit Grillhütte. Auch für Hunde-

freunde ist der See ein Tipp: Hier gibt es einen eigenen Hundestrand und Ihr Vierbeiner darf im See
baden. Wer nicht baden oder Wassersport betreiben
möchte, kann am Oldenstädter See beim Angeln
seine Ruhe finden oder bei einem schönen Ufer-
Spaziergang. Und im Winter wird auf dem See Eis-
hockey gespielt.

88 Auf dem Gelände des Campingplatzes Uhlenkö-
per-Camp können auch Nicht-Camper in Wasser
ohne Chlor und chemische Zusätze baden, denn
hier hält eine Pflanzenkläranlage das Wasser sauber:
Im NaturFreiBad Uelzen-Westerweyhe (Fest-
platzweg 11, 29525 Uelzen) mit Badebereichen für
Schwimmer, Nichtschwimmer und Kleinkinder und
einer spaßmachenden Raftingrutsche.

89 Im Badeland Uelzen oder BADUE (Veerßer
Straße 77, 29525 Uelzen), dem Erlebnisbad für
die ganze Familie, haben Sie Badespaß pur – und
das wetterunabhängig! Und wer sich entspannen
möchte, genießt die Saunalandschaft oder nutzt eine
der Massageliegen.

90 Die Schleusengruppe Uelzen (29559 Wrestedt) findet man zwischen Uelzen und Wittingen. Sie ist
neben dem Schiffshebewerk Lüneburg bei Scharne-
beck mit ihrer Schleuse I und Schleuse II ein zweites imposantes und schon deshalb sehenswertes
Abstiegsbauwerk am Elbe-Seitenkanal. Die sogenannte Sparschleuse bewältigt eine Hubhöhe von

23 Metern und gehört in Deutschland zu den größten Binnenschifffahrtsschleusen.

91 Beobachten Sie bei einem Spaziergang durch das Wildgehege im Uelzener Stadtwald, dem Wildgatter im Stadtforst (Fichtengrund, 29525 Uelzen), wo der Eintritt frei und das Füttern erlaubt ist, Wildschweine, Rot-, Dam- und Muffelwild, Fasane und Uhus. Und für einen perfekten Rundumblick stehen Ihnen hohe Aussichtsplattformen zur Verfügung.

92 Lust auf eine Weinprobe, eine Lesung oder einen Diskussionsabend? Oder einfach nur auf einen guten Wein für zu Hause? Dann sind Sie in der wohl ältesten und heute noch bestehenden Weinhandlung Mitteleuropas, der historischen Ratsweinhandlung (Bahnhofstraße 42, 29525 Uelzen) direkt hinter dem Rathaus, richtig. Zunächst um 1500 als Tanz- und Hochzeitshaus errichtet, diente das Haus dem Rat als Wein- und Bierkeller – und als Wirtsstube. Genauso wie Händlern und Kaufleuten. Noch heute werden die Weine aus aller Welt in den historischen Kellergewölben gelagert. Außerdem bekommen Sie hier selbst hergestellte Spirituosen und italienische Feinkost. Auf Ihr Wohl!

DICHTUNG UND WAHRHEIT
EIN KURZKRIMI RUND UM WALSRODE

»Als ich gestern einsam ging, auf der grünen,
grünen Heid’,
kam ein junger Jäger an, trug ein grünes, grünes Kleid;
Ja grün ist die Heide, die Heide ist grün,
aber rot sind die Rosen, wenn sie da blüh’n!
Wo die grünen Tannen steh’n, ist so weich das grüne
Moos,
und da hat er mich geküsst, und ich saß auf seinem
Schoß;
Ja grün ist die Heide, die Heide ist grün,
aber rot sind die Rosen, wenn sie da blüh’n!
Als ich dann nach Hause kam, hat die Mutter mich
gefragt,
wo ich war die ganze Zeit, und ich hab’ es nicht gesagt;
Ja grün ist die Heide, die Heide ist grün,
aber rot sind die Rosen, wenn sie da blüh’n!
Was die grüne Heide weiß, geht die Mutter gar nichts an,
niemand weiß es außer mir, und dem grünen Jägersmann;
Ja grün ist die Heide, die Heide ist grün,
aber rot sind die Rosen, wenn sie da blüh’n!«

Obwohl sie wusste, dass sie es zumindest für anderer
Leute Ohren nicht konnte, sang Gesine Schmitzmayer
für ihr Leben gern. Momentan sang sie für sich allein, während sie das Bett von Ole Hinrichsen machte. Die Frau
des etwa 60-jährigen Polizisten hatte sie engagiert, da ihr

vom Arzt eine vierwöchige Kur an der Nordsee verschrieben worden war, sie jedoch ihrem Ehemann Ole nicht zutraute, in dieser Zeit allein zurechtzukommen. Gesine sollte ihm den Haushalt führen, was sie jetzt bereits seit zwei Wochen tat.

Gesine hatte allerdings gezögert, bevor sie den Job angenommen hatte, obwohl es sie mit ihrem Faible für Krimis und vor allem echte Fälle schon reizte, mal in einem Polizistenhaushalt zu arbeiten. Normalerweise putzte sie aushilfsweise in der gesamten Region Lüneburger Heide, sie hütete auch Häuser und Wohnungen ein und kümmerte sich um die Haustiere, wenn die Besitzer im Urlaub waren, aber sie hatte bisher noch niemandem den Haushalt geführt. Schließlich bedeutete das auch für mindestens eine weitere Person, außer für sich selbst, zu kochen, und das mochte die fahrende Putzfrau gar nicht. Nicht etwa, weil sie nicht kochen konnte, das konnte sie sogar recht gut, aber Gesine fand es schwierig, den Geschmack des zu Bekochenden zu treffen und gleichzeitig ihren eigenen. Sie selbst wusste oft am Morgen nicht, was sie mittags essen würde, da es ihr überhaupt nicht lag, solche Dinge zu planen. Sie überließ das lieber ihrem jeweiligen Appetit und auf diese Weise landete auf ihrem Tisch auch schon mal des Öfteren eine knusprige Currywurst mit Pommes Frites vom Imbiss. So etwas ging natürlich nicht, wenn sie jemandem den Haushalt führte. Am Ende hatte sie Frau Hinrichsen dennoch zugesagt, da sie schon länger nicht in Walsrode, dem Wohnort der Hinrichsens, gewesen war und deswegen auch nicht im Weltvogelpark Walsrode 93 . Sie selbst liebte es, begleitet vom unterschiedlichsten

Gezwitscher im Vogelpark spazieren zu gehen. Wer es jedoch noch mehr liebte, waren ihre beiden Kanarienvögel Pat und Patachon. Gesine hatte die beiden in einem extra dafür gefertigten kleinen und handlichen Transportkäfig bereits zweimal mit in den Park genommen. Das erste Mal waren Pat und Patachon zunächst stumm vor Staunen gewesen – so erklärte Gesine es sich zumindest –, hatten dann aber plötzlich losgelegt und mit den gefiederten Vogelparkbewohnern um die Wette tiriliert. Beim zweiten Besuch hatten sie gleich am Eingang damit angefangen und noch fünf Tage danach zu Hause die schönsten Töne hervorgebracht. Übermorgen wollte sie mit Pat und Patachon wieder in den Vogelpark. Da sollte das Wetter gut sein und das war natürlich wichtig, wenn sie mit den Kanarienvögeln draußen herumspazierte. Aus Gerechtigkeit überlegte sie, ob sie ihren Frettchen Ernie und Bert mal den Serengeti Park **94** mit seinen wilden Tieren zeigen sollte. Passieren konnte da ja nichts, weil man im Schritttempo mit dem Wagen durch die Gehege fuhr. Sie könnte die Frettchen dann zu sich nach vorn auf den Beifahrersitz holen, damit sie besser gucken konnten. Ja, vielleicht würde sie das tatsächlich machen … Gesine musste bei dem Gedanken lächeln und fing vor lauter guter Laune gleich noch einmal an, *Grün ist die Heide* zu singen, während sie die Tagesdecke über das Doppelbett warf – im Haus klingelte das Telefon, doch sie ging nicht dran, da Ole Hinrichsen zu Hause war:

»Als ich gestern einsam ging, auf der grünen, grünen Heid',
kam ein junger Jäger an, trug ein grünes, grünes Kleid;

Ja grün ist die Heide, die Heide ist grün,
aber rot sind die Rosen, wenn sie da blüh'n!«

»Hui, Gesinchen, sagen Sie bloß, Sie sind ein Fan unseres Heimatdichters Hermann Löns«, unterbrach sie die Stimme von Ole Hinrichsen. Gesine fühlte sich ertappt und wurde rot: »Na ja, also bisher noch nicht, aber in dem CD-Player in Ihrem Wohnzimmer ist eine CD mit Liedern von ihm drin und gestern beim Saubermachen bin ich aus Versehen auf den Start-Knopf gekommen und …«

»Und auf den Geschmack gekommen!«, stellte Ole Hinrichsen beglückt fest. »Meine Frau und ich, wir lieben die Texte von Löns. Er beschreibt unsere Heide so, wie sie ist. Einfach wunderschön. Tja, und wie es der Zufall – in diesem Fall ein schrecklicher – will, muss ich jetzt zum Hermann Löns-Grab **95**. Ich wollt Ihnen nur schnell Bescheid geben, denn wenn mich nicht alles täuscht, werde ich es nicht pünktlich zum Mittagessen wieder nach Hause schaffen. Die Dienststelle hat eben angerufen und mich angefordert, obwohl ich heute eigentlich frei hab. Da scheint etwas Entsetzliches passiert zu sein.«

»Ach«, sagte Gesine hellhörig geworden und zog die Tagesdecke glatt, sodass sie faltenfrei auf dem Bett auflag. Genau auf so etwas hatte sie spekuliert, als sie zugesagt hatte, nach Walsrode in den Polizistenaushalt zu kommen! Gesines absolutes Idol war Miss Marple, in der sie sich sogar hier und da wiedererkannte. Darüber hinaus war sie furchtbar neugierig und sie konnte einfach nicht anders, als den Dingen auf den Grund zu gehen. Darum fragte sie jetzt: »Und Sie wissen gar nicht, was passiert ist?«

»Der Kollege, der mich angerufen hat, hat versucht es mir zu schildern, aber genau habe ich es nicht verstanden. Auf jeden Fall handelt es sich um einen Mordfall«, erwiderte Ole Hinrichsen leutselig, während er seine Uniformjacke überzog. Die Hose und das Hemd hatte er heute Morgen sowieso bereits angezogen, weil er meist keine Lust hatte, sich über seine Kleidungswahl den Kopf zu zerbrechen.

»Mord?«, echote Gesine, die bei diesem Wort sofort ein Kribbeln im Nacken verspürt hatte – ein untrügliches Zeichen dafür, dass ihr Ermittlungsdrang an die Oberfläche gekommen war.

»Ja, es sieht wohl aus wie Mord«, nickte der Polizist und meinte weiter: »Und irgendwas mit einer Zierkerze.«

»Sie meinen eine Zierkerze aus der Heide-Wachs Kerzenfabrik 96 hier in Walsrode? Vielleicht ist das Zufall und die Kerze hat ein Fan von Löns an sein Grab gestellt, um ihm seinen Respekt auszudrücken«, mutmaßte Gesine, deren Kribbeln sich jetzt bereits auf ihre Arme ausgedehnt hatte, was ihr eine angenehme Gänsehaut bescherte.

»Vielleicht, ich habe keine Ahnung, werde es aber gleich sehen. Ich muss jetzt nämlich los, und wie gesagt: Ich weiß leider nicht, wann ich wieder zu Hause bin«, antwortete Ole Hinrichsen und machte sich auf den Weg.

Kaum hatte sie die Haustür ins Schloss fallen hören, hechtete Gesine in die Küche ans große Fenster und schaute Ole Hinrichsen hinterher, wie er auf seinem Fahrrad Richtung Tietlinger Wacholderhain 97 fuhr, in dem die Löns-Grabstätte lag. Als er außer Sichtweite war, zählte die Frau mit den langen, schwarzen Haaren, die man auch für eine Zigeunerin halten könnte, langsam bis 60. Erst dann war sie sich sicher, dass ihr vorübergehender Arbeitgeber nicht zurückkam, und sie begann mit dem ersten Schritt ihres eben schnell gefassten Plans: Behände holte sie das Brot aus dem Brotkasten und schnitt einige Scheiben ab. Dann beschmierte sie diese mit Butter, belegte sie mit Aufschnitt und legte alles in eine Tupperdose, von denen es im Hinrichsen-Haushalt mehr als genug gab. Mit der Tupperdose in der Hand verließ Gesine nun ebenfalls das Haus, um in ihr davor geparktes Mobilé zu eilen, ein altersschwaches Wohnmobil – ihrem Zuhause – in dem sie von Ortschaft zu Ortschaft in der gesamten Lüneburger Heide-Region zog. Auch momentan, während sie Ole Hinrichsen den Haushalt führte, wohnte sie in ihrem Mobilé. Natürlich hatten die Eheleute Gesine ihr Gästezimmer als Quartier angeboten, doch die fahrende Putzfrau hatte dankend abgelehnt, mit der Begründung, dass sie ihre Tiere ungern über Nacht allein lassen wolle. Und das war absolut nicht gelogen. Bevor Gesine abends zu Bett ging, erzählte sie ihren beiden Kanarienvögeln und den zwei Frettchen stets, was am Tage passiert war. Gesine brauchte dieses Ritual, zumindest meinte sie, dann besser schlafen zu können, und auch die Tiere wussten nach dieser »wahren Gute Nacht-Geschichte«, dass Schlafenszeit war, und kuschelten sich ein beziehungsweise steckten ihre Köpfe ins Gefieder. Als ihr Frauchen jetzt in das Mobilé stürzte, begrüßten die beiden Kanarienvögel sie mit einem hübschen Singsang, während die Frettchen nur kurz hochschauten, da sie mitten in einem gemeinsamen Raufspiel steckten.

»Hi, meine Süßen, ich bleib nicht lange, ich hole nur kurz meine Stola und meine Tasche, dann bin ich wieder weg«, verkündete Gesine und griff sich genannte Stola und Tasche, in die sie die Tupperdose verstaute. Einer Eingebung folgend nahm sie sich noch eine Ginseng-Kapsel aus der auf dem Tisch liegenden Packung und spülte sie mit einem Schluck Wasser direkt aus der Flasche herunter. Normalerweise hätte sie ein Glas genommen, doch sie hatte das Gefühl, dass die Zeit drängte. Immer wenn sie in der Nähe von Walsrode war, holte sie sich die Ginseng-Präparate aus den hiesigen Ginseng-Gärten **98** von der FloraFarm Ginseng, denn bekanntlich war Ginseng überaus gesund und hier wurde es eigens angebaut. Jetzt brauchte sie Ginseng, um ihre Konzentrationsfähigkeit zu unterstützen. Natürlich war die sowieso gut, aber es konnte nicht schaden, sie noch ein bisschen zu verstärken.

»Okay, tschüss dann, bis später«, rief Gesine noch einmal in das Mobilé hinein und dann rauschte sie endgültig zur Tür hinaus. Sie nahm sich noch kurz die Zeit, ordentlich abzuschließen, dann eilte sie im Stechschritt, wie kurz zuvor Ole Hinrichsen auf seinem Fahrrad, Richtung Tietlinger Wacholderhain. Als sie etwa 50 Meter zurückgelegt hatte, machte sie auf dem Absatz kehrt und sprintete zurück zu ihrem Wohnmobil. Zu Fuß würde es etwa eine Viertelstunde dauern, mit dem Wagen nur fünf Minuten, und Gesine wollte nicht zu spät kommen. Sie stieg direkt in die Fahrerkabine ein, ließ den Motor an und fuhr los.

Das kleine Häuschen der Hinrichsens lag mitten im Ortskern von Walsrode, gleich um die Ecke des Klosters Walsrode 99 , dessen Garten ein Traum sein sollte, was Gesine jedoch nur vom Hörensagen wusste. Als sie jetzt am Kloster vorbeifuhr, würdigte sie es keines Blicks, da sie viel zu gespannt war, was sie gleich beim Löns-Grab erwartete.

Schon von Weitem sah Gesine, dass sie nach der Polizei nicht die Erste war, die sich zum Hermann Löns-Grab aufgemacht hatte. Vor einem Absperrband standen bereits einige Schaulustige, die wissen wollten, was hier passiert war. Einige von ihnen waren Wanderer, wieder andere Radfahrer, wie Gesine unschwer an ihrer Kleidung erkannte. Bei diesen Leuten ging die selbst ernannte Ermittlerin davon aus, dass ihr Weg sie zufällig hierhergeführt hatte. Übrig blieben noch drei weitere Personen und Gesine nahm sich vor, die drei genauer unter die Lupe zu nehmen, wenn sie nah genug dran war. Schließlich wusste sie aus diversen Kriminalfilmen, dass der wahre Täter sich gern unter die Schaulustigen mischt, wenn die Polizei den Leichenfundort untersucht. Bevor sie jedoch ihre Ermittlungen aufnahm, musste sie sich erst einmal auf den Wissensstand der Polizei bringen. Hierfür stapfte sie zielstrebig auf das Absperrband zu, hinter dem ein junger Polizist aufpasste, dass kein Unbefugter in den abgesperrten Bereich vordrang. Gesine wusste, dass sie im Grunde auch zu den Unbefugten zählte, aber genau deswegen hatte sie ja vorgesorgt. Gesine schmunzelte zufrieden bei dem Gedanken daran und verzauberte das Schmunzeln in ihr liebreizendes Lächeln, bevor sie an den jungen Polizisten herantrat, bei sich dachte: Glück muss man haben, und laut sagte: »Alex, hallo, das ist ja schön, dich zu sehen!«

»Ja, äh, moin, Frau Schmitzmayer, das ist ja ein Zufall. Gehen Sie hier grad spazieren?«

»Nenn mich ruhig Gesine, Frau Schmitzmayer hört sich so alt an«, erwiderte Gesine mit einem Anflug von Koketterie in der Stimme, die dem jungen Polizisten sofort die Röte ins Gesicht steigen ließ. Gesine hatte ihn bereits zweimal im Haus der Hinrichsens bewirtet. Alex war der Dienstjüngste auf der Wache, in der Ole Hinrichsen arbeitete, und der ältere Polizist hatte den jungen unter seine Fittiche genommen – die Familien kannten sich untereinander gut, soweit sie mitbekommen hatte. Außerdem hatte sie ihn gerade vor zwei Tagen zufällig in der Strandsauna im Strandbad Düshorn **100** getroffen. Na ja, getroffen war vielleicht ein wenig übertrieben. Sie hatte bereits in der Saunahütte geschwitzt und lag, wie Gott sie erschaffen hatte, entspannt auf einem Handtuch, als Alex eintrat. Gerade als auch er es sich auf einer Bank gemütlich machen wollte und dafür sein um die Hüften geschlungenes Handtuch abgenommen hatte, hatte er Gesine erkannt, die ihm fröhlich zuzwinkerte. Schnell hatte er sich das Handtuch vor sein bestes Stück gehalten und unzusammenhängende Wörter wie eine Comicfigur von sich gegeben: »Oh, äh, ja, hm, hähä«, und dann war er wieder aus der Hütte verschwunden, aber nicht, ohne dass Gesine seinen knackigen Po hatte bewundern können, den er vor lauter Aufregung vergessen hatte, mit seinem Handtuch zu verdecken.

»Nein, ich geh nicht spazieren, ich habe hier etwas

für Herrn Hinrichsen, was ich ihm gern geben möchte. Sein Essen, denn du weißt sicherlich, wie grantig er wird, wenn er nicht ordentlich isst«, fuhr Gesine jetzt fort und deutete mit einer Kopfbewegung auf ihre Tasche.

»Ähm, aber das geht nicht. Ole ist da hinten beim Grab und Sie, äh, du, Gesine, darfst als Zivilistin nicht hinter die Absperrung. Und ich kann hier nicht weg, weil ich aufpassen muss«, antwortete Alex, woraufhin Gesine ganz gezielt einen Flunsch zog und meinte: »Na, dann nachher viel Spaß mit ihm, wenn er Hunger bekommt und ich ihm dann auch noch heute Abend erzähle, dass ich mit seinem Essen unverrichteter Dinge wieder gehen musste.«

Gesines Worte zeigten nahezu umgehend Wirkung, denn kurz entschlossen meinte der junge Polizist: »Gut, aber beeilen Sie, äh du, dich« und hob das Absperrband, damit Gesine darunter durchschlüpfen konnte. Gesine warf ihm dafür einen Handkuss zu, der ihn noch tiefer erröten ließ, und machte sich schnell davon. Sie hoffte nämlich, dass Alex nicht doch noch darauf kommen würde, Ole Hinrichsen einfach zu rufen oder zumindest das Essenspaket an sich zu nehmen, um es seinem älteren Kollegen später zu geben.

Nach dem ersten Überraschungsmoment war Ole Hinrichsen hocherfreut über Gesine, die ihm sofort bei ihrer Ankunft am Grab die Tupperdose mit den Stullen überreicht hatte. Während der Polizist gleich in die Dose guckte und sich ein Brot herausnahm, ließ Gesine ihren Blick über das Grab schweifen. Es war ein grausiges Bild, das sich ihr bot. Der Grabstein war ein großer Findling, auf dem schlicht stand: *Hier ruht Hermann Löns.* Hinter dem Stein ragte ein Pfahl in die Höhe, an das ein dunkelhaariger Junge wie an einem Marterpfahl festgebunden war – Gesine nahm an, damit er nicht umkippte, was Tote über kurz oder lang schließlich so an sich haben. Zumindest wenn sie aufrecht hingestellt werden. Der Kopf des Jungen war ihm auf die Brust gesackt. Er hatte einen Anzug an, was Gesine gerade für die heutige Zeit recht ungewöhnlich fand, doch am ungewöhnlichsten war das Arrangement der Leiche zu einer Kerze. Das heißt, im Grunde war der Pfahl, an dem der tote Junge festgebunden war, wie eine überdimensional lange Kerze zurechtgeschnitzt und an der Spitze so angemalt worden, als würde sie brennen. Von weiter weg sah es dennoch so aus, als seien der Tote und der Pfahl miteinander verschmolzen. Auf dem Jungen war wiederum ein Kreuz und ein deutlich erkennbares Datum in der nahen Zukunft aus Wachs oder einem ähnlichen Material – das konnte Gesine nicht erkennen – aufgeklebt. Ein Kreuz, ein Datum im nächsten Monat, eine Jungenleiche im Anzug als Kerze arrangiert … Was hatte das zu bedeuten?

Neben sich hörte Gesine zwei Männer von der Spurensicherung reden. Sie brauchte nur einen Schritt nach rechts zu machen, dann konnte sie verstehen, was die beiden sagten: »… dieser Dichter hier, der wurde doch auch von den Nazis verehrt, oder?«

»Ja, stimmt, soweit ich weiß, haben die auch damals veranlasst, dass er hier begraben wurde, und eine große Sache daraus gemacht. Meinst du …?«

»Hmhm, das meine ich. Es sieht ganz so aus, als hätten Nazigegner das Grab besudeln wollen.«

»Aber dann hätten sie ja nicht gleich einen Jungen dafür töten müssen.«

»Auch wieder wahr, aber …«

»Gesinchen! Das ist doch kein Anblick für ein so sanftes Geschöpf wie Sie. Kommen Sie, gehen Sie heim und versuchen Sie zu vergessen, was Sie hier Grausiges gesehen haben«, störte Ole Hinrichsen Gesines Lauschangriff. Allerdings blieb ihr jetzt wohl nichts anderes übrig, als tatsächlich zu gehen.

Auf ihrem Weg zurück holte sie ihre kleine Digitalkamera hervor und schoss ein paar Bilder von den Schaulustigen hinter dem Absperrband. Es würde jetzt nicht mehr viel bringen, sich unter sie zu mischen, denn sie waren deutlich mehr geworden. Ein Mord sprach sich eben schnell herum. Dann ging sie noch kurz zu Alex, um sich zu verabschieden.

»Bis dann, Alex, super dass du mich eben zu Hinrichsen hast gehen lassen. Er hat sich riesig über seine Stullen gefreut. Ich bin noch zwei Wochen hier. Vielleicht kommst du ja mal wieder zum Essen mit?«, lud Gesine ihn ein, weil sie das für freundlich hielt, denn letztlich musste Ole Hinrichsen natürlich entscheiden, wen er zum Essen mitbrachte.

»Ja, äh, danke. Vielleicht«, erwiderte der junge Polizist geistesabwesend und ohne Gesine anzuschauen. Er fixierte mit zusammengekniffenen Augen einen Mann in der Menge der Schaulustigen.

»Kennst du den?« fragte Gesine neugierig. »Wer ist das?«

»Das ist mein Onkel«, antwortete Alex. »Ich hab nichts mehr mit ihm zu tun. Wir haben … wir haben uns überworfen. Aber das ist schon länger her. Ich frage mich nur, was er hier macht. Er ist Heidebauer und hat eigentlich keine Zeit, sich hier die Beine in den Bauch zu stehen. Außerdem ist sein Hof noch hinter dem Grundlosen Moor **101**, in Stellichte in der Nähe der ehemaligen Gutskapelle **102**, also nicht unbedingt um die Ecke.«

»Aha«, machte Gesine nachdenklich und verabschiedete sich, als sie bemerkte, dass der Onkel von Alex sich ebenfalls entfernt hatte. Gesine hielt nach ihm Ausschau, doch sie sah in der Ferne nur zwei Reiter **103**. Es war, als sei er vom Erdboden verschluckt worden. So schlenderte sie zu ihrem Mobilé. Sie wusste nicht, wie sie jetzt weiter vorgehen sollte. Erst als sie hinter dem Steuer saß und den Motor startete, kam ihr eine Idee, wo sie wenigstens noch ein bisschen recherchieren konnte.

Gesine öffnete das kleine Tor zum Heidemuseum Rischmannshof **104**, eines der ältesten Freilichtmuseen in Deutschland, zahlte ihren Eintritt und schritt zielstrebig über die Hofanlage, die umsäumt war von Nebengebäuden, zum Zweiständer-Niedersachsenhaus. Sie war schon einmal hier gewesen, deswegen kannte sie sich einigermaßen aus und wusste, dass in bewusstem Niedersachsenhaus auch das Hermann-Löns-Zimmer untergebracht war. Sie erhoffte sich, in dem Raum Aufschluss darüber zu finden, ob sie dem Gerede der Männer von der Spurensicherung über Nazigegner nachgehen sollte oder nicht.

Als Gesine jetzt den menschenleeren, etwa 30 Quadratmeter großen Raum betrat, ließ sie zunächst ihren Blick über die Möbel und die Bilder an der Wand schweifen. Ihre Enttäuschung hätte nicht größer sein können, denn es stellte sich nicht der von ihr so ersehnte Aha-Effekt ein. Außer Hermann Löns selbst, dessen Porträt an der Wand seitlich an ihr vorbeiblickte, schien hier nichts einen Bezug zu dem schrecklichen Arrangement auf seinem Grabstein zu haben. Ihr Blick fiel auf den Sekretär, an den die Museumsleute eine lebensgroße Puppe gesetzt hatten, die, den Kopf auf die Hände gestützt, nachzudenken schien. Das letzte Mal, als Gesine hier gewesen war, war die Puppe noch nicht dagewesen. Ob die Hermann Löns darstellen sollte, wie er über irgendwelchen Texten brütet? Dafür sah sie Löns aber gar nicht ähnlich. Als sich die Puppe jetzt regte, verdrehte Gesine die Augen über ihre eigene Naivität – manchmal gingen aber auch die Pferde mit ihrer Fantasie durch. Da saß einfach nur ein Museumsbesucher – das Zimmer war also doch nicht menschenleer! Noch immer hatte er sich nicht umgedreht. Nur seine Schultern zitterten. Gesine stutzte: Entweder der Mann bekam schlecht Luft und versuchte tief ein- und auszuatmen oder er weinte. Beides wäre nicht gut, entschied Gesine und trat an den Mann heran. Als sie direkt hinter ihm stand, konnte sie erkennen, dass vor ihm ein Foto lag. Darauf abgebildet war ein blonder Junge im Anzug. Mein Gott, handelte es sich etwa um den Jungen, der jetzt als Zierkerze am Grab von Hermann Löns stand? War der Mann etwa ein Verwandter oder gar der Vater des ermordeten Jungen? Aber hatte das Opfer nicht dunkle Locken gehabt? Ja, es waren dunkle Locken gewesen …, sehe ich etwa schon wieder Gespenster?, überlegte Gesine verwirrt. In ihrem Kopf begann es zu rauschen vor lauter Fragen-Tohuwabohu. Sie schüttelte sich

278

kurz, fing sich wieder und legte dem Mann, der sie nach wie vor scheinbar nicht bemerkt hatte, die Hand auf die Schulter. Dann fragte sie sanft: »Geht es Ihnen nicht gut? Kann ich Ihnen helfen?«

Der Mann war unter Gesines Berührung zusammengezuckt. Jetzt stand er abrupt auf, sagte barsch »Nein!« und eilte aus dem Zimmer hinaus. Trotz der wenigen Sekunden, die das Ganze nur gedauert hatte, hatte Gesine den Mann sofort erkannt: Es war der Onkel von Alex gewesen.

»Hoho, duftet das hier lecker. Ist das Spargel? Vielleicht sogar mit Schinken und frischen Pellkartoffeln?«, freute sich Ole Hinrichsen, als er nach einem langen Tag nach Hause kam.

»Jepp, ist auch schon fertig. Sie müssen sich nur noch an den Tisch setzen. Ich dachte, heute Abend gibt es mal warm, weil sie doch heute am Tage sicherlich nichts Ordentliches zwischen die Zähne bekommen haben, obwohl sie eigentlich dienstfrei gehabt hätten. Ist sozusagen eine kleine Entschädigung«, antwortete Gesine, die sich beglückwünschte, den Geschmack des Polizisten getroffen zu haben, und setzte sich an den gedeckten Tisch.

»Da haben Sie wohl recht«, erwiderte Ole Hinrichsen. »Allerdings waren Ihre Stullen toll. Die haben mich über den Tag gerettet. Danke noch mal, dass Sie mir die vorbeigebracht haben, Gesinchen.«

»Na klaro«, grinste Gesine über das ganze Gesicht, »aber nun erzählen Sie mal, haben Sie schon etwas zu dem Mord? Die ersten 24 Stunden sind doch die wichtigsten.«

»Das stimmt, leider haben wir aber nicht viel, und das,

was wir haben, darf ich Ihnen nicht sagen. Dienstgeheimnis«, meinte Ole Hinrichsen mit einem Mal sehr ernst, was Gesines Neugierde nur noch mehr anstachelte.

Sie setzte ihr gewinnendstes Lächeln auf und meinte verschwörerisch: »Eben. Und bei mir ist Ihr Dienstgeheimnis bestens aufgehoben. Bei dem schrecklichen Mord, da müssen Sie sich doch bestimmt einiges von der Seele reden, oder?«

»Oh ja, das stimmt«, fühlte Ole Hinrichsen sich verstanden, der nicht wusste, dass seine Haushälterin auf Zeit gern mal ihre Nase in Ermittlungen steckte. »Das, was ich in meinem Beruf sehe und höre, ist oft nicht einfach zu verdauen. Heute zum Beispiel war es meine Aufgabe, den Eltern von Jonas' Maurer den Mord an ihrem einzigen Kind mitzuteilen. Ich habe dann aber eine Polizeipsychologin hinzugerufen. Die hilft den Eltern jetzt erst einmal, soweit das überhaupt möglich ist. Es ist furchtbar, wenn das eigene Kind nicht nur grausam ermordet, sondern vorher auch noch sexuell missbraucht worden ist. Ich wüsste auch nicht, wie ich dann reagieren würde. Als Außenstehender ist man da ja schon fassungslos. Der Täter hat Jonas wohl auf seinem Weg zu seinem letzten Konfirmandenunterricht abgegriffen, denn erstens ist Jonas nie dort angekommen und zweitens trug er seinen Konfirmationsanzug – es sollte ja sozusagen eine Generalprobe der bevorstehenden Konfirmation stattfinden. Das muss der Täter übrigens gewusst haben, denn auf Jonas' Leiche war mit Wachs das Konfirmationsdatum geklebt«, erleichterte Ole Hinrichsen sein Herz von dem grausigen Wissen, dass er mit sich herumtrug, und merkte dabei gar nicht, dass er Gesine doch so einiges erzählte, was sie als Zivilistin nichts anging. Dafür merkte es Gesine, sie verzog jedoch keine Miene und unterbrach Ole Hinrichsen nicht, aus Furcht, er würde sonst aufhören zu erzählen. Als er jetzt jedoch schon länger nichts gesagt hatte, sondern nur grüblerisch aus dem Fenster schaute, räumte Gesine die inzwischen leer gegessenen Teller ab und brachte den Nachtisch, Buchweizenpfannkuchen mit Heidelbeeren. Dann wechselte sie, zumindest scheinbar, das Thema: »Sie kannten Alex doch schon, als er noch ein Kind war, oder?«

»Allerdings, sein Vater war einer meiner besten Freunde«, bestätigte Ole Hinrichsen, und man sah ihm an, wie dankbar er für die Ablenkung war.

»Wieso war?«, hakte Gesine nach.

»Als Alex sechs Jahre alt gewesen ist, ist sein Vater an einem Aneurysma gestorben. Glücklicherweise gab es aber seinen Onkel, den Bruder seines Vaters, der hat sich um Alex und seine Mutter gekümmert, obwohl er wirklich viel zu tun hat. Rudolf war der Ältere der beiden Gehrken-Brüder und hat den elterlichen Hof geerbt und ein Heidebauer hat ja irgendwie niemals frei. Aber eigentlich ist das egal, Rudolf ist ähm, also Rudolf lebt seit ewigen Zeiten mit einem Mann zusammen. Mit Volker Dierks. Und, also ja, der Volker, der hat sich zusammen mit Rudolf um den Kleinen und seine Mutter gekümmert, bis die sich alle irgendwie zerstritten haben. Warum, weiß ich aber nicht. Alex will nicht darüber reden und Rudolf hat auch immer dazu geschwiegen. Alex' Mutter weiß selbst nicht, was geschehen ist, und zu Volker Dierks habe ich keinen so guten Draht, darum hab ich ihn nicht gefragt. Geht mich letztlich auch nichts an«, sagte Ole Hinrichsen und schob sich voll Vorfreude ein Stück Pfannkuchen in den Mund.

»Aha«, meinte Gesine nur und machte sich ihre eigenen Gedanken dazu, denn eines war ihr mehr als klar, sozusagen glasklar: Sie musste unbedingt den Onkel von Alex, diesen Rudolf Gehrken, genauer unter die Lupe nehmen. Dann fiel ihr noch etwas ein und sie fragte Ole Hinrichsen: »Wenn Sie Alex schon so lange kennen, dann haben Sie doch bestimmt auch Fotos von früher von ihm. Dürfte ich mir die mal anschauen?«

Ole Hinrichsen schaute Gesine grinsend an: »Gesinchen, wie mir scheint, haben Sie einen Narren an dem Jungen gefressen. Haben Sie sich etwa in ihn verguckt? Brechen Sie ihm nur ja nicht das Herz!«

Gesine wollte gerade leugnen, da fiel ihr ein, dass es besser sein könnte, ihren derzeitigen Arbeitgeber in seinem Glauben zu lassen. So lächelte sie nur zaghaft, senkte beschämt den Kopf und sagte gar nichts, während Ole Hinrichsen aufstand, an die Kommode ging und ein Fotoalbum herauszog.

Gesine und Ole Hinrichsen standen vor der Tür des Heidebauern Rudolf Gehrken und warteten, dass ihnen aufgemacht wurde.

»Es ist ziemlich spät, wahrscheinlich liegt er schon im Bett. Heidebauern müssen früh raus«, raunte der Polizist seiner Haushaltshilfe zu.

»Oder er will uns nicht aufmachen. Sehen Sie, da schimmert noch Licht durch die zugezogenen Gardinen«, entgegnete Gesine und betätigte erneut den Türklopfer. Sie hatte Ole Hinrichsen dazu bewegt, hierherzufahren und dem Onkel von Alex einen Besuch abzustatten. Als Hinrichsen gefragt hatte, wieso sie das machen wolle, hatte sie ihn nur gebeten, ihr zu vertrauen, er würde es hinterher verstehen. Zu ihrer eigenen Verwunderung hatte Ole Hinrichsen dann auch nicht mehr nachgefragt, sondern einfach nur gesagt: »Sie sind ein merkwürdiges Frauenzimmer, aber der Spargel hat gut geschmeckt. Und erst der Buchweizenpfannkuchen, und die Stullen heute am Tage sowieso, und wenn ich mich so revanchieren kann, dann mache ich das gern.« Fünf Minuten später saßen sie beide in Gesines Wohnmobil und sie steuerte es in Richtung des Gehrken-Hofes.

»Ja, ich mach ja schon auf«, kam es jetzt von drinnen und keine Sekunde später blickte Gesine in das Gesicht eines Mannes, der etwa im Alter von Ole Hinrichsen war. Sie war mindestens so überrascht wie der Mann, der auf keinen Fall Rudolf Gehrken war und auch nicht wie ein Heidebauer aussah, eher wie ein Geschäftsmann. Das musste der Lebenspartner von Rudolf Gehrken sein, wie hatte er noch geheißen? Ach ja, Volker Dierks. Gesine streckte schon ihre Hand aus, um sich vorzustellen, da hatte Dierks sich bereits gefangen und meinte übertrieben fröhlich: »Ole, das ist ja eine Überraschung. Und was für eine! So spontan und in so interessanter Begleitung. Kommt doch rein. Vielleicht ist es sogar ganz gut, dass ihr gerade heute kommt. Rudolf geht es nicht so gut und Abwechslung kann da nicht schaden.« Dann wandte er sich Gesine direkt zu, nahm ihre immer noch ausgestreckte Hand und sagte: »Ich bin übrigens Volker Dierks.«

»Gesine, Gesine Schmitzmayer und Schmitzmayer

mit tz und ay. Schön, Sie kennenzulernen«, erwiderte Gesine aufrichtig – das konnte ein interessanter Abend werden, so redselig, wie der alte Knabe war, ob es nun aufgesetzt war oder nicht.

Gesine und Ole Hinrichsen folgten Volker Dierks in die moderne Wohnküche, die so gar nicht zu einem Bauernhof passen wollte. An dem großen Esstisch saß Rudolf Gehrken in der gleichen Pose wie Gesine ihn heute am Tage im Löns-Zimmer am Schreibtisch vorgefunden hatte, nur dass vor ihm anstelle der Fotos ein leeres Schnapsglas und daneben eine halb volle Flasche Heidegeist stand.

»Schau, Rudolf, wen wir da haben: Ole Hinrichsen ist vorbeigekommen. Und er hat noch jemanden mitgebracht«, sprach Volker Dierks wie zu einem kleinen Kind zu Gehrken und nahm so ganz nebenbei das Schnapsglas und die Flasche hoch, um beides auf den Küchentresen zu stellen. Dann sagte er an die Neuankömmlinge gewandt: »Setzt euch doch. Was kann ich euch anbieten? Einen Tee vielleicht?«

Gesine und Ole nickten. In diesem Augenblick hob Rudolf Gehrken seinen Kopf. In seinen Augen spiegelte sich wider, dass er Gesine erkannte. Mit alkoholgeschwängertem Atem polterte er: »Was soll das? Verfolgen Sie mich? Und die Polizei haben Sie gleich mitgebracht, wie praktisch! Sie haben sich allerdings den Falschen ausgeguckt …«

»Rudolf, ist ja schon gut«, legte Volker Dierks seinem Freund beschwichtigend die Hand auf den Arm.

Der wiederum zischte: »Fass mich nicht an!«

Dierks zog seine Hand sofort zurück und blickte

Gesine und Ole Hinrichsen entschuldigend an. Dann zuckte er mit den Schultern, als wolle er sagen »Ich habe es doch gesagt, Rudolf geht es nicht gut«, und machte sich daran, Teewasser aufzukochen. Gesine fand, das war genau der richtige Zeitpunkt, ihren Plan in die Tat umzusetzen. Aufgeregt, was wohl gleich passieren würde – entweder etwas Dramatisches oder eben gar nichts weiter –, kramte sie aus ihrer Tasche ein Konfirmationsfoto von Alex heraus, das sie aus dem Album von Ole Hinrichsen »ausgeliehen« hatte, als dieser kurz im Bad verschwunden war. Mit den Worten: »Schauen Sie mal, Herr Gehrken, was wir Ihnen mitgebracht haben. Sie haben heute im Löns-Zimmer so intensiv Ihr Foto von Alex' Konfirmation betrachtet, da dachte ich mir, Sie freuen sich über ein zweites aus der Reihe«, legte Sie dem Heidebauern die Ablichtung auf den Tisch.

»Was soll das?«, fuhr Volker Dierks herum und griff nach dem Foto, doch die Hand von Rudolf Gehrken sauste schneller auf die Tischplatte hinunter, um das Foto zu bedecken. Es wirkte, als wolle er es beschützen.

»Ich verstehe nicht?«, sagte jetzt Ole Hinrichsen in die Runde und sein Gesicht war ein einziges Fragezeichen.

»Du verstehst nicht? Dann will ich es dir erklären«, rief Gehrken aus und stemmte sich vom Tisch hoch.

»Nicht, Rudolf«, sagte Volker Dierks leise, doch in den zwei Worten lag eine deutlich wahrnehmbare Warnung.

»Doch, Volker. Ich habe einmal geschwiegen und das hat mich meinen Neffen gekostet, der aber glücklicherweise noch lebt. Ein weiteres Mal werde ich nicht schweigen. Dieses Mal bist du zu weit gegangen!«, dröhnte Rudolf Gehrken durch die Wohnküche.

»Es war ein Unfall!«, sagte Volker Dierks kläglich.

»Ha, ein Unfall! Aber wieso ist es denn zu diesem Unfall gekommen, häh? Du hast Jonas gestern auf seinem Weg zum Konfirmandenunterricht abgepasst und ihn in unsere Scheune gelockt, um dich an ihm zu vergehen. So, wie du es damals auch mit Alex gemacht hast, du Schwein. Und als Alex sich mir dann anvertraut hat, habe ich ihm nicht geglaubt! Kein Wunder, dass der Junge seitdem nichts mehr mit uns, mit mir, zu tun haben will und voller Hass ist. Aber seit gestern weiß ich, dass Alex die Wahrheit gesagt hat. Ich habe dich mit Jonas gesehen. Und ich hab auch gesehen, wie er davonlaufen wollte und du ihm ein Bein gestellt hast, um ihn daran zu hindern! Der Junge ist mit dem Hinterkopf aufgeschlagen. Aber du, du hast dir erst einmal in Allerseelenruhe die Hose zugeknöpft, bevor du dich um ihn gekümmert hast, und da war er schon tot!«

»Aber … aber ich wollte doch …«, stieß Volker Dierks flehend hervor, wurde jedoch von Gehrken unterbrochen.

»Hah! Du wolltest doch! Was wolltest du denn? Du hast den toten Jungen einfach liegen lassen und bist ins Haus gegangen, als ob nichts vorgefallen wäre. Wolltest du überlegen, wo du ihn verscharrst? Nur weil du dachtest, ich bin in Walsrode auf dem Markt und würde erst spät zurückkommen?«

»Ja«, gab Dierks leise zu und sah dabei zu Boden, »aber er war nicht mehr da, als ich in die Scheune zurückkam, und darum dachte ich, er wäre doch nicht tot.«

»Ja, sagen Sie, haben Sie denn nicht mitbekommen, dass Jonas heute Morgen am Hermann Löns-Grab tot aufgefunden worden ist?«, konnte Gesine ihre Frage nicht zurückhalten. Sie war fest davon ausgegangen, dass der Mörder von Jonas ihn auch auf dem Grab drapiert hatte.

Bevor Volker Dierks antworten konnte, meinte Rudolf Gehrken ruhig und lächelnd bei der Erinnerung: »Das war ich. Ich habe ihn wie eine Konfirmationskerze hergerichtet und an das Lönsgrab gestellt. Ich wollte, dass der Junge wie der Heidedichter unvergessen bleibt.«

Für einen Augenblick herrschte Stille zwischen den vieren, dann erklärte Ole Hinrichsen: »Jetzt verstehe ich«, und lächelte Gesine dankbar zu, die das jedoch nicht mitbekam, da sie in ihrer Tasche etwas suchte.

Kurz darauf beförderte sie ein paar Handschellen hervor, die Sie Ole Hinrichsen mit Blick auf Volker Dierks reichte: »Hier, das sind Ihre. Die habe ich vorhin sicherheitshalber eingesteckt, ich hatte da so eine Ahnung, dass wir sie brauchen könnten, wenn ich dabei auch nicht unbedingt an Herrn Dierks gedacht habe.«

Nicht umsonst schwärmte der Heimatdichter Hermann Löns immer wieder von der Heide um Walsrode von »diesem, wunderschönen Land«: Walsrode oder auch die Hermann-Löns-Stadt, wie sie sich nennt, ist genau der richtige Ausgangspunkt für Urlauber, die zum einen gern durch eine kleine idyllische Stadt flanieren, aber auch die Natur lieben und darüber hinaus noch etwas in den umliegenden großen Tier- und Freizeitparks erleben wollen.

93 Der 24 Hektar große Weltvogelpark Walsrode (Am Vogelpark, 29664 Walsrode) ist mit seinen über 4.000 Vögeln aus ca. 650 Arten tatsächlich einer der artenreichsten und der größten Vogelparks der Welt. Selbst Vogelforscher suchen ihn immer wieder auf. Wunderschön angelegt, bietet der Vogelpark seinen Besuchern viele Attraktionen. Von Vogelbabys über Flugshows bis hin zu Schaufütterungen. Wer mag, kann hier sogar für einen Tag Hobby-Tierpfleger sein.

94 Afrika mitten in Niedersachsen: Auf ca. 200 Hektar treffen Sie im knapp 15 Minuten Autofahrtzeit von Walsrode entfernt liegenden Serengeti Park (Am Safaripark 1, 29693 Hodenhagen) auf über 1.500 freilaufende Tiere – von Löwen und Tigern über Affen bis hin zu Nashörnern und Giraffen. Dabei ist es Ihnen als Besucher überlassen, ob sie mit einem parkeigenen Bus oder Ihrem eigenen

Auto durch das Gelände fahren, um die Tiere zu betrachten, und manche sogar durch das heruntergekurbelte Fenster zu füttern. Und wer sich zwischendurch einmal die Beine vertreten möchte, macht das im Streichelzoo, in der Affen- oder gar in der Freizeitwelt. Doch das ist noch lange nicht alles im Serengeti Park, in dem man übrigens auch in Safari-Lodges übernachten kann. Lassen Sie sich einfach überraschen.

95 Nach einer Odyssee hat der Schriftsteller und Dichter Hermann Löns (geboren 1866, gestorben 1914) im Jahre 1935 im Tietlinger Wacholderhain seine letzte Ruhe gefunden. Ursprünglich in Westfalen geboren, führte sein Journalistenberuf Hermann Löns nach Hannover, von wo aus er Ausflüge in die Lüneburger Heide unternahm, die er schnell lieben lernte und die gleichzeitig Eingang in sein poetisches Werk fand. Über kurz oder lang wurde Herrmann Löns auf diese Weise zum beliebten Heidedichter und Heimatschriftsteller der Lüneburger Heide. Etwa 100 Meter vom Hermann Löns-Grab (Tietlingen, 29683 Bad Fallingbostel) entfernt, befindet sich das ebenso besuchenswerte Löns-Denkmal.

96 In der Heide-Wachs Kerzenfabrik (Ebbinger Straße 1a, 29664 Walsrode) werden Kerzen noch nach traditionellem Kunsthandwerk gefertigt. Neben den per Hand geschnitzten Zierkerzen können Interessierte eine Vielzahl an anderen Kerzen-

arten erstehen – von Taufkerzen bis hin zu Bienen-
wachskerzen. Darüber hinaus können Besucher den
Zierkerzenschnitzerinnen während einer Führung
bei ihrer Handarbeit über die Schulter schauen.

97 Der Tietlinger Wacholderhain liegt zwischen Bom-
litz und Walsrode im Naturschutzgebiet Tietlinger
Heide – eine der zwei schönen Heideflächen bei
Walsrode. Der Hain befindet sich auf einem hüge-
ligen kleinen Hang – wenn die Heide hier blüht,
wirkt sie wie ein wunderschöner rosa-violetter Tep-
pich. Ein Augenschmaus!

98 Die FloraFarm Ginseng, die sogenannten Ginseng-
Gärten (Bockhorn 1, 29664 Walsrode), sind europa-
weit einzigartig, denn nur hier wird innerhalb Euro-
pas das gesunde koreanische Ginseng von Profis
angebaut, und das seit über 30 Jahren. Neben dem
Kauf von Ginseng-Produkten wie Heilmittel und
Kosmetik können Sie hier eine Führung mitmachen
und allerlei über die Wirkung der Ginsengwurzel
erfahren, und im farmeigenen Ginseng-Café erwartet Sie schon ein leckeres Ginsengbier oder auch ein
Tee.

99 Direkt im Walsroder Ortskern liegt das nach
wie vor bewohnte Kloster Walsrode (Kirchplatz
2, 29664 Walsrode), das vor mehr als 1.000 Jahren gegründet worden ist, wie man bei einer Führung von den dort lebenden Klosterdamen erfährt.
Beachtenswert sind die Klosterkapelle mit ihren

verschiedenen Schätzen und der Klostergarten, eine wunderschöne Parkanlage, die jedoch nur zu besonderen Terminen für Gäste geöffnet ist.

100 Die Strandsauna im Strandbad Düshorn (Rehrweg, 29664 Walsrode-Düshorn) ist eine finnische Sauna mit Holzbefeuerung. Entspannen Sie sich hier und verbinden Sie, wenn Sie Lust haben, Ihren Saunabesuch mit Badespaß im Strandbad Düshorn. Und hinterher geht es dann ins Strandcafé …

101 Das mit 295 Hektar größte noch nahezu intakte Hochmoor in der Heide, das Grundlose Moor (Fulde 23, 29664 Walsrode), umgibt den ungefähr zwei Meter tiefen Grundlosen See, um den man auf befestigten Rundwegen herrlich spazieren gehen kann.

102 Die ehemalige Gutskapelle des noch immer im Privatbesitz der Familie Behr befindlichen Behr'schen Gutshofes heißt heute St. Georg-Christophorus-Jodokus-Kirche. Neben der Celler Schlosskapelle zählt die heutige Pfarrkirche zu einer der kostbarsten und original erhaltenen Renaissancekirchen in Norddeutschland. Sie steht im Walsroder Ortsteil Stellichte, wo übrigens der Esel von den Bremer Stadtmusikanten ursprünglich gelebt haben soll.

103 Reiter sind in der Lüneburger Heide vielfach anzutreffen und die meisten von ihnen machen hier Urlaub, schließlich gilt diese Reitregion in Nieder-

sachsen als beliebteste. Ob Freizeit- oder Wander-
reiter, Reitanfänger oder Reitprofi: Hier finden Sie
nicht nur ausgezeichnete Reiterhöfe mit Gastboxen
für Ihr Pferd, sondern zudem ein ca. 1.450 Kilometer langes Reitroutennetz.

104 Das Heidemuseum Rischmannshof (Hermann-
Löns-Straße 8, 29664 Walsrode) gehört zu den
ältesten Freilichtmuseen in Deutschland. Zu ihm
zählen eine typische Hofanlage – unter anderem
ist hier ein Zimmer mit privaten Gegenständen und
Möbeln des Dichters und Schriftstellers Hermann
Löns eingerichtet –, Nebengebäude wie Werkstätten
oder das Backhaus, das den Mittelpunkt der Walsroder Backtage darstellt, sowie mehrere Außenstel-
len, zum Beispiel der historische Schafstall in der
Krelinger Heide.

AMORS PFEIL

EIN KURZKRIMI RUND UM BAD BODENTEICH

»Mann, Mann, Mann, wie die das wohl früher sauber gehalten haben?«, fragte sich Gesine laut und ihre Stimme hallte dabei durch den Gewölberaum, auf dessen Steinboden sie auf Knien hockte, um ihn sauber zu machen. Es war ihr erster Tag auf der Burg Bodenteich **105**, und sie war zum Putzen des Braukellers eingeteilt worden. Die nächsten zwei Tage würde hier auf der Wasserburg das Robin Hood-Langbogenturnier stattfinden und Gesine hoffte, dabei ein wenig zuschauen zu können. Wenn das Putzen aber weiterhin so aufwendig sein sollte, würde sie sicher keine freie Minute haben.

»Was machen Sie denn da? Suchen Sie was? Haben Sie Ihre Kontaktlinsen auf dem Boden verloren oder sehe ich tatsächlich richtig und Sie wischen auf Knien den Boden?«, fragte plötzlich eine belustigte Stimme über Gesine. Gesine sah auf und blickte zu einem Mann um die 50 hoch, der sie sofort an Schauspieler aus den 1930-er Jahren erinnerte – er sah aus wie ein richtiger Dandy, ein ältlicher Dandy.

»Sie sehen richtig«, erwiderte Gesine, bemüht um einen neutralen Ton. Es ärgerte sie, wie der Mann sie angesprochen hatte. Irgendwie so arrogant. Oder fand sie das nur, weil er so aussah? Sie schickte sich an, weiterzuputzen, doch in diesem Moment streckte der Mann ihr seine Hand entgegen, was Gesine veranlasste, mit einer entschuldigenden Geste ihre behandschuhten Hände in die Höhe zu halten. Vielleicht ist der Typ ja doch nicht so arrogant, wenn er mir die Hand geben will. Und eigentlich sieht er auch ganz gut aus. Nur ein klein bisschen zu sehr gestriegelt, dachte sie bei sich.

»Na, dann stell ich mich eben ohne Handschlag vor. Sebastian Teutlof«, meinte der Mann in Gesines Gedanken hinein.

»Gesine Schmitzmayer mit tz und ay«, gab Gesine nun etwas besser gestimmt zurück. Dann fiel ihr ein, dass sie ja seit heute eine Mitarbeiterin der Burg war, wenn auch nur vorübergehend, und es nicht schaden konnte, freundlich zu Burgbesuchern zu sein. Darum fragte sie jetzt ganz dienstleistungsorientiert: »Kann ich Ihnen helfen? Haben Sie sich verlaufen? Eigentlich hat der Braukeller nämlich noch geschlossen.«

»Nein, Gesine, ich darf Sie doch beim Vornamen nennen? Ich habe mich nicht verlaufen. Ich kenne die Burg ganz gut. Ich wollte mich hier drinnen nur ein wenig abkühlen. Draußen ist es doch recht warm«, erwiderte Sebastian Teutlof aufgeschlossen. Dann runzelte er die Stirn und sah auf die immer noch auf dem Boden hockende Gesine musternd herab. »Warum macht eine so schöne Frau wie Sie das? Putzen! Sie könnten doch ganz andere Dinge tun. Mit Ihrem Aussehen. Und wenn Sie nur den Garten eines Mannes wie mir mit Ihrer Anwesenheit zieren. Vielleicht auf einer Liege an meinem Pool? Na, was halten Sie davon?«

Gesine war sonst überhaupt nicht auf den Mund gefallen, aber jetzt fehlten ihr tatsächlich die Worte für eine passende Antwort. Was dachte dieser Kerl denn von ihr? Dass sie wie Aschenputtel nur auf ihn, den modernen

Prinzen, gewartet hatte? Wobei, »modern« war der nun wirklich nicht, aber vermutlich glaubte er das. Mann, war das ein Playboy! Aber sie war keines seiner Häschen und würde mit Sicherheit auch nie eines werden. Sie war stolz auf sich und ihren selbst gewählten Beruf. Sie konnte als fahrende Putzfrau, die in der ganzen Region Lüneburger Heide immer wieder dort aushalf, wo sie gebraucht wurde, tun und lassen, was sie wollte. Jawohl! Sie war niemandem Rechenschaft schuldig und vor allem war sie unabhängig.

»Sie können es sich ja überlegen«, mischte sich jetzt die Stimme von Teutlof in Gesines Gedanken. »Ich muss leider los, aber ich weiß ja jetzt, wo ich Sie finde, und komme morgen sowieso wieder her. Bis dahin, meine Schöne.« Sebastian Teutlof zwinkerte ihr noch einmal kurz zu und stolzierte dann siegessicher aus der Tür heraus.

»Pah, bevor ich bei dir am Pool liege, aale ich mich zehnmal lieber allein in der Sonne im Bodenteicher Seepark **106** oder spaziere durch die Bodenteicher Heide **107**!«, murmelte Gesine wütend vor sich hin. Noch wütender wurde sie, als ihr einfiel, dass sie das diesem dreisten Typen ins Gesicht hätte sagen sollen. Sie nahm es sich für den Fall vor, dass er tatsächlich die Frechheit besaß und sie noch einmal wie angekündigt fragen würde.

Als Gesine zwei Stunden später den Braukeller endlich auf Hochglanz gebracht hatte, war sie ziemlich geschafft. Das hier war doch was ganz anderes als die üblichen Privaträume oder Hotelzimmer, in denen sie sonst zumeist sauber machte. Aber interessant war es allemal und ein paar kurze Tage ließ sich das gut aushalten. Sie überlegte, ob sie bei einem kleinen Marsch durch den Vierhundert-Wasser-Barfuß-Pfad **108** nahe der Burg wieder Kraft tanken sollte, entschied dann aber, dass das nicht notwendig war. Außerdem war draußen im Hof die Kennenlern-Veranstaltung zum morgigen Turnier im Gange. Vielleicht konnte sie sich ja da ein bisschen untermischen.

In dem kleinen Raum, der dem Personal vorbehalten war, zog sie sich um. Wie gut, dass sie daran gedacht hatte, andere Kleidung zum Putzen mitzunehmen. Normalerweise war sie da nicht so empfindlich, doch die Schrubberei auf dem Boden hätte ihrem Lieblingsrock, den sie heute Morgen angezogen hatte, garantiert geschadet. Sie betrachtete sich in dem kleinen Wandspiegel. Was hatte der komische Typ gesagt? Meine Schöne? Na, zumindest damit hatte er nicht so danebengelegen. Für eine Enddreißigerin fand Gesine sich noch durchaus ansehnlich. Außerdem sah sie mit ihren langen schwarzen Haaren, dem dunkelgrünen bodenlangen Samtrock und dem geschnürten bunt gemusterten Oberteil ganz sicher nicht so langweilig aus wie die meisten Frauen in ihrem Alter. Sie lächelte ihr Spiegelbild an. In diesem Outfit passte sie eigentlich perfekt auf eine solche Burg. Sie bürstete ihre Haare, schlang ein knallrotes Samtband um den Kopf und war mit sich mehr als zufrieden. Mal sehen, ob sie sich draußen bei der Veranstaltung nicht einfach noch ein bisschen unters Volk mischen konnte. Nach der schweren Arbeit, fand sie, hatte sie sich zumindest ein Gläschen Sekt verdient.

Gesine verließ die kühlen Burgräume und trat in die schwirrende Luft des Sommerabends hinaus. Dieser

Sebastian Teutlof hatte schon recht gehabt, es war wirklich ziemlich warm. Sie ließ den Blick schweifen, um zu sehen, ob sich eine Chance auf ein kühles Gläschen bieten konnte. In einiger Entfernung sah sie ein paar Stehtische aufgebaut. Fackeln brannten ringsherum, auch wenn es noch nicht dunkel war. Vermutlich sollte das für das richtige mittelalterliche Flair sorgen, dachte sich Gesine. Oder es war einfach eine praktische Lösung, um die Mücken zu vertreiben. An einem der Tische hörte sie lautes Gelächter. Als sie näher hinsah, erkannte sie sofort den gelackten Typen aus dem Braukeller – Sebastian Teutlof. Eine Hand lässig in der Hosentasche, mit der anderen strich er sich gerade durch das gestriegelte Haar. Um ihn herum standen mehrere Frauen, die ihn alle förmlich anhimmelten. Gesine schüttelte den Kopf. Kein Wunder, dass der Typ so von sich eingenommen war, wenn die Frauen es ihm dermaßen leicht machten. Aufgetakelt und in für Gesine komplett spießigen Kostümchen oder Hosenanzügen scharwenzelten sie um Sebastian Teutlof herum. Die Tussis, und für Gesine waren solche Frauen nichts anderes, redeten durcheinander und buhlten allesamt um seine Aufmerksamkeit. An einem der Nebentische stand ein Pärchen. Der Mann sah recht gelangweilt, wenn nicht sogar genervt aus und erinnerte Gesine irgendwie an einen Otter, was vielleicht auch daran lag, dass sie gestern noch im Otterzentrum Hankensbüttel **109** gewesen war. Die Frau wiederum beobachtete aufmerksam die Gruppe am Nachbartisch um Sebastian Teutlof herum. Die denkt sich vermutlich gerade auch ihren Teil, genauso wie ich, überlegte Gesine und schmunzelte. Sie war zwar nicht sonderlich erpicht darauf, diesem Teutlof noch mal zu begegnen, doch sie bekam zunehmend mehr Appetit auf ein kühles Glas Sekt. Wenn sie von hinten auf die Gruppe zukam, könnte sie sich unbemerkt an einen der Tische stellen. Es waren auf jeden Fall genug Leute da, dass nicht zwingend auffallen würde, dass sie eigentlich nicht dazugehörte. Entschlossen schritt Gesine auf einem kleinen Umweg durch den Park und gelangte wie erhofft recht unauffällig auf die andere Seite. Schon kam einer der jungen Männer an ihr vorbei, die in regelmäßigen Abständen mit frisch gefüllten Tabletts voller Sektgläser die Runde machten. Sie nahm dankbar eines davon herunter und trank mit vollem Genuss.

Als sie gerade den letzten Schluck nahm, schallte es plötzlich in ihrem Rücken: »Gesine! Ich habe mich also nicht getäuscht, Sie sind es wirklich!«

Erschrocken drehte sie sich um. Sebastian Teutlof stand da in seiner ganzen Pracht und strahlte erneut sein aufgesetztes Dandy-Lächeln. Er war seinerseits von hinten gekommen, nachdem sie ihn aus dem Blickfeld verloren hatte. Gesine atmete tief durch. Na gut, Pech gehabt, aber diesmal bin ich vorbereitet. Sie versuchte, ein möglichst kühles und distanziertes, aber dennoch höfliches Lächeln aufzusetzen. »Herr … ach, wie ist noch gleich Ihr Name?«, fragte sie betont lässig, obwohl sie den Namen natürlich nicht vergessen hatte.

Mit gespielt beleidigter Miene antwortete der Mann, der nun direkt auf sie zukam: »Teutlof, Sebastian Teutlof, meine Schöne. Es trifft mich zutiefst, dass Sie meinen Namen schon wieder vergessen haben!« Er schnippte mit den Fingern, um einen der Kellner zu sich zu beordern, und entnahm dem Tablett zwei neue Sektgläser. Oh Mann, dachte Gesine, der ist ja noch schlimmer, als ich angenommen hatte!

»Kommen Sie, lassen Sie uns anstoßen auf unsere erste, so erfrischende Begegnung!« Er ließ Gesine nicht wirklich eine Wahl, sondern drückte ihr eines der Gläser in die Hand, während er sich übertrieben lässig an den Stehtisch lehnte, mit deutlich zu geringem Abstand ihr gegenüber, wie Gesine bemerkte. Bewusst rückte sie ein wenig von ihm ab, was er gekonnt ignorierte.

»Darf ich Ihnen sagen, dass Sie ganz bezaubernd aussehen, Gesine?«, versuchte er erneut, ihre Aufmerksamkeit zu erlangen. »Als wären Sie für diese Burg geschaffen!«

Am liebsten hätte die Putzfrau gekichert: Wenn der wüsste, wo ich tatsächlich wohne, der würde tot umfallen!, dachte sie. Laut sagte sie: »Ach wissen Sie, Herr … ähm … Tuttloff?« Es machte ihr einen Heidenspaß, sein übersteigertes Ego ein bisschen zu malträtieren.

»Teutlof«, sagte er nun auch schon etwas weniger charmant, »sagen Sie einfach Sebastian, vielleicht können Sie sich das besser merken.«

Touché, dachte Gesine, auf den Mund gefallen, war er nicht. »Nun, Herr Teutlof, wissen Sie, ich halte das Äußere eines Menschen generell nicht für so bedeutsam. Es gibt doch schließlich Werte, die viel stärker wiegen, denken Sie nicht auch?« Wieder einmal freute Gesine sich darüber, wie sehr Fernsehen doch bilden konnte. Wenn sie nicht schon so viele Filme gesehen hätte, wäre es ihr bei Weitem schwerer gefallen, dieses Spielchen zu treiben und sich dermaßen gestelzt auszudrücken.

»Sicher, meine Schöne«, antwortete Teutlof ungerührt von ihrer Bemerkung. »Aber wenn jemand so auffallend hübsch ist wie Sie, ist das auf jeden Fall eine Erwähnung wert.«

Gesine wurde es langsam zu viel. Sie ließ ihren Blick schweifen, in der Hoffnung, dass dieser aufdringliche Kerl schnell das Interesse an ihr verlieren würde. Dabei fiel ihr Blick auf den Tisch, an dem Teutlof noch vor wenigen Minuten inmitten der Frauen gestanden hatte. Sie alle blickten ausnahmslos zu ihr herüber, und es waren wahrlich keine freundlichen Blicke, die sie ihr zuwarfen. Ach herrje, dachte Gesine, das auch noch. Jetzt hab ich mir den Hass der Furien zugezogen und kann nicht mal was dafür! Was, wenn eine weiß oder mitbekommt, dass ich hier arbeite, und mich beim Chef verpetzt, weil ich mich unter Gäste mische? Sie beschloss, dieser Farce ein Ende zu machen, trank ihren Sekt in zwei großen Schlucken aus und sagte, direkt an den Mann neben ihr gewandt: »Bitte entschuldigen Sie mich, ich bin noch verabredet und ohnehin schon etwas spät dran. Ich wünsche Ihnen noch einen vergnüglichen Abend, … Herr Tuttlopp.« Sie hatte sich diese erneute Verunglimpfung seines Namens nicht verkneifen können, auch wenn es vielleicht etwas übertrieben war. Zu schön war es, zum Abschluss noch mal sein Gesicht zu sehen, während er mühsam versuchte, die Form zu wahren. Sie wartete seine Antwort nicht ab, sondern nahm ihre große Handtasche, drehte sich um und ließ ihn einfach stehen. Dann schritt sie, diesmal mitten durch die anderen Gäste, auf direktem Wege zum Parkplatz davon.

Gesine war schon fast an ihrem Wohnmobil angekommen, als ihr auffiel, dass sie ihre Jacke im Personalraum vergessen hatte. Das wäre generell kein Problem gewesen, da sie am nächsten Tag wieder hier sein würde, doch in der Jackentasche steckte ihr Schlüssel zum Mobilé, wie sie ihr Wohnmobil liebevoll nannte. Stöhnend drehte sie auf dem Absatz um, denn eigentlich wollte sie es sich nur noch in ihrem fahrenden Zuhause gemütlich machen und ihre Ruhe haben. Sie ging den Weg zur Burg zurück und betrat gerade das alte Gemäuer, als sie leises Stimmengemurmel hörte.

»Du weißt doch, dass es für mich nur eine Frau gibt, und das bist du«, erkannte sie die Stimme von Sebastian Teutlof.

Meine Güte, macht dieser Typ denn überhaupt keine Pause?, verzog Gesine ihr Gesicht. Sie war jedoch neugierig genug, um stehen zu bleiben. Prompt erklang eine gedämpfte Frauenstimme. »Ist das wirklich so? Manchmal bin ich einfach nicht sicher, ob ich dir wirklich trauen kann.« Herrje! Gesine konnte nicht fassen, dass es tatsächlich Frauen gab, die auf so einen Typen hereinfielen. Und offenbar ja nicht nur eine. Sie fragte sich, welche der Frauen vom Stehtisch es wohl war, die sich da gerade erniedrigte, ohne es zu merken.

»Ich werde meinen Mann verlassen«, erklang jetzt wieder die Frauenstimme. »Dann können wir beide immer zusammen sein.« Jetzt wurde es interessant! »Ich weiß zwar nicht, ob er das verkraften wird, aber schließlich geht es doch um mein Leben, um uns!« Holla, wie theatralisch! Vielleicht sind das hier ja auch solche komischen Rollenspiele, in die ich aus Versehen hineingeschlittert bin. Oder sind die hier wirklich so … so … merkwürdig? Gesine entschied, dass sie genug gehört hatte. Solche Seifenopern konnte sie sich auch im Fernsehen angucken, und dabei hatte sie es gemütlicher. Sie ging direkt zum Personalraum, holte ihre Jacke aus dem Schrank und nahm denselben Weg zurück. Als sie aus dem Gebäude trat, sah sie gerade noch, wie eine Frau um die Ecke huschte. Viel hatte sie von ihr zwar nicht sehen können, aber es hatte gereicht, denn die roten Locken waren eindeutig: Es war die Frau, die mit dem Mann am Tisch neben Teutlof gestanden und die Gruppe beobachtet hatte. War sie auch die Frau, deren Stimme Gesine eben belauscht hatte?

Am nächsten Morgen war Gesine gut gelaunt und ausgeschlafen. Nachdem sie am Abend zuvor endlich in ihrem Mobilé angekommen war, hatte sie schnell ihre Frettchen und die beiden Kanarienvögel versorgt und auch sich selbst noch ein Brot geschmiert. Danach hatte sie es sich direkt auf dem Bett bequem gemacht und den Fernseher angestellt. Wie der Zufall es gewollt hatte, lief ein alter Film mit Clark Gable. Doch der hatte Gesine viel zu sehr an diesen öligen Typen Sebastian Teutlof erinnert und sie hatte schnell weitergezappt, bis sie auf einen Krimi gestoßen war, den sie zwar schon dreimal gesehen hatte, aber immer wieder spannend fand. Sie sah solche Filme inzwischen ganz bewusst mehrfach, da sie der Meinung war, dass es eine Art Unterricht für ihre Ermittlungsarbeit war. Schließlich sah Gesine sich als moderne Miss Marple, wenn sie nicht gerade putzte, und ohne sich zu sehr auf die Schultern klopfen zu wollen, war sie der Überzeugung, dass sie gerade das Beschäftigen mit alten, gut konstruierten Krimis bereits oft weitergebracht hatte.

Jetzt wählte Gesine sorgsam ein paar frische Kleider aus ihrem Schrank und stopfte die Putzklamotten in einen Rucksack. Dann machte sie sich auf den Weg zur Burg. Sie war früh dran, doch da das Wetter so schön war, wollte sie die Gelegenheit nutzen, sich vielleicht noch ein bisschen was vom Turnier ansehen zu können. Als sie das Gelände erreichte, waren schon eine Menge Leute dort. Offensichtlich herrschte aber eine gewisse Unruhe, die Gesine sich nicht auf Anhieb erklären konnte. Plötzlich kam eine Frau auf sie zugeschossen, die sie als eine der Tussis vom Vorabend wiedererkannte.

»Hey, Sie, Sie da«, rief die Frau ihr aufgeregt entgegen. Gesine stutzte und blieb stehen. »Sie waren doch gestern Abend mit Sebastian … ja, ja, irgendwie zusammen«, ereiferte sich die aufgetakelte Blonde. »Also, ich meine mit Herrn Teutlof. Haben Sie ihn gesehen? War er vielleicht …«, sie wurde leiser und sah sich um, bevor sie weitersprach, »also war er etwa letzte Nacht bei Ihnen?«

Gesine lachte herzhaft und schüttelte den Kopf: »Nein, ganz sicher nicht. Ich bin ja schon ganz früh wieder gegangen, und zwar allein!« Fragend sah sie die Blondine an.

»Sebastian hat den Start des Turniers verpasst, das hat es noch nie gegeben«, plapperte die Frau aufgeregt weiter. »Er ist doch schließlich einer der Veranstalter. Und außerdem der Favorit!« Fragt sich nur, in welcher Hinsicht, dachte Gesine, ersparte sich jedoch eine entsprechende Bemerkung. Außerdem wurde sie langsam, wie es eben ihre Art war, neugierig. Wenn diese Frau sie so

unverhohlen fragte, ob der Typ die Nacht mit ihr verbracht hatte, ohne dabei giftig zu gucken, dann musste
sie sich tatsächlich Sorgen machen …

»Vielleicht steht er einfach im Stau?«, mutmaßte
Gesine, nur um etwas zu erwidern.

»Nein«, gab die Blondine sofort zurück, »er war ja
gestern Nacht nicht einmal zu…«

Ein spitzer Schrei unterbrach ihr letztes Wort. Beide
Frauen drehten sich in die Richtung, aus der sie ihn vernommen hatten. Eine andere der Frauen vom Vorabend
stand vor der Burg, war kreidebleich und zeigte zu einer
dichten Hecke im Eingangsbereich. Gesine und die Blondine liefen unabgesprochen gemeinsam los. Als sie bei
den anderen Besuchern ankamen, hörten sie die Frau
sagen: »Sebastian – er … er ist … tot!«

Da war es also mal wieder so weit: Gesine Schmitzmayer
steckte erneut mitten in einem Mordfall! So langsam
glaubte sie selbst schon nicht mehr an Zufall. Wenn überhaupt, dann vielleicht … Schicksal? Sie musste unbedingt
mal so einen Ahnenforscher aufsuchen. Möglicherweise
war sie ja tatsächlich eine Ururenkelin eincs berühmten Ermittlers, und wusste es nur nicht! Aber das musste
warten. Jetzt galt es erst einmal, diesen Fall hier zu lösen!
Mit raschem Blick erfasste die selbst ernannte Miss Marple die umstehenden Gäste der Veranstaltung. Die meisten
davon hatte sie bereits am Vorabend gesehen. Darunter
war auch die Rothaarige, die gerade weggegangen war,
als Gesine mit ihrer Jacke aus der Burg gekommen war.
Daneben stand wieder der Mann, der auch am Vorabend
an ihrem Tisch gewesen war. Das wird dann wohl der

gehörnte Ehemann sein, folgerte Gesine. Und damit hatte sie auch schon einen ersten Verdächtigen. Teutlof und die Rothaarige hatten sich gestern Abend ja nicht gerade gut versteckt. Schließlich hatte auch Gesine im zufälligen Vorbeigehen das Geplänkel der beiden mit anhören können. Was, wenn der betrogene Ehemann ebenfalls in der Nähe gewesen war und auf diesem Weg erfahren hatte, dass seine Frau ihn verlassen wollte? Während Gesine den Mann etwas genauer beobachtete, trugen vier Männer den toten Sebastian Teutlof auf den Platz vor der Burg. Gesine wollte sie darauf aufmerksam machen, dass sie damit vermutlich wichtige Spuren zerstört hatten, die die Polizei erst hätte untersuchen müssen, doch sie war selbst so schockiert von dem Anblick, dass sie es glatt vergaß. Da lag er, der aalglatte Typ von gestern Abend, und nun war nichts von seinem Stolz übrig geblieben. Jemand hatte ihm die Hose ausgezogen. Geblieben waren ihm sein weißes Oberhemd samt Krawatte, das Jackett des Anzugs, schwarze Socken und Schuhe und ... Gesine konnte es kaum fassen ... ein Stringtanga im Leoparden-Design. Sie wollte Haltung bewahren, schließlich war der Mann tot, doch es fiel ihr wirklich schwer. Dieser Mann hatte ja gar kein Klischee ausgelassen! Gesine schüttelte sich, um die Bilder auszublenden, die ihr durch den Kopf schossen, und sah auf das eigentlich Interessante: Ein langer Pfeil steckte mitten in der Brust auf Herzhöhe von Sebastian Teutlof! Seine Augen waren weit aufgerissen, er hatte die Tatwaffe also vermutlich auf sich zukommen sehen. Gesine hörte ein entsetztes Schluchzen und sah sich um. Es kam von der Rothaarigen. Ihr Ehemann nahm sie in den Arm und versuchte sie zu trösten, doch sie schüttelte ihn barsch ab. Ob sie selbst auch vermutete, dass ihr eigener Mann der Täter war? Dann bemerkte Gesine, wie die Frau sich verstohlen umsah und ein Taschentuch aus ihrer Handtasche nahm. Um sich die Tränen zu trocknen, vermutete Gesine, und wollte sich schon abwenden. Doch dann registrierte sie im Augenwinkel, dass die Frau energisch an ihrer Hand rieb, als ob sie versuchte, etwas abzuwischen. Gesine überlegte. Konnte das so was wie eine Zwangsstörung sein? So wie manche Leute ständig putzen mussten oder sich die Hände wuschen? Konnte so etwas durch einen Schock verstärkt werden? Sie versuchte, unauffällig näher an das Paar heranzutreten. Dabei fiel ihr auf, dass die Frau nicht unbedingt übermäßig traurig wirkte, sondern viel eher verängstigt. Irgendwas stimmte doch hier nicht. Hatte sie Angst vor ihrem Mann? Gesine wurde durch ein eintreffendes Auto abgelenkt: die Kripo! Offensichtlich hatte also doch jemand daran gedacht, die Polizei zu informieren. Als sie sich wieder umdrehte, war die Rothaarige verschwunden. Irritiert suchte Gesine mit ihren Augen die Fläche um den Tisch herum ab, an dem die Frau eben noch gestanden hatte. Ihr Mann stand nach wie vor da, das Gesicht in den Händen vergraben. Aber was war das? Gerade konnte Gesine noch ein paar der roten Locken erkennen, die schnell hinter der großen Hecke verschwanden. Ohne zu überlegen, lief sie los. Sie registrierte schwach, dass der Mann der Rothaarigen sie verwundert ansah, dann war auch Gesine selbst hinter der Hecke verschwunden. Ein paar Meter weiter traf Gesine die Erkenntnis wie ein Blitz, oder in diesem Fall vielleicht eher wie ein Pfeil … Die rothaarige, gepflegte und vornehme Frau saß am Boden und wühlte mit bloßen Händen panisch in der Erde herum. Neben ihr lag ein Köcher mit Pfeilen darin. Die Frau war so panisch, dass sie nicht einmal bemerkte, dass Gesine schon fast neben ihr stand. Erst als die ermittelnde Putzfrau sie ansprach, sah sie erschrocken und mit vor Schreck geweiteten Augen auf.

»Sie waren es, Sie haben Ihren Geliebten umgebracht und ihn mit einem Pfeil aus diesem Köcher da ins Herz geschossen«, sagte Gesine, und sie formulierte ihre Aussage nicht als Frage, denn sie war sich sicher. »Gestern Abend noch, richtig?« Die Frau antwortete nicht, doch ihr Blick wurde hart und verbittert. »Warum?«, wollte Gesine wissen. »Sie haben ihm doch gestern noch gesagt, dass Sie Ihren Mann verlassen werden, damit sie ein gemeinsames Leben beginnen können.«

Die Rothaarige ließ sich aus der Hocke gänzlich auf die Erde sacken, jegliche vornehme Haltung war ihr entglitten. Während sie das tränennasse Gesicht mit den dreckigen Händen verschmutzte, sagte sie: »Genau deshalb. Ich hab mich ihm vor die Füße geworfen, hätte alles für ihn aufgegeben. Aber ...« Sie schluchzte. »Aber das wollte er gar nicht! Er wollte mich nur als Geliebte, als eines seiner Spielzeuge. Eine feste Beziehung?, hat er gefragt und mich dann ausgelacht. Aber das Lachen ist ihm schnell vergangen ...«

Kurz schoss es Gesine durch den Kopf, dass Gelegenheit nicht nur Diebe, sondern auch Mörder machte. Die Frau vor ihr hatte die Gelegenheit genutzt, Sebastian Teutlof auf dem Robin Hood Langbogenturnier mit seinen eigenen Waffen zu töten, denn vermutlich waren es seine Pfeile, die die Rothaarige soeben panisch vergraben wollte – hätte gerade das Backofenfest in Soltendiek stattgefunden, hätte sie ihn vermutlich wie Gretel die Hexe in den dortigen historischen Steinbackofen **110** geschoben. Auf jeden Fall erschien es Gesine, als hätte die Frau im Affekt gehandelt. Wäre es Vorsatz gewesen, hätte sie schließlich einfach mit ihrem Geliebten im Schweimker Moor **111** spazieren gehen und ihn ins Moor schubsen können, oder so etwas in der Art.

Gesine hatte keine Mühe, die Frau zu bewegen, mit ihr zur Burg und zur Polizei zu gehen. Die Rothaarige hatte keine Kraft mehr, sich dagegen zur Wehr zu setzen. Danach ging alles seinen für Gesine bereits gewohnten Gang. Doch eines war diesmal besonders gewesen, dachte sie, während sie zu ihrem Mobilé spazierte: Sie hatte den Täter überführt, bevor die Polizei überhaupt am Tatort gewesen war!

Der Flecken Bodenteich, durch den die Aue fließt, die später zur Ilmenau wird, ist umgeben von Wäldern und Wiesen. Obwohl ein idyllisches Örtchen, besitzt Bad Bodenteich Kleinstadtcharakter und lädt Einheimische und Besucher zum Bummeln ein.

105 Die Burg Bodenteich (Burgstraße 8, 29389 Bad Bodenteich) war in früheren Zeiten zum Teil die Residenz von Lüneburger Herzögen und davor lange im Besitz von Rittern. Der Platz, auf dem die von der Aue umgebende ehemalige Wasserburg steht, war Fundstücken nach zufolge bereits vor über 1.000 Jahren besiedelt. Heute finden neben Besichtigungen mittelalterliche Spektakel, Langbogenschießkurse und -turniere und vieles mehr dort statt, was in die Geschichte entführt, denn noch immer geht es hier ritterlich zu. In einem Braukeller kann der Burgbesucher seinen Durst löschen oder ihn sogar für sein eigenes Fest anmieten.

106 Der Bodenteicher Seepark (Gartenstraße 25, 29389 Bad Bodenteich) oder auch Kurpark am See ist mit seinen 28 Hektar nicht gerade groß, dennoch hat er alles, was man sich für einen Park wünscht: Von Aktivmöglichkeiten wie der Minigolf- oder Golfanlage für jedermann, einem Treetboot- und Kanuverleih, um auf dem Parksee zu fahren, und einem schönen Spielplatz für die Kleinen bis hin zu Entspannungsmöglichkeiten auf den vielen Liegewiesen, der Kneippaußenanlage oder schönen Wegen für einen gemütlichen Spaziergang. Aber das ist noch lange nicht alles. Am besten, Sie entdecken selber die Vielfältigeit des Bodenteicher Seeparks.

107 Die Bodenteicher Heide liegt in der Nähe der Burg Bodenteich und offenbart dem Besucher eine abwechslungsreiche Flora und Fauna, ohne jedoch das typische Heidebild zu verfälschen. Wer wissen möchte, was er sieht, nimmt den Naturlehrpfad. Auf diesem Rundwanderweg mit dem naheliegenden Thema Heide, kommt man zudem an einem Schafstall, Bienenstand und einer Solitärbienenwand vorbei – natürlich kann alles besichtigt werden.

108 Im Mittelalter hatten die Menschen oft keine Schuhe. Was haben sie bei ihren Wegen durch die Natur gespürt? Das und einiges mehr, wie zum Beispiel Interessantes zur mittelalterlichen Medizin, erfahren – oder besser ergehen – Sie auf den neun Stationen des Vierhundert-Wasser-Barfuß-Pfades (Burgstr. 2, 29389 Bad Bodenteich), dessen Startpunkt gleich an der Burg Bodenstein liegt.

109 Nur etwa 20 Autominuten von Bad Bodenteich entfernt, ist das Otterzentrum Hankensbüttel (Sudendorfallee 1, 29386 Hankensbüttel) beheimatet. Hier im Naturerlebnis-Zentrum können Sie die seltenen Fischotter und ihre nächsten Verwandten, Dachse, Iltisse, Stein- und Baummarder und Hermeline aus nächster Nähe zum Beispiel bei einer Schaufütterung beobachten und einiges über diese Raubtiere erfahren. Auch Tiere der vom Aussterben bedrohten Hunderasse Otternhunde können Sie hier kennenlernen.

110 Der vermutlich aus dem Jahr 1770 stammende historische Steinbackofen steht, wenn man aus Bad Bodenteich kommt, gleich am Ortseingang von Soltendiek. Zum einmal jährlich stattfindenden Soltendieker Backofenfest wird er zur Freude der Festbesucher in Betrieb genommen.

111 Das Schweimker Moor (Schützenstraße, 29394 Lüder) ist ein Hochmoor und Zentrum des dortigen Vogelschutzgebietes und zugleich die Wasserscheide zwischen Aller und Elbe. Hier brüten Kraniche neben dem Großen Brachvogel – beides stark gefährdete Großvogelarten, die hier ihren Platz gefunden zu haben scheinen – genauso wie mindestens 90 weitere Brutvogelarten. Bestenfalls ausgestattet mit einem Fernglas, können Sie vom Aussichtsturm, der an der großen freien Moorfläche steht, die Tiere beobachten.

DENKMALPFLEGE
EIN KURZKRIMI RUND UM CELLE

Gesine Schmitzmayer bremste ihr Wohnmobil vor einem hübschen Fachwerkhaus, das inmitten eines üppig mit Rosen bestückten Gartens stand. Ja, hier musste es sein! Sie warf einen kurzen Blick in den Rückspiegel, um sicherzugehen, dass weder das Make-up verschmiert noch die Haare zerzaust waren, und schnappte sich ihre Handtasche vom Beifahrersitz. Als sie die Tür ihres Mobilés öffnete, erschien auch schon ein bekanntes Gesicht in der Eingangstür des Wohnhauses.

»Gesinchen, endlich!«, schallte ihr die Stimme entgegen, auf die sie sich seit Tagen freute. In der Tür stand Gesines Freundin Cordula und strahlte über das ganze runde Gesicht. Die fahrende Putzfrau musste lächeln. Genau so hatte sie sich ihre Ankunft vorgestellt.

Cordula und Gesine hatten sich vor etlichen Jahren zum ersten Mal getroffen. Gesine hatte damals für ein paar Wochen in einem kleinen, feinen Hotel in Bergen ihren Putzdienst verrichtet – einer ihrer ersten fahrenden Jobs – und Cordula hatte dort als Köchin gearbeitet. Die beiden Frauen hatten sich auf Anhieb gemocht und trotz der kurzen gemeinsamen Zeit war die Freundschaft über die Jahre erhalten geblieben. Doch in den letzten Monaten war der Kontakt ein wenig eingeschlafen. Cordula hatte vor zwei Jahren Philipp geheiratet, einen Ingenieur, den sie über gemeinsame Bekannte kennengelernt hatte. Gesine hatte sich wahnsinnig gefreut, als sie gemerkt hatte, wie glücklich Cordula mit diesem Mann war. Nur konnte sie es später, nachdem sie Philipp bei der Hochzeit der beiden persönlich begegnet war, nicht einmal im Ansatz nachvollziehen. In Gesines Augen war Philipp ein furchtbarer Spießer und langweilig obendrein. Dass er gewisse Macho-Allüren an den Tag legte, machte die Sache nicht besser. So hatte Philipp von Cordula erwartet, dass sie nach der Hochzeit ihren Beruf aufgab. Gesine erinnerte sich noch genau an die hitzige Diskussion mit ihrer Freundin.

»Aber, Cordula«, hatte sie ungläubig in den Hörer gerufen, »du bist Köchin aus Leidenschaft, und eine begnadete noch dazu. Warum willst du das aufgeben?«

Doch die Freundin hatte ihr erklärt, dass Philipp es nicht für nötig hielt, dass sie weiterhin Geld mit nach Hause brachte. Er verdiente als Ingenieur ausreichend, war viel auf Montage im Ausland unterwegs und wollte die Zeit, wenn er daheim war, mit seiner Frau verbringen. Ohne Stress durch späte, unregelmäßige Arbeitszeiten, die bei Cordula als Köchin unumgänglich waren. Schließlich hatte Gesine sich weitere Kommentare gespart, um die wertvolle Freundschaft nicht zu strapazieren.

Vor einem halben Jahr nun hatte das Paar sich dieses wunderhübsche Haus in Blumlage **112** gekauft, einem alten Ortsteil von Celle, nahe der Altstadt, und Cordula hatte Gesine gefragt, ob sie nicht für ein paar Tage zu Besuch kommen wolle. Philipp war irgendwo in Saudi-Arabien auf Montage – worüber Gesine alles andere als traurig war – und so hatte sie spontan zugesagt.

Gesine trat auf Cordula zu und umarmte sie herzlich. Sie hatte die Freundin wirklich vermisst.

»Hallo, Sonnenschein«, sagte die Putzfrau und grinste die kleine rundliche Frau an. »Gut siehst du aus!«

»Danke, gleichfalls«, antwortete Cordula, »aber nun komm doch erst mal rein.« Sie zog die Freundin ins Haus und Gesine schaute sich gespannt um.

»Meine Güte, ist das schön geworden!«, staunte sie mit ehrlicher Begeisterung. Cordula hatte ihr Fotos des Hauses geschickt, wie es zum Zeitpunkt des Kaufs ausgesehen hatte. Gesine war es damals wie eine Ruine erschienen und angesichts des Preises, den die beiden bezahlt hatten, hatte sie die Freundin unverhohlen für verrückt erklärt. Aber sie musste sich wohl eingestehen, dass jemand, der seit Jahren in einem auf wenige Quadratmeter begrenzten Zuhause auf vier Rädern lebte, offensichtlich keine Ahnung von solchen Dingen hatte. Nichts erinnerte an den damaligen Zustand des Hauses. Alles war liebevoll renoviert, eingerichtet und dekoriert und strömte eine behagliche Gemütlichkeit aus, in der sich Gesine auf Anhieb wohlfühlte. Das würden ganz bestimmt wahnsinnig schöne Tage werden!

Gesines erster Tag in Celle verflog in Windeseile. Die beiden Frauen hatten sich viel zu erzählen, schwelgten in gemeinsamen Erinnerungen und lachten oft, bis ihnen die Tränen kamen. Am Abend zauberte Cordula ein dreigängiges Menü auf den Tisch, bei dem Gesine aus dem Schwärmen nicht mehr herauskam. Sie war gerade kurz davor, erneut ihrem Unmut darüber Luft zu machen, dass die begabte Köchin ihre Arbeit aufgegeben hatte, als diese ihr augenzwinkernd zuvorkam: »Wie du siehst, Gesinchen, ich habe das Kochen nicht verlernt, auch wenn ich damit kein Geld mehr verdiene. Und ich finde oft genug Möglichkeiten, für liebe Menschen zu kochen, so wie heute für dich. Das ist mir allemal lieber, als für verwöhnte, schnöselige Hotelgäste, die immer was zu meckern haben.«

Gesine gab klein bei, denn tatsächlich hatte sie das Gefühl, dass es Cordula in ihrem neuen Leben an nichts fehlte. Sie schien in ihrer Rolle als Hausfrau absolut zufrieden zu sein, und nach einem Rundgang durch das gesamte Haus und den großen Garten war Gesine klar geworden, dass es hier mehr als genug Arbeit gab, die das tägliche Leben ausfüllte.

Nach dem dritten Glas Rotwein merkte Gesine, wie die Müdigkeit sie überkam. »Sorry, Sonnenschein, aber ich glaub, ich muss ins Bett«, sagte sie entschuldigend und rieb sich die Augen.

»Kein Problem«, erwiderte Cordula verständnisvoll. »Wir haben ja noch viele schöne Tage vor uns, da müssen wir es heute nicht gleich übertreiben.« Die beiden Frauen nahmen sich noch einmal fest in den Arm, bevor Gesine im Gästezimmer verschwand. Ursprünglich hatte sie sich fest vorgenommen, die Nächte in ihrem Mobilé zu verbringen. Als sie beim Rundgang durch das Haus jedoch gesehen hatte, mit wie viel Mühe ihre Freundin das Gästezimmer für sie hergerichtet hatte, hatte sie ihre Sachen aus dem Wohnmobil geholt und das gemütliche kleine Zimmer bezogen. Cordula hatte an alles gedacht: Auf einem kleinen Tischchen standen eine Flasche Wasser und ein frischer Strauß mit Gar tenblumen. In dem angrenzenden kleinen Gäste-Bad lagen knallbunte Handtücher bereit, eine neue Zahnbürste, Shampoo, Duschgel und alles, was frau so brauchen konnte. Hier machte sich eindeutig die langjährige Arbeit in einem Hotel bemerkbar, auch wenn Cordula dort für die Küche und nicht für die Zimmer zuständig gewesen war. Sogar an Gesines Tiere hatte sie gedacht und im Gästezimmer eine Decke auf den Boden gelegt, auf der der Käfig mit den Frettchen Ernie und Bert Platz fand. Für den Vogelkäfig mit den beiden Kanarienvögeln Pat und Patachon hatte sie eine Kommode an der Wand vorgesehen. Als Gesine nun müde auf das Bett zutrat und noch einmal über die Rührseligkeit ihrer Freundin staunte, hatten die Tierchen sich bereits eingelebt und schauten nicht einmal auf – wie es aussah, konnten sie heute auf ihr Abendritual, bei dem Gesine ihnen von ihrem Tag berichtete, verzichten. Gesine war das nur recht, und nach einer eher halbherzigen Abend-Katzenwäsche schlüpfte sie glücklich unter die bunte geblümte Decke und schlief innerhalb weniger Sekunden ein.

Als Gesine am nächsten Morgen, nach einer ausgiebigen Dusche und dem Füttern ihrer tierischen Freunde, in die große Wohnküche trat, strömte ihr bereits frischer Kaffeeduft entgegen. Auf dem Tisch war ein Frühstück aufgebaut, das sich vor keinem Hotelbuffet zu verstecken brauchte: frische Brötchen, liebevoll angerichteter Aufschnitt, Marmelade, Eier … es war einfach alles da. Cordula hatte bereits rote Wangen und sah aus wie das blühende Leben, während sie einen ganzen Korb voller Orangen auspresste und den frischen Saft in eine Glaskaraffe füllte.

»Guten Morgen, Gesinchen, ich hoffe, du hast gut geschlafen?«

»So gut wie schon lange nicht mehr«, erwiderte Gesine ehrlich und gab der Freundin einen Kuss auf die Wange. »Danke!«

»Wofür?«, fragte Cordula und sah die Freundin verwundert an.

»Dafür, dass du es mir hier so schön machst! Du solltest dir vielleicht mal überlegen, ein eigenes Hotel aufzumachen«, sagte Gesine, und obwohl ihr dieser Gedanke ganz spontan gekommen war, fand sie ihn durchaus nicht abwegig.

»Du wirst lachen«, antwortete Cordula, »diese Idee hatte ich tatsächlich auch vor einiger Zeit. Also eigentlich sogar ziemlich konkret. Da ist dann aber einiges dazwischengekommen. Und im Moment ist mein Leben perfekt, so wie es ist. Aber wer weiß …« Sie zwinkerte Gesine zu: »Wenn überhaupt, dann sowieso nur unter der Bedingung, dass du dich von mir einstellen lässt und dich um die Zimmer kümmerst.«

Gesine grinste. »Keine so schlechte Idee. Aber dann müsste ich ja sesshaft werden … Wir reden noch mal drüber, wenn du ernst machst, okay?«

»Okay. Jetzt wird ohnehin erst mal gefrühstückt. Und währenddessen machen wir Pläne für die nächsten Tage.« Cordula goss Saft in die Gläser und Kaffee in die Becher, bevor sie sich zu Gesine an den Tisch setzte.

»Also, was machen wir heute?«, fragte sie eine halbe Stunde später. »Worauf hast du Lust?«

Gesine schluckte den letzten Bissen des köstlichen Rühreis hinunter, bevor sie antwortete. »Auf jeden Fall irgendwas, wo ich laufen und mich ein bisschen bewegen muss. Bei deiner Verköstigung passe ich sonst nach einer Woche nicht mehr hinters Steuer von meinem Mobilé!«

»Kein Problem«, lachte Cordula. »Celle hat eine Menge zu bieten! Wir könnten mit einem Museumstag starten, was hältst du davon?«

Gesine sah aus dem Fenster. »Hört sich perfekt an. Das Wetter sieht heute ohnehin nicht vielversprechend aus, da nutze ich die Zeit gern für einen kleinen Kulturtrip mit dir.«

»Gut«, sagte Cordula fröhlich, während sie sich daran machte, den Tisch abzuräumen. Dann starten wir mit dem Bomann-Museum 113. Anschließend gehen wir ins Kunstmuseum 114, das ist direkt daneben. Und zum Schluss zeige ich dir das Celler Schloss 115 mit dem Residenzmuseum 116, das ist auch beides direkt in der Nähe.«

»Wow«, staunte Gesine, »dann hast du ja nicht mit dem übertrieben, was es hier alles gibt.«

»Das ist noch gar nichts«, lachte Cordula, »aber ich denke, das reicht dann absolut für einen Tag. Sollten wir noch einen Schlecht-Wetter-Tag haben in dieser Woche, kann ich dir noch das Garnison-Museum 117 anbieten oder – und ich glaub, das wäre was für dich – das Deutsche Stickmuster-Museum Celle 118!«

Als die beiden Frauen am Nachmittag in einem urigen Bistro in der Altstadt Platz nahmen, streckte Gesine die Beine aus.

»Puh, du hast nicht zu viel versprochen, meine Liebe! Das war ja ein richtiger kleiner Museums-Marathon.«

»Oh, war es dir doch zu viel?«, fragte Cordula erschrocken.

Gesine lachte. »Nein, ganz im Gegenteil. Ich mag so was. Und ich finde es total schön, dass wir das zusammen machen. Normalerweise bin ich ja auf meinen Touren immer allein unterwegs. Das ist okay, aber so macht es mehr Spaß.«

Plötzlich verdrehte Cordula die Augen und duckte sich ein wenig hinter Gesine.

»Was ist los?«, fragte die Putzfrau verwundert.

»Ach herrje, da vorn kommt Frau Dr. Dr. Schmielke, auf die habe ich jetzt gerade gar keine Lust.«

»Frau Dr. wer?«, fragte Gesine lachend und sah sich fragend um.

»Nicht hingucken!«, flüsterte Cordula. »Das ist hier die wandelnde Tageszeitung. Diese Frau bekommt alles mit und wäscht mit Vorliebe dreckige Wäsche, wenn sie die Gelegenheit dazu bekommt. Eben ein richtiges Waschweib, wie es im Buche steht.«

»Und woher kennst du die?«, fragte Gesine, die sich nur zu gut daran erinnern konnte, dass ihre Freundin mit solchen Leuten noch nie warm geworden war. Sie selbst war da nicht ganz so kritisch, dafür war sie von Natur aus viel zu neugierig.

»Philipp kennt ihren Mann und meint, dass es uns nicht schadet, mit den beiden etwas enger zu sein. Die sind halt ziemlich wichtig hier in Celle und …«

Weiter kam Cordula nicht, denn in diesem Moment kam eine Frau mittleren Alters in einem Chanelkostüm und auffallend teurer Handtasche an ihren Tisch gestöckelt.

»Na, da hab ich mich ja doch nicht getäuscht, Cordula Trautwein – wie unerwartet, Sie hier zu treffen!«, plapperte die Frau gekünstelt los.

Cordula setzte sich wieder gerade auf und erwiderte freundlich: »Guten Tag, Frau Dr. Dr. Schmielke. Wie nett, Sie zu sehen. Geht es Ihnen gut?«

Gesine beobachtete ihre Freundin und spürte, wie unwohl diese sich fühlte. Wieder so eine Sache, die sie nur für Philipp machte!

»Darf ich Ihnen meine Freundin Gesine Schmitzmayer vorstellen«, sagte Cordula und machte die beiden Frauen notgedrungen miteinander bekannt. Unaufgefordert zog Frau Dr. Dr. Schmielke sich einen Stuhl heran, sah sich kurz um und lehnte sich dann wichtigtuerisch über den kleinen Tisch.

»Sagen Sie bloß, haben Sie denn nicht mitbekommen, was passiert ist? Wie können Sie hier so ruhig sitzen? Ein Mord – man stelle sich vor – ein Mord hier bei uns! Und noch dazu ein doppelter!«

Gesine wurde sofort hellhörig, während Cordula die Frau eher irritiert ansah. »Ich verstehe nicht, was meinen Sie? Wir waren den ganzen Tag im Museum, wir haben also weder Radio gehört noch sonst irgendwas …«

Frau Dr. Dr. Schmielke genoss die Situation nun erst recht und strapazierte Gesines Neugier damit aufs Äußerste, denn bevor sie zu einer näheren Erklärung ansetzte, bestellte sich diese merkwürdige Person erst mal in größter Umständlichkeit einen Cognac.

»Den brauche ich jetzt«, sagte sie mit theatralischer

Geste. »Also, oh mein Gott, ich weiß gar nicht recht, wo ich anfangen soll!«

»Vielleicht zuerst einmal damit, wer überhaupt ermordet wurde?«, schlug Gesine vor und erntete einen pikierten Blick von Frau Dr. Dr. sowie einen Tritt gegen das Schienbein von Cordula.

»Zwei Männer sind ermordet worden!«, ließ die Schmielke sich nun nicht länger bitten. »Prof. Dr. Wilfried Drosselt und Dr. Konstantin Soetebeer!«

Gesine schüttelte den Kopf bei all den Doktor-Titeln und dachte sich ihren Teil. Dem Blick ihrer Freundin entnahm sie jedoch, dass diese Männer ihr nicht ganz unbekannt waren. Cordula schien tatsächlich etwas blass um die Nase geworden zu sein.

»Beide ... also, ich meine, ... sind beide zusammen getötet worden?«, stammelte Cordula.

»Ja, und zwar auf widerwärtigste Art und Weise!«, ereiferte sich Frau Dr. Dr. Schmielke, während der Kellner ihr den Cognac servierte. Sie kippte ihn in einem Zug hinunter und sagte zu dem jungen Mann gewandt: »Davon nehme ich gleich noch einen!« Dann sah sie die beiden Frauen an ihrem Tisch wieder an und erklärte: »Die beiden Toten sind ausgestellt worden wie Denkmäler – in Beton gegossen! Können Sie sich das vorstellen? Nur die Köpfe waren unversehrt. Obwohl, nein, das waren sie nun gerade auch nicht, ganz im Gegenteil.« Gesine sah die aufgeregte Frau fragend an, die sofort erläuterte: »Nun, die beiden armen Männer sind erschlagen worden. Sie können sich ja vorstellen, wie so ein Kopf dann aussieht. Aber die Köpfe waren eben ... na ja, also da war kein Beton drüber. Sonst wüsste man ja jetzt vermutlich noch gar nicht, um wen es sich handelt.«

Eine halbe Stunde und zwei weitere Cognacs später verließ Frau Dr. Dr. Schmielke endlich den Tisch, allerdings nicht, ohne sich vorher in weiteren ausschweifenden Beschreibungen der Opfer ergangen zu haben. Erst als Gesine sie gefragt hatte, ob sie die Leichen selbst gesehen oder aber direkt mit der Polizei gesprochen habe, weil sie das alles so wahnsinnig genau wusste, hatte sie es plötzlich sehr eilig gehabt.

»Dieses alte Schluderweib«, schimpfte Cordula leise. »Lass uns bloß hier weg.«

Sie zahlten die Rechnung und machten sich auf den Weg zu Cordulas Haus. Gesine ließen die Geschehnisse jedoch keine Ruhe, auch wenn sie die getöteten Männer nicht kannte. »Sag mal«, fragte sie die Freundin, »was hat sie noch gesagt, wo die beiden Toten gefunden wurden – im Französischen Garten 119 ? Ist das weit von hier?«

Abrupt blieb Cordula stehen und sah ihre Freundin an. »Bitte nicht, Gesine, du willst jetzt nicht wieder ermitteln, oder? Hast du diese Macke etwa immer noch nicht abgelegt?«

Gesine war zwar etwas beleidigt, doch dann erinnerte sie sich, dass Cordula einmal selbst unter Verdacht gestanden hatte. Ein Gast in dem Hotel, in dem sie in den letzten Jahren gearbeitet hatte, war vergiftet worden. Kurzzeitig hatte die Polizei in Erwägung gezogen, dass das Gift in dem von Cordula zubereiteten Essen gesteckt hatte, und erst als die tatsächliche Täterin gestanden hatte, die Ehefrau des Opfers, war sie von jeglichem Verdacht freigesprochen worden. Seitdem hatte die Köchin immer sehr zurückhaltend reagiert, wenn Gesine ihr von einem ihrer Fälle berichtet hatte.

In Cordulas gemütlichem Zuhause angekommen, war die Stimmung der beiden Frauen getrübt. Von unterwegs hatten sie ein paar Antipasti mitgebracht, doch Hunger oder Appetit wollte sich bei beiden nicht so recht einstellen. Bei Cordula, weil die Beschreibung der Toten ihr nicht aus dem Kopf ging, bei Gesine, weil sie fieberhaft überlegte, wie sie ihre Ermittlungen in diesem Fall angehen konnte, ohne ihre Freundin zu verärgern.

»Sag mal, Cordula ...«, begann sie irgendwann zaghaft, »ich hatte vorhin das Gefühl, dass dir die Namen der beiden Toten etwas gesagt haben. Kanntest du die Männer vielleicht?«

Die Freundin errötete leicht. »Flüchtig«, antwortete sie knapp und vermied es dabei, Gesine anzusehen.

»Aber irgendwas weißt du doch über die. Na komm, erzähl schon. Es wird dir guttun, darüber zu sprechen. Dran denken tust du doch sowieso, dann können wir das auch gemeinsam tun«, drängte Gesine sanft.

»Ich ... ich hab dir doch erzählt, dass ich mal die Idee hatte, ein kleines Hotel aufzumachen«, begann die Köchin zaghaft zu erzählen. »Na ja, und da habe ich die beiden kennengelernt.«

»Ich verstehe nicht«, hakte Gesine nach, »was haben irgendwelche Doktoren mit einem Hotel zu tun? Waren das vielleicht Banker, bei denen du einen Kredit haben wolltest?«

»Nein«, Cordula schüttelte den Kopf. »Das Geld wäre

gar nicht das Problem gewesen. Ich hatte ein wunderschönes Haus entdeckt, hier in Celle. Eine alte Villa. Noch bevor wir dieses Haus hier gefunden hatten.« Sie strich sich eine Haarsträhne aus dem Gesicht, bevor sie weitersprach. »Es wäre perfekt gewesen, wir hätten dort ein Hotel betreiben und selbst in einem Nebengebäude wohnen können.« Gesine brannte die Frage auf der Zunge, was Philipp von dieser Idee gehalten hatte, aber sie scheute sich davor, die Freundin gerade jetzt zu unterbrechen.

»Ich hatte Pläne gemacht, mir alles schon ausgemalt …«

»Und dann?«, hakte Gesine nach.

»Dann kamen die beiden Männer ins Spiel und haben all meine Pläne zunichtegemacht. Ich sag nur Denkmalschutz!«

Gesine sah ihre Freundin fragend an. »Wie – Denkmalschutz?«

»Na ja, das alte Haus stand unter Denkmalschutz. Oder zumindest fast. Aber dazu muss ich etwas weiter ausholen … Der Drosselt, also ich spar mir jetzt mal die dämlichen Titel, der war bis zu seiner Pensionierung der Leiter des Bormann-Museums.«

»Das Museum, wo wir heute Morgen gewesen sind?«

»Ja, genau. Der ist seit jeher wohl ein leidenschaftlicher Verfechter des Kulturerhalts.« Cordula schenkte sich und Gesine ein Glas Rotwein ein. »Ist ja als Museumsleiter auch gut und schön und bestimmt lobenswert im Allgemeinen. Aber seit er pensioniert ist, oder besser gesagt war, da hat er sich da noch viel mehr engagiert, aber eben in anderer Hinsicht. Er war befreundet mit dem Soetebeer. Der wiederum war nämlich noch im aktiven Dienst, als Denkmalschutzbeauftragter beim Bauamt des Landkreises. Und zusammen haben die dann hier im Umkreis mächtig vielen Leuten das Leben schwer gemacht. Sie haben sich extrem dafür eingesetzt, dass viele der alten Häuser unter Denkmalschutz gestellt wurden.«

Gesine unterbrach die Freundin. »Also, ich kenne mich damit ja nicht so aus, aber das klingt doch eigentlich ganz vernünftig, dass jemand versucht, die schönen alten Häuser zu erhalten, oder nicht?«

Cordula nickte zögernd. »Klar, prinzipiell auf jeden Fall. Aber das Problem ist, dass die total kompromisslos waren. Wie erkläre ich dir das am besten …« Sie überlegte kurz, nippte an ihrem Glas und sah Gesine dann an. »Ja, ich glaub ich hab ein ganz passendes Beispiel. Also ich bin ja noch gut aus der Sache rausgekommen, ich hatte das Haus ja noch nicht gekauft. Mir haben sie zwar meine kleinen Träume kaputtgemacht, aber ansonsten hatte ich keinen großen Schaden. Aber jetzt stell dir mal vor, ich hätte das Haus bereits gekauft. Damals war noch nicht offiziell klar, ob das mit dem Denkmalschutz durchgeht und in welchem Maße. Ich hätte also viel Geld für diese Villa bezahlt. Dann wären die beiden gekommen und hätten mir erzählt, was ich alles nicht tun darf.«

»Ich verstehe das denk ich immer noch nicht so ganz«, gab Gesine zu. »Wenn es dein Eigentum ist, kannst du damit doch machen, was du willst. Du wolltest das Haus ja nicht abreißen. Aber vielleicht bin ich dafür zu blöd und …«

»Nein«, unterbrach die Freundin sie sofort. »Wenn man damit noch nie zu tun hatte, kann man sich das einfach nicht vorstellen. Das Problem ist, dass die so was auch nachträglich bestimmen können, also die vom Amt. Und ich hab Glück gehabt, dass ich das mitbekommen habe, bevor ich den Kaufvertrag unterschrieben habe. Mir war das einfach zu heikel, also hab ich dann die Finger von der Villa gelassen.«

Cordula griff sich nun doch einen kleinen Teller und füllte einige der kleinen Antipasti-Leckereien, die sie vorhin bereits auf den Tisch gestellt hatte, darauf. Beherzt biss sie in einen gefüllten Champignon, bevor sie weitersprach.

»Die können dir im schlimmsten Fall alles Mögliche vorschreiben. Was du am Haus verändern darfst oder nicht. Wenn du es überhaupt verändern darfst, dann können sie vorschreiben, in welcher Form oder mit welchem Material. Und glaub mir, das sind dann nicht die günstigen Materialien. Unter Umständen hätte ich also zum Beispiel keine Zwischenwände rausnehmen oder neu einziehen dürfen. In meinem Fall wäre das aber nötig gewesen, um zum Beispiel für jedes Zimmer ein Bad einzubauen. Und das betrifft meistens sowohl den Innenausbau als auch die Fassade oder die Gartenanlage.« Cordula spießte eine Garnele auf die kleine Gabel, tunkte sie in etwas Tomatensoße und ließ sie in ihrem Mund verschwinden. »Verstehst du jetzt, was ich meine? Du steckst viel Geld in dein Traumhaus und hast große Pläne, und dann kommen da zwei Wichtigtuer und sagen ganz einfach, das darfst du nicht. Und du hast keine Chance, dich dagegen zu wehren.«

Gesine schüttelte ungläubig den Kopf. »Das ist ja Wahnsinn. Also zumindest, wenn man da nicht so glimpflich rauskommt wie du. Was hat denn eigentlich Philipp dazu gesagt?«

Cordula errötete leicht. »Hör bloß auf, der war auf 180! Ich hatte wirklich lange zu kämpfen, ihn überhaupt von meiner Hotelidee zu überzeugen. Er sieht es ja am liebsten, dass ich gar nicht arbeiten gehe.«

Gesine wollte gerade zu einer etwas bissigen Bemerkung ansetzen, verkniff es sich dann aber noch rechtzeitig.

»Schließlich ist er aber weich geworden, als er gemerkt hat, wie sehr ich mir das wünschen würde und dass ich das Geld dafür allein aufbringen könnte.«

Nun sah Gesine ihre Freundin doch überrascht an und fragte nach: »Wie, du allein …«

»Na ja«, erwiderte Cordula, »ich hab vor vielen Jahren von meiner Großmutter eine größere Summe geerbt. Die hab ich damals direkt angelegt und über die Jahre ist da einiges zusammengekommen. Es war immer schon dafür gedacht, später mal etwas Eigenes aufzuziehen, eben entweder ein kleines Hotel oder ein hübsches Restaurant. Und als ich dann dieses Schmuckstück von einem Haus entdeckt habe, dachte ich, jetzt wäre der richtige Moment …«

Gesine war baff. Dass ihre Freundin deutlich konservativer lebte und langfristiger dachte als sie selbst, war keine Frage. Und bei ihrem eigenen Lebensstil auch nicht unbedingt eine große Kunst. Doch von diesen Träumen und Plänen hörte sie heute zum ersten Mal.

»Warum hast du denn nie …?«

»Weil ich mir erst sicher sein wollte. Und weil ich nicht wollte, dass mir jemand reinredet.« Cordula legte

Gesine eine Hand auf den Arm. »Sorry, Gesinchen, das hat nichts mit dir zu tun. Aber das ist so eine Art Kindheitstraum. Und ich wollte mir erst ganz sicher sein, bevor ich darüber spreche. Stell dir vor, ich erzähle Gott und der Welt, dass ich kleine Köchin vorhabe, ein eigenes Hotel zu eröffnen, und dann geht es schief. Da lacht sich doch jeder kaputt über mich.«

Gesine war bestürzt. »Aber Sonnenschein, jeder, der dich kennt, der weiß, wie fleißig und gut du bist! Wo ist denn dein Selbstbewusstsein hin? Du hast es doch überhaupt nicht nötig, so zu denken.«

Cordula sah betreten zu Boden. »Mag ja sein, aber so bin ich nun mal. Das war immer schon so, und bisher bin ich damit immer ganz gut gefahren.«

»Aber Philipp hast du es dann trotzdem erzählt?«, fragte Gesine nach einer kurzen Stille.

»Ja natürlich, Gesine, er ist schließlich mein Mann! Wie gesagt, anfangs war er nicht gerade begeistert von der Idee, aber dann hat er mir versprochen, mich zu unterstützen. Und wie gesagt, es hätte ja durch mein Erbe nicht unsere Existenz angegriffen. Trotzdem bin ich das Thema dann zuerst allein angegangen. Wir haben ja noch gar nicht hier gewohnt, es war aufwendig, immer zu der Villa zu fahren, um Pläne zu schmieden. Außerdem war Philipp zu der Zeit oft auf Montage unterwegs.«

»Und dann kamen irgendwann diese beiden Typen vom Denkmalschutz?«

»Ja genau. Ich hatte schon einen Notar-Termin zum Unterschreiben des Kaufvertrages. Drei Tage später und ich hätte mein Erbe wohl in den Sand gesetzt. Philipp ist geradezu ausgerastet, als ich ihm von den beiden erzählt habe. Glaub mir, Gesinchen, ich war heilfroh, dass er nicht dabei gewesen ist, als ich die zwei getroffen habe. Ich hab Philipp noch nie so wütend gesehen.«

»Irgendwie verständlich«, sagte Gesine nachdenklich und wunderte sich selbst, dass ausgerechnet sie Philipp beipflichtete.

»Na ja, aber es ist ja alles noch mal gut gegangen«, schloss Cordula, schenkte Wein nach, füllte sich den Teller erneut und lehnte sich zurück.

»Ich will jetzt auch nicht weiter drüber sprechen, das Thema ist für mich längst abgehakt und ich bin glücklich hier in diesem Haus. Nur als die Schmielke vorhin die Namen der beiden erwähnt hat, da ist das alles halt noch mal kurz hochgekommen.«

Die Köchin schob sich eine weitere Garnele, diesmal mit Aioli, in den Mund und kaute genüsslich.

Gesine schaltete die kleine geschmackvolle Nachttischlampe an, die an ihrem Bett stand, und sah auf ihre Armbanduhr. Es war kurz vor 3 Uhr am Morgen und sie hatte bisher kein Auge zugetan. Während Cordula nach ihrem Bericht recht befreit gewirkt hatte, hatte sich in Gesines Kopf längst ein Schalter umgelegt und sie steckte gedanklich mitten in ihren persönlichen Ermittlungen. Das hatte sich auch nicht geändert, als die beiden Frauen gegen Mitternacht ins Bett gegangen waren. Hinzu kam, dass ihr nun der Magen knurrte, denn während Cordula es sich am Abend noch hatte schmecken lassen, hatte Gesine die Köstlichkeiten auf dem Tisch keines Blickes gewürdigt. Sie hatte selten

Appetit, wenn sie in einem neuen Fall steckte. Doch als ihr Magen unter der Bettdecke nun erneut laut vor sich hin knurrte, wusste sie, dass sie ohne einen Happen in dieser Nacht gar nicht mehr würde schlafen können. Sie schlüpfte aus dem Bett, zog sich eine bunt-gestreifte Strickjacke über ihr geliebtes Baby-Doll-Nachthemd und verließ leise das Gästezimmer. In der Küche angekommen, nahm sie sich einen Teller aus dem Regal und bepackte ihn mit einem Großteil der übrig gebliebenen Leckereien aus dem Kühlschrank. Dann schlich sie, so leise es bei dem knarrenden Holzdielenboden möglich war, zurück in ihr Gästezimmer. Sie stellte den Teller auf dem Nachttisch ab, schlüpfte zurück unter die noch warme Bettdecke, rückte sich ein großes Kissen im Rücken zurecht und machte es sich gemütlich. Während sie, den Teller auf dem Schoss, ihren knurrenden Magen befriedigte, ohne die Antipasti wirklich zu genießen, ratterte es weiter wie wild in ihrem Kopf. Ein Gedanke kam ihr immer wieder in den Sinn, wenn sie sich an Cordulas Worte erinnerte. »Phillip ist geradezu ausgerastet«, hatte sie gesagt. Konnte es möglich sein … Gesine mochte den Gedanken nicht zu Ende bringen, doch er schlich sich immer wieder ein, ob sie wollte oder nicht. Selbst dann noch, als es draußen schon hell wurde, sie endlich das Licht löschte und in einen unruhigen Schlaf fiel.

»Guten Morgen, Gesinchen, geht es dir gut?«, rief Cordula am nächsten Vormittag fröhlich wie eh und je, während sie bereits wieder dabei war, den üppigen Frühstückstisch zu decken.

»Geht so«, antwortete Gesine schleppend. »Für mich bitte nur einen starken Kaffee und ein Toast, ich hab keinen Hunger.«

»Kein Wunder«, lachte die Freundin, »ich hab schon gesehen, dass du letzte Nacht den Kühlschrank geplündert hast.« Sie sah Gesine an und fragte bestürzt: »Ach du meine Güte, du siehst ja schrecklich aus. Geht es dir nicht gut?«

Gesine rieb sich die müden Augen. »Nein, alles in Ordnung. Ich hab einfach nur schlecht geschlafen. Mir ist so viel durch den Kopf gegangen.«

Cordula schenkte zwei Becher frischen, duftenden Kaffee ein und setzte sich zu Gesine an den Tisch.

»Du sagst mir jetzt aber nicht, dass du die ganze Nacht über den Mord nachgedacht hast, oder?«

»Was soll ich denn machen?«, fragte die Putzfrau. »Ich kann einfach nicht anders.«

»Doch, du kannst«, sagte Cordula forsch, »wir nehmen uns heute wieder was Schönes vor und das bringt dich dann ganz fix auf andere Gedanken.«

»Ich muss dich aber was fragen, Cordula«, begann Gesine vorsichtig. »Wann genau ist Philipp eigentlich zu seiner Geschäftsreise aufgebrochen?«

»Vorgestern, warum?«, antwortete die Köchin irritiert.

»Na ja, du hast mir doch gestern Abend erzählt, dass er total ausgerastet ist, damals ...«

Mit roten Wangen sprang Cordula vom Stuhl auf und verschüttete dabei einen großen Schluck ihres Kaffees auf der weißen Tischdecke. »Das ist jetzt bitte nicht dein Ernst, Gesine! Du meinst doch wohl nicht wirklich, dass Philipp ... Ich glaub es nicht!«

Gesine hatte mit einer so heftigen Reaktion der Freundin nicht gerechnet und sah sie schuldbewusst an. »Ich mein ja nur, also, es wäre doch vielleicht denkbar …«

»Nein, das ist nicht mal im Traum denkbar!« Cordula war wirklich wütend. »Nur weil du Philipp nicht magst, was du mir ja immer wieder deutlich zu verstehen gibst, hast du noch lange nicht das Recht, ihn einfach zu beschuldigen, nur weil du mal wieder Miss Marple für Arme spielen musst! Philipp ist mein Mann, ich liebe ihn und er liebt mich, akzeptiere das bitte endlich!«

»Aber genau deshalb, also ich meine, weil er dich liebt, … würde er nicht alles für dich tun?«

Mit funkelnden Augen sah Cordula ihre Freundin an. »*Das* würde er ganz sicher nicht tun, nicht einmal für mich. Philipp könnte keiner Fliege was zuleide tun. Ich weiß, du hältst ihn für einen spießigen Langweiler, aber das ist mir ehrlich gesagt schnuppe. Er ist so ziemlich das Beste, was mir in meinem Leben passiert ist. Und entweder du kapierst das endlich, oder wir beide haben ein ernstes Problem. Vielleicht solltest du mal deine Ansprüche hinterfragen, oder findest du es normal, dass du nie eine ernsthafte Beziehung führst? Manchmal hab ich das Gefühl, dass du dich nur in deinem Mobilé und hinter deinem merkwürdigen Vagabundenleben versteckst, weil du gar nicht beziehungsfähig bist.«

Rumms, das hatte gesessen. Gesine hatte ihre Freundin in den ganzen Jahren noch nie so erlebt und sie fühlte sich angegriffen. Beleidigt sah sie auf ihren Schoß, um dem Blick ihrer Freundin nicht zu begegnen und schlürfte schweigend ihren Kaffee. Nach weiteren zwei stummen Minuten setzten plötzlich beide Frauen gleichzeitig an:

»Es tut mir …« Sie sahen sich verunsichert an, bevor Cordula als Erste das Wort ergriff. »Es tut mir leid, Gesinchen, das hätte ich nicht sagen dürfen. Das war nicht fair von mir. Aber es verletzt mich einfach, wenn du meinen Mann so angreifst.«

»Mir tut es auch leid«, sagte Gesine und schniefte leise. Sie hasste solche Streitereien mit Menschen, die ihr wichtig waren. Und ihre Freundschaften waren rar gesät, da war ihr die zu Cordula umso wichtiger. »Vielleicht sind einfach die Pferde mit mir durchgegangen.«

»Das scheint mir auch so«, lächelte Cordula versöhnlich. »Weißt du, prinzipiell hab ich ja gar nichts gegen deinen kriminalistischen Tick. Aber ich hab schließlich damals am eigenen Leib erlebt, wie es ist, wenn man zu Unrecht beschuldigt wird. Glaub mir, das ist kein Vergnügen. Du solltest einfach immer sehr genau überlegen, bevor du in deinem verkorksten Köpfchen schon einen Täter überführst.«

Cordula trat zu Gesine und nahm sie in den Arm. »Ich möchte nicht mit dir streiten, sondern ein paar schöne gemeinsame Tage verbringen. Okay?«

»Okay«, antwortete Gesine, doch in ihrem Kopf war das Thema noch längst nicht abgehakt. Das entsprach einfach nicht ihrer Natur.

An diesem und am folgenden Tag waren Cordula und Gesine fast ständig unterwegs. Nach den von der Köchin schon angekündigten weiteren Museen unternahmen sie einen ausgedehnten Shoppingbummel in der Celler Altstadt **120**, besuchten auf Gesines Bitten hin den Heilpflanzengarten **121** und sahen sich die Synagoge **122** an.

Für den Samstagabend hatte Cordula außerdem Karten für Kunst & Bühne **123** besorgt und ihre Freundin mit einer Chanson-Veranstaltung überrascht. Auch wenn Gesine vor allem Schlager liebte, war so eine Live-Musik-Veranstaltung, egal welcher Richtung, immer ein Genuss für sie, und sie freute sich sehr, dass ihre Freundin sich sogar daran erinnert hatte. Über den Mord hatten sie seit ihrem Streit kein Wort mehr verloren und selbst Gesine gelang es, die Gedanken daran weitestgehend aus ihrem Kopf zu vertreiben. Als sie am Sonntagmorgen noch etwas verschlafen am Frühstückstisch saßen, wurde die Erinnerung jedoch schlagartig wieder wach. Cordula hielt die örtliche Sonntagszeitung in der Hand und war dahinter verschwunden, wie man es klischeehaft sonst von schweigenden Ehemännern kannte. »Hey, Gesinchen, für heute habe ich auch schon eine Idee. Hier steht, am Vormittag ist Betriebsführung im Orchideenzentrum Wichmann **124**, das wollte ich mir längst schon mal ansehen. Lass uns da hingehen, ja?«

Gesine antwortete nicht, sie hatte die Worte ihrer Freundin gar nicht wirklich registriert, denn etwas anderes hatte ihre Aufmerksamkeit geweckt. Auf der Titelseite der Zeitung, die Cordula ausgebreitet in den Händen hielt, war als Schlagzeile zu lesen: *Noch immer keine Spur im Celler Doppelmord. Die SOKO Denkmalmord ermittelt fieberhaft.* Der Mörder war also noch immer nicht überführt! Sie beugte sich ein wenig weiter über den Tisch, um auch die deutlich kleineren Zeilen unter der Überschrift lesen zu können. Außerdem war dort ein Foto abgebildet. Ein Foto vom Fundort der Leichen! Selbst die krimierfahrene Gesine schauderte bei dem

Anblick. Man hatte die Köpfe der Männer geschwärzt, doch der Rest genügte völlig. Vom Hals abwärts waren die Leichen der Männer einbetoniert und am Fußende waren große Betonsockel erkennbar. Es sah so aus, als wenn dort etwas eingeritzt war, aber das konnte Gesine auf die Entfernung nicht genau erkennen.

Als ob die Freundin ahnte, dass Gesine schon wieder im Geiste ermittelte, schlug sie die Zeitung zusammen und sah zu ihr hinüber: »Los, Gesinchen, wir müssen uns ein bisschen beeilen. Die Führung beginnt schon um 10 Uhr. Hopp, hopp!«

Gesine hatte für Orchideen oder für Zimmerpflanzen im Allgemeinen nicht viel übrig, denn ein Wohnmobil eignete sich zwangsläufig nicht für üppige Blumendekorationen in den Fenstern. Außerdem mochte sie die Pflanzen und Blumen am liebsten in der freien Natur. Doch da sie in den vergangenen Tagen erlebt hatte, mit welcher Sorgfalt Cordula nicht nur ihren Garten, sondern auch die vielen Pflanzen innerhalb des Hauses hegte und pflegte, tat sie ihr den Gefallen und begleitete sie zu der Besichtigung des Orchideenzentrums. Sie war erstaunt über die Menge an Besuchern, die sich pünktlich um zehn dort einfanden. Es waren etliche ältere Frauen darunter, aber auch ein paar Familien. Während des Rundgangs fiel ihr vor allem eine Familie ins Auge. Die Mutter sprühte geradezu vor Begeisterung beim Anblick der üppigen Blumenpracht, hatte aber reichlich damit zu tun, die beiden gelangweilten Töchter im Zaum zu halten, die immer wieder in Gängen verschwanden, in denen sie nichts zu suchen hatten. Ihr Mann, ein smarter Typ, wie Gesine fand, schien irgendwie nervös und unaufmerksam. Gesine beobachtete, wie ein jüngerer, recht grobschlächtiger Mann, der irgendwie überhaupt nicht in diese Veranstaltung passte, ihn von der Seite ansprach. Da sie nicht weit von den beiden Männern entfernt stand, konnte sie ein paar Gesprächsfetzen aufschnappen, obwohl die Männer etwas abseits der geführten Gruppe standen und recht leise sprachen.

»Aber jetzt … weiter … endlich Fortschritte«, sagte der eine, der jüngere von den beiden. Der ältere, nun noch nervöser wirkend, antwortete: »Zu früh … tot … nie tun … Familie.« Dann ging er entschlossen wieder zu seiner Frau und den beiden Töchtern, während der andere Mann augenscheinlich aufgebracht das Orchideenzentrum verließ, obwohl die Führung noch nicht beendet war. Gesine hatte eine ihrer fast schon berühmten Ahnungen. Mit diesen beiden Männern stimmte was nicht. Sie hatte zwar keinerlei Anhaltspunkte, dass sie etwas mit dem Doppelmord in Celle zu tun hatten, doch irgendwas war da, was Gesines Miss Marple-Herz zum Klopfen brachte. Sie musste zumindest den einen im Blick behalten. Cordula zeigte immer mal wieder begeistert auf die verschiedenen Orchideenarten und Gesine versuchte, wenigstens ein Mindestmaß an Interesse zu zeigen, während sie ihren Blick weiterhin an die Fersen der Familie heftete, doch am Ende konnte sie die Freundin nicht täuschen.

»Das ist hier so gar nicht dein Ding, oder?«, fragte Cordula ein wenig schuldbewusst. »Sorry, Gesinchen, dass ich dich hierhergeschleppt habe.«

»Gar kein Problem, Sonnenschein«, sagte Gesine ehrlich und lächelte die Freundin an. »Das geht schon in Ordnung. Aber dafür kannst du mir vielleicht gleich einen Gefallen tun.«

»Alles, was du willst!«, antwortete die Köchin fröhlich und wandte sich schon wieder voller Begeisterung der Betriebsführung zu.

Eine halbe Stunde später war die Führung beendet und die Teilnehmer gingen zu ihren Autos. Die beiden Frauen waren mit Cordulas kleinem Wagen gekommen und während sie einstiegen, behielt Gesine die Familie stetig im Blick, die ihrerseits in einen großen SUV stieg. »Cordula, der Gefallen ... kannst du bitte dem silbernen SUV dort vorn hinterherfahren?«

Ungläubig sah die Freundin zu ihr herüber. »Ich soll was?« Dann kam die Erkenntnis blitzartig. »Du ermittelst schon wieder, oder? Was hat denn diese arme Familie jetzt getan? Ob du es glaubst oder nicht, ich kenne sie, oder zumindest den Mann. Der ist – genauso wie mein Philipp – absolut harmlos! Du kannst dir die Verfolgung also sparen.«

»Wie, du kennst den ...«, fragte Gesine überrascht.

»Das war mein Architekt, Christoph Schwalberg. Also damals, als ich den Umbau dieser vermaledeiten Villa geplant habe, da hab ich mir doch von einem Architekten die Pläne erstellen lassen, wie man es machen könnte. Und das war dieser nette Mann da drüben.«

Ein Architekt? Gesine überlegte nur kurz und sagte dann energisch: »Egal, ich will ihn ja nicht verhaften. Ich möchte doch einfach nur wissen, wo die hinfahren, also im besten Fall, wo er wohnt. Ich hab da so eine Ahnung … Außerdem hast du mir vorhin einen Gefallen versprochen.«

Cordula verdrehte die Augen. »Also gut, du gibst ja ohnehin keine Ruhe. Dann fahren wir jetzt eben hinterher, bis du siehst, dass das eine ganz normale Familie auf einem Sonntagsausflug ist, und dann gibt deine merkwürdige Krimi-Seele hoffentlich Ruhe.« Sie startete den Wagen, wartete, bis der SUV anfuhr, und folgte ihm.

Nach ungefähr zehn Minuten Fahrt, in der Cordula ununterbrochen von den zahlreichen Orchideen geschwärmt hatte, wurde sie plötzlich still.

»Was ist los?«, fragte Gesine.

»Nichts«, antwortete Cordula, strafte sich aber selbst Lügen, als sie die Stirn runzelte und weiterhin schwieg.

»Ich sehe dir doch an, dass was nicht stimmt!«, beharrte Gesine.

»Na ja, ich wundere mich nur ein bisschen«, gab Cordula zu. »Eigentlich hätten wir, also besser die Schwalbergs, eben links abbiegen müssen. Ich war damals ab und zu bei ihm, er hatte sein Büro direkt neben dem Wohnhaus, daher weiß ich, wo sie wohnen.«

»Vielleicht wollen sie irgendwohin zum Essen fahren«, mutmaßte Gesine, jedoch mehr um die Freundin zu beruhigen. Insgeheim fühlte sie sich bestätigt, dass sie mit ihrer Ahnung richtiglag.

»Der Weg, den wir gerade fahren, führt nirgendwohin, wo es ein Restaurant gibt. Der führt geradewegs in ein Wohngebiet. Ich weiß das so genau, weil dort auch meine Fast-Villa steht …«

Weitere fünf Minuten später fuhr der silberne SUV auf

eine Auffahrt. Cordula bremste ihren Wagen einige Meter weiter auf der Straße und blickte Gesine an. »Merkwürdig, die müssen umgezogen sein. Ungefähr 100 Meter weiter steht die Villa, die ich damals kaufen wollte. In dieser Straße sind etliche der alten Häuser zu finden.«

»Du meinst die, die unter Denkmalschutz gestellt werden sollten?«

»Mmmh, genau«, murmelte Cordula und schaute verunsichert. »Und jetzt? Können wir jetzt weiterfahren?«

»Gleich«, erwiderte Gesine und öffnete im selben Moment die Beifahrertür. »Warte hier, ich bin sofort wieder da!« Bevor ihre Freundin etwas dagegen sagen konnte, war Gesine auf den Fußweg entschwunden und schlich sich an die Auffahrt des Grundstücks heran, auf dem die Schwalbergs zuvor geparkt hatten. Fast hätten die beiden kleinen Mädchen sie umgerannt, die Hand in Hand vom Grundstück gelaufen kamen.

»Na toll, jetzt müssen wir draußen spielen«, hörte sie eines der Mädchen maulen. »Dabei hätte ich viel lieber ferngesehen!«

Gesine wartete, bis die Mädchen um die nächste Ecke verschwunden waren, und betrat dann vorsichtig das Grundstück. Zum Vorschein kam ein wunderschönes altes Haus, dem man zwar das Alter, aber auch die darunter verborgene Schönheit auf den ersten Blick ansah. Das Grundstück war dicht eingewachsen und so war es für die geschulte Gesine ein Leichtes, sich an der Seite des Hauses entlang nach hinten zu schleichen. Als sie dort vorsichtig um die Ecke sah, konnte sie ihr Glück kaum fassen: Die Terrassentür stand weit offen und sie konnte Stimmen hören. Gebannt verfolgte sie das Gespräch zwischen den Schwalbergs und es rührte sie tatsächlich an, als sie hörte, wie Christoph Schwalberg plötzlich in Tränen ausbrach. Dennoch ging sie mit schnellen Schritten wenig später zurück zum Auto ihrer Freundin, die bereits nervös neben dem Wagen wartete.

»Cordula, ich brauche dein Handy, wir müssen die Polizei informieren!«

Es war der letzte gemeinsame Abend in Celle und Cordula hatte sich noch einmal selbst übertroffen. Vier Gänge hatte sie aufgetischt, einer leckerer als der andere. Dazu gab es einen leichten Weißwein und zum Abschluss einen guten Schnaps, alles so, wie es sein sollte. Während beide Frauen an ihrem Schnaps nippten, bat Cordula: »Gesinchen, jetzt erzähle mir noch mal genau, wie und warum der Schwalberg das gemacht hat – ich kann noch immer nicht fassen, dass dieser nette Mann ein Mörder ist!«

»Ach, Sonnenschein, das hab ich doch nun schon zig mal erzählt«, lächelte Gesine, doch sie war auch ein bisschen stolz und ließ sich nicht zweimal darum bitten. »Also, der Schwalberg hat vor einem Jahr diese alte Villa gekauft. Kurz nachdem du mit ihm Kontakt hattest. Er hatte ja die Probleme mitbekommen, die du wegen des Denkmalschutzes hattest, und hatte sich extra vorab informiert, dass für dieses Haus keinerlei Vorlagen niedergeschrieben waren und wohl auch nicht mehr würden. Er hat sein gesamtes Erspartes hineingesteckt und zusätzlich ein Darlehen aufgenommen. Dann hat er sich den Florian Bockstein dazugeholt. Der ist Bauunternehmer und die beiden haben schon viele Aufträge gemeinsam abgewickelt. Der Bockstein hat von ihm den Auftrag bekommen, die gesamte Sanierung zu übernehmen. Schwalberg wollte das Haus zu einem Mehrfamilienhaus mit vier exklusiven Wohnungen umbauen, um sie dann zu vermieten. Das sollte seine Altersvorsorge sein.«

»Klingt logisch«, warf Cordula ein, »das machen ja heutzutage viele.«

»Richtig«, bestätigte Gesine, »doch hier sind – genau wie bei dir – die beiden penetranten Denkmalschützer ins Spiel gekommen. Sie haben urplötzlich diverse Auflagen vorgegeben, die Schwalbergs Pläne komplett zunichte gemacht haben. Sogar den Umbau zu einem Mehrfamilienhaus haben sie ihm grundsätzlich verboten, weil es nicht der ursprünglichen Nutzung des Hauses entspräche, die es zu erhalten gelte. Aber um es für sich selbst als Einfamilienhaus zu nutzen, war es viel zu groß und zu teuer im Unterhalt. Gleichzeitig beharrte Florian Bockstein auf die Erfüllung des Auftrages. Schwalberg war am Ende und total verzweifelt. Bockstein hat ihn dann schließlich auf die Idee gebracht, dass Soetebeer und Drosselt verschwinden müssten. Dass alles gut wäre, wenn es nur die beiden nicht gäbe. Schwalberg war inzwischen so fertig, schluckte Tabletten zur Beruhigung und trank viel zu viel, dass er sich in seiner Verzweiflung hat überreden lassen.«

»Die beiden haben den Mord also gemeinsam verübt?«, fragte Cordula, obwohl sie die Antwort bereits kannte.

»Genau – es war sozusagen ein doppelter Doppelmord, von dem beide Täter profitiert hätten. Allerdings nur dann, wenn die Baubehörde nach dem Ableben der Opfer die Regularien gelockert hätte. Das ist Schwalberg wohl auch deutlich geworden, nachdem er wieder klar bei Verstand war. Da erst wurde ihm wirklich bewusst, was er getan hatte, und er ist quasi zusammengebrochen. Als ich auf dem Grundstück im Garten stand, war er gerade dabei, seiner Frau alles zu gestehen. Bockstein erpresste ihn zusätzlich und setzte ihn unter Druck, darum war er auch auf der Orchideenausstellung aufgetaucht. Letztlich konnte aber Schwalberg seiner Familie nicht mehr in die Augen sehen. Darum hat er auch ziemlich schnell alles gestanden, als die Polizei kam. Bei Bockstein hat es etwas gedauert, aber lange konnte er auch nicht leugnen, die Beweislage war viel zu erdrückend.«

»Mann, das wird Philipp mir nie glauben, wenn er wiederkommt«, grinste Cordula und nahm Gesine in den Arm. »Schade, dass unsere Zeit schon wieder vorbei ist. Aber diesmal dauert es nicht so lange, bis wir uns wiedersehen, das ist abgemacht!«

»Klar«, stimmte Gesine zu und tippte sich an die Stirn. »Ist längst abgespeichert – Ende September rolle ich wieder an und wir gehen zusammen zu den Celler Hengstparaden **125**! Und ich verspreche dir – sollte es dann hier bei euch wieder einen Mord geben, reise ich sofort wieder ab!«

Die über 700 Jahre alte Residenzstadt Celle – das südlichste Tor zur Lüneburger Heide – fasziniert, denn in ihr wandelt man auf den Pfaden der Vergangenheit und hat dabei die Zukunft direkt vor Augen. Schließlich weist Celle als Residenzstadt eine Reihe beeindruckender Bauwerke vor. So wechselt sich hier modernste Architektur mit historischer Baukunst ab. Das prägt nicht nur das Bild Celles, sondern auch den Charakter der aufgeschlossenen Bewohner.

112 Blumlage ist ein ruhiger Celler Stadtteil, der in die historische Altstadt mit allen ihren Sehenswürdigkeiten übergeht. Als ursprünglich älteste Vorstadt von Celle säumen in Blumlage vor allem restaurierte Fachwerkhäuser die hübschen Straßen.

113 Das Bomann-Museum (Schlossplatz 7, 29221 Celle), liegt gegenüber des Celler Schlosses. Benannt nach seinem ersten Direktor gilt das Bomann-Museum als eines der größten und bedeutendsten in Niedersachsen. Hier finden Sie Sammlungen zur Ur- und Frühgeschichte, niedersächsischen Volkskunde, zur Stadtgeschichte, aber auch zur Landesgeschichte Hannovers. Sogar ein vollständiges niedersächsisches Bauernhaus können Sie in diesem Museum erkunden. Außerdem beherbergt es eine der größten deutschen Miniatur-Sammlungen, die Sammlung Tansey.

114 Das moderne Gebäude neben dem Bomann-Museum ist das Kunstmuseum (Schlossplatz 7, 29221 Celle).

Den Besucher erwarten wechselnde Sonderaus-
stellungen, zeitgenössische Kunst aus der Robert
Simon-Sammlung, Grafiken, Skulpturen, Objekt-
und Lichtkunst, wobei letztere vor allem nachts hinter der gläsernen Fassade in Erscheinung tritt und
durchaus beachtenswert ist. Nicht umsonst heißt es:
Das erste 24-Stunden-Kunstmuseum der Welt.

115 Mittelpunkt der Residenzstadt ist das Celler Schloss
(Schlossplatz, 29221 Celle), das nahezu 300 Jahre
Regierungssitz des welfischen Fürstentums war.
Sage und schreibe 500 Fachwerkhäuser umrahmen
das Schloss – eines der ältesten Bauwerke von Celle
und das größte Schloss der südlichen Lüneburger
Heide – und bilden auf diese Weise eine kleine Stadt
für sich. Umgeben von einem wunderschönen Park
ist das Schloss heute noch Heimat des in Deutschland ältesten, noch immer bespielten Barocktheaters
sowie einer Schlosskapelle mit vollständig erhaltener
Renaissance-Ausstattung. Das ist bis zur Grenze der
nördlichen Alpen einzigartig für ein Gotteshaus.

116 Spüren Sie im Residenzmuseum (Schlossplatz 1,
29221 Celle) der Hofgeschichte des Celler Schlosses nach, treten Sie ein in die barocken Staatsge-
mächer oder die einrucksvollen Herrschersäle wie
den Königssaal. Für Kinder gibt es im Residenzmuseum übrigens extra eingerichtete Kinderstationen,
an denen sie sich zum Beispiel einmal selbst krönen
können. So erleben sogar die Kleinsten Geschichte
gern.

344

117 Das Garnison-Museum (Hafenstraße 4, 29223 Celle) möchte seinen Besuchern anhand der Celler Stadtgeschichte und vielen originalen Objekten die Militärgeschichte von 1866 bis heute näherbringen. 1866 deswegen, da die Zeit vorher im Bomann-Museum dargestellt ist.

118 Wer sich einen vollständigen Überblick über die europäische Stickmustergeschichte und somit auch zu der Kulturgeschichte der Frau machen möchte, der besucht das Deutsche Stickmuster-Museum (Prinzengarten 2, 29223 Celle). Das Museum befindet sich in einem Lustschlösschen aus dem Rokoko und zeigt seine rund 2.000 Exponate, wozu auch Bücher und Papiervorlagen zählen, auf circa 200 Quatratmetern. Übrigens muss man sich nicht zwingend bereits vor einem Besuch des Museums für Stickmuster interessiert haben, hinterher wird man jedoch die Beschäftigung der Frauen mit dieser Kunst über Jahrhunderte mit anderen Augen sehen.

119 Südlich der Altstadt befindet sich der historische Französische Garten (Maulbeerallee, 29221 Celle). Der öffentliche Park, der als Gartendenkmal unter Schutz gestellt ist, heißt zwar noch so und ist ursprünglich auch als barocker Hof- und Lustgarten nach französischer Art angelegt worden. Später wurde er allerdings eher zu einem englischen Landschaftspark umgestaltet, was jedoch seiner Schönheit absolut keinen Abbruch tut, und lustwandeln

kann man auch in einem englischen Landschaftspark …

120 In der Celler Altstadt mit ihren historischen Fach-
werkgebäuden finden sich moderne Einkaufsmög-
lichkeiten, die das Shoppingherz höher schlagen
lassen. Eine ausgedehnte Fußgängerzone und ver-
kehrsberuhigte Bereiche machen den Einkaufsbum-
mel weniger hektisch. Hinzu kommen die verstreut
liegenden, vielfältigen gastronomischen Angebote,
die zu einem gemütlichen Kaffee, einem Stück
Kuchen, einem Salat oder gutbürgerlicher Küche
einladen.

121 Durch den Heilpflanzengarten (Wittinger Straße 76,
29223 Celle), spazieren, heißt gleichzeitig, sich
durch die verschiedenen Düfte einiger Heilpflan-
zen zu bewegen, was allein für sich ein Erlebnis
ist. Wer Genaueres zu den Pflanzen erfahren will,
informiert sich an den Informationstafeln, und am
Ende geht es dann in das Café KräuThaer, um sich
Selbstgebackenes nach alten Rezepten auftischen
zu lassen.

122 Die Synagoge (Im Kreise 24, 29221 Celle), die der
Jüdischen Gemeinde von Celle heute wieder als
Gotteshaus dient, ist zwar ein äußerlich schlichter
Bau, dabei allerdings Niedersachsens älteste nahezu
erhaltene Fachwerkbausynagoge. Im Gegensatz zur
äußeren Hülle ist der Innenraum durchaus reprä-
sentativ. Interessierte können sich im angegliederten

Museum in wechselnden Ausstellungen zur jüdischen Kulturgeschichte im Allgemeinen und zum jüdischen Leben in Celle im Besonderen informieren.

123 Kleinkunst wird auf den Brettern von Kunst & Bühne (Nordwall 40, 29221 Celle) ganz großgeschrieben. Von Kabarett über Pantomime bis hin zu Rock und Pop oder Chansons bietet das wechselnde Veranstaltungsprogramm beste Unterhaltung für jeden Geschmack.

124 Wer in Celle ist, muss nicht extra auf eine Orchideenausstellung warten, sondern geht ins Orchideenzentrum Wichmann (Tannholzweg 1-3, 29229 Celle). Seit über 100 Jahren wird hier die königliche Blumenart in allen möglichen Züchtungen präsentiert und das bei herrlichem Orchideenduft. Da fällt es schwer, keine der Pflanzen aus dem Shop mitzunehmen.

125 Die Celler Hengstparaden (Spörckenstraße 10, 29221 Celle) des Landesgestüts Celle sind über die Landesgrenzen hinaus berühmt und finden seit über 100 Jahren in der Regel Ende September/Anfang Oktober statt. Hier zeigen die prächtigen Hengste und ihre ebenso prächtigen Reiter auf dem Paradeplatz, was sie alles können, und das kann auch für Nicht-Pferdeliebhaber bewundernswert sein.

DANKSAGUNG

Als uns der Gmeiner Verlag über die neue Programm-
sparte »Kriminelle Freizeitführer« informiert hat, war
für uns sofort klar: Die Lüneburger Heide muss unbedingt dazugehören! Toll, dass das geklappt hat und wir
dafür die »Paten« sein dürfen! So danken wir unserer
Lektorin Claudia Senghaas und dem ganzen Gmeiner-
Team für die wie immer großartige Begleitung bei diesem schönen Buchprojekt.

Auch möchten wir Gesine Schmitzmayer danken,
unserer durch die Lüneburger Heide tingelnden Putzfrau. Gut, Gesine gibt es nur in unseren Köpfen und
jetzt auch auf Papier, dennoch hat sie uns durch ihre Art
über viele Monate ungeheuer inspiriert. Es hat riesigen
Spaß gemacht, ihr bei ihren Ermittlungen über die Schulter zu schauen und vor allem unsere geliebte Lüneburger Heide mit ihr aufs Neue zu entdecken. Jetzt hoffen
wir sehr, dass Gesine unseren Lesern ebenso ans Herz
wächst wie uns selbst.

Unser größter Dank gilt jedoch den Heidjern, den
Bewohnern der Lüneburger Heide. Ausnahmslos wurden wir auf unseren Recherchestreifzügen herzlich aufgenommen und darüber hinaus mit Tipps, Informationen und Geschichten versorgt. Es war sogar so viel, dass
leider nicht alles zwischen zwei Buchdeckel gepasst hat,
aber was nicht ist, kann ja noch werden …

Kathrin Hanke & Claudia Kröger